一個黑五類的文革自述

苦難、不屈與求索

盧叔寧　著

【序】思想史上的失蹤者

丁東

不久前，臺灣作家蔡登山先生來信，問我有沒有回憶錄性質的書稿向他推薦。正好我剛剛讀到老同學盧叔寧撰寫的回憶錄，於是送他一閱，他又推薦給秀威編輯審閱，很快決定出版此書。

我和盧叔寧是北京師大一附中同學。這所學校創建於一九〇一年，原名五城學堂，是中國現代最早的國立中等學校。我是一九六四年入學的初中生，他是一九六三年入學的高中生，在校期間並不相識。一九六九年初到山西沁縣插隊以後，才互相熟悉起來。我所在的長勝村位於縣城南邊十里，他所在的李家溝位於縣城北邊十里。見一次面也不容易，要向老鄉借自行車才能成行。但因為都有關心時政的興趣，所以每年要聚幾次。

就我自己的思想狀況而言，一直到插隊的時候，都是當時主流宣傳的接受者。而盧叔寧的思想，則頗具異端性。一九七〇年陳伯達在九屆二中全會上受批判以後，小道消息慢慢地傳到了我們知青點。於是，我們村幾個同學找到段柳的楊小平，又寫信約盧叔寧，到縣城西邊四十里的後泉知青點，在一起討論了一次。當時有人提出陳伯達是小資產階級的代表，盧叔寧當場反駁。他怎麼說我已經記不清楚了。印象最深的是，他最後預言，看著吧，下一次鬥爭就到了軍內。話說到這兒，我也沒敢想他是指林彪。我們當時的消息很閉塞，農村的消息更少。盧叔寧也沒有更多的資訊來源。當時高層進行批陳整風，黃、吳、葉、李、邱作檢查，我們都不可能知道。他是出於對中國政局的整體觀察，作出自己的判斷。不到一年的功夫，發生了「九一三事件」，我們馬上感到，事態的變化盧叔寧言中了。於是，又請盧叔寧來段柳聚了一次。當時盧叔寧心情很振奮。他把秘不示人的日記拿出來，向我們幾個同學念了幾段。這下子才知道他對毛澤東晚年的施政方略有根本性的懷疑。當時大家十分驚訝。面對林彪事件帶來的思想震盪，我們還沒有理清頭緒，他已經提出毛澤東晚年重蹈了史達林的覆轍。雖然經歷了文革初的疾風暴雨，我們似乎見過一些世面，但盧叔寧的觀點還是讓我們感到振聾發聵。

其實，盧叔寧當時能夠獨立思考，與他的處境密切相關。文革前他本是高才生，數學競賽得過獎，文章登過報，考重點大學沒問題。但文革的第一年，他父親就因不堪凌辱而棄世。當時叫「自絕於人民」。盧叔寧兄弟姐妹受到株連，也被打入另冊，與一切機遇絕緣。這成為他反思現實的動因之一，其二是他的閱讀相對超前。文革發生時，馬克思列寧主義毛澤東思想成為國家主導思想已經近二十年。這成為我們這一代人幾乎唯一的思想背景。盧叔寧也不例外。但是，從馬克思到毛澤東的著作，每個人的接受方式也是有差別的。有些人不甘於按照官方的號令亦步亦趨。官方提倡背「老三篇」，他偏要讀毛澤東的長篇大論；官方提倡讀毛著，他偏要讀馬克思的原著。盧叔寧就是這樣。對於馬克思主義來說，他不算離經叛道；但對於主流宣傳來說，他已經在離經叛道的路上走得很遠了。我印象中，他和我談論過文革前為了反修出版的古納瓦達納所著的《赫魯雪夫主義》，那本書是批判赫魯雪夫在史達林生前如何阿諛，史達林死後又如何翻臉的。這本書現在看起來能不能站得住腳已是問題，但當時卻成了盧叔寧懷疑林彪吹捧的思想資源。

他的思想還有一個更重要來源，便是魯迅。我知道他對魯迅的書不是一般地愛好，而是有著認真的研究。他曾說魯迅是他平生唯一敬重的人，這是真心話。我曾和他有過一段扒車遭到收容的經歷，在共同失去人身自由的一個月裡，聊了許多話題。當時我還沒有讀過多少魯迅的書，他講起魯迅來如數家珍。具體的話我記不住了，印象較深的是他把魯迅和郭沫若作了比較，對前者懷著真誠的敬意，對後者卻頗有微詞。在文革中，魯迅被抬得很高，卻按當時政治宣傳的需要進行了改造。盧叔寧系統地讀過魯迅的原著，所以魯迅在他心目中，不是任人塗抹的偶像，而是一個獨立的、批判的，對現實和歷史充滿了懷疑精神的思想家。他從魯迅哪裡汲取的懷疑、批判精神，引導他形成了對思想啟蒙的強烈渴望。他大約在一九七三年寫過一首題為《清江河的傳說》的敘事長詩，其寓意明顯地是批判閉關鎖國，宣導對外開放。一九八八年，盧叔寧的文革期間的日記整理成《劫灰殘編》一書，由中國文聯出版社出版。作為文革年代思想史上倖存者的個案，他這本書得到了錢理群、印紅標等史家的高度評價。

毛澤東逝世以後，中國大陸掀開了歷史的新一頁。一九七七年恢復高考，我們一代人面對著一次重新洗牌的機會。盧叔寧當時已經三十歲，還是抱病參加了考試。雖然考分數不低，但那一年的錄取方式不是一條線，而是兩條線，對六十六、六十七屆高中畢業生的要求高於一般考生，而且分配到師範院校。所以分數很高的他卻被錄取到地處長治的晉東南師專。所幸的是，教師中還有幾位從京城淪落到偏僻山區的高人。畢業時，作為高才生的他本可留校任教，但又遇到人事上的傾軋，只好回縣城中學教書。這時知青們大多已經走了，那種縱議天下的思想環境已經不復存在。縣城裡土生土長的知識者關心的更多的是自己周圍的一攤事，國家大事對於他們來說可能過於飄渺。周圍失去了對話呼應的民間思想群落，一個人便很難孤獨地前行。當一個國度之內的思想環境失去了公開地橫向交流的可能時，偏居一隅的智者可以憑自己的膽識比眾人走得更遠；而當思想重新活躍起來並有了和國際接軌的機會，誰的思想要想站在時代的前沿，就必須身處思想文化界的中心，起碼也要與這個中心保持經常和密切的對話。偏居一隅的冥思方式就不可能再領風騷了。縣城的文化氣氛自然使盧叔寧倍感寂寞，80年代後期，當深圳特區招人的時候，他決定遠走南國，到蛇口工業區當了一名中學教師。然而，這仍然不是一個思想的環境，在那個商業氣息十足的城市裡，周圍的同事們都熱衷於炒股，他開始隔隔不入，後來經周圍同事動員介入股市，雖然也成了一個贏家，然而，他志不在此。教學之餘，他的樂趣還是讀書，關注國家的命運前途，文明的興衰成敗。退休以後，定居妻子的家鄉湖南常德，仍然如此。

如今，我們這一代人已經年逾花甲，退出了社會的一線。思今撫昔，常生恍若隔世之感。現在社會的價值觀已經趨向多元。對毛澤東和文革的評價人言人殊。雖然有人堅持必須清算毛澤東和文革，才能徹底告別專制主義，但也有人把文革看成民主的盛典，把毛澤東視為底層翻身的希望，反對官僚和腐敗的旗幟。而文革的真實過程，當事人的真切感受，卻很少見諸傳媒，更難於進入公共視野。權力的定調和遮蔽，使公眾接觸的文革資訊往往只是一個經過大簡化的結論。有鑑於此，我覺得，經歷過文革的各類當事人，坦率地公開回憶往事，就顯得十分寶貴。私人的回憶文本，可能因此產生公共意義。每個過來人的處境不同，對文革的回憶自然千差萬別。但真正能夠還原歷史豐富面貌的資訊，就蘊藏在這千差萬別的細節之中。吳法憲、邱會作這些曾經處於政治漩渦中樞的當事人的回憶錄，固然價值很高，有助於讀者接近文革的真相，但當時捲入文革漩渦的青年人的回憶錄，也有另一種價值，可以讓讀者從另一個角度感受文革的脈搏。有些人的回憶錄可能對歷史的反思未必深刻，但其中只要包含鮮活的細節，其價值甚至可能超越理論的抽象。

所以，我曾經向包括盧叔寧在內的許多同齡朋友建議，抓緊退休以後的閒置時間，回顧生平經歷，形成文字，即可與同齡人交流切磋，也為後世留下歷史的證詞。今天，趁叔寧兄這本回憶錄付梓的機會，我再次建議同齡的朋友拿起筆：搶救記憶，時不我待。我們已經不再年輕。

目次

草長鳶飛童時夢

童年的家

人的記憶是從什麼時間開始的，不知科學界有沒有過統計、研究和結論？也許是因人因時因地而異吧。我的記憶大約是從四五歲開始的，而且是朦朧的。

依稀記得，我的家是一個大大的院子，南面是一堵用灰色的磚砌成的高高的牆，牆上爬滿了青藤，還有開了花的絲瓜和豆角。我和弟弟經常在牆角下挖土抓蟲，有一次還挖到了兩個圓圓的一敲能發出好聽聲音的「銅板」，交給了媽媽，原來是銀元。我們住在三間大北房裡，一進門是個大廳，前面擺著一個黑紅色長桌，長桌的上方掛著一個那麼慈祥，似乎總是在向你微笑的老太太的畫像，媽媽告訴我，那是我沒有見過的奶奶。廳的西側是兩間臥室，鋪著地板，床是紅木的而且刻著各種花紋，上面掛著蚊帳。我和媽媽就睡在南面的那一間裡。記得冬天很冷，總是在睡覺前放進一個燒著木炭的銅爐，但依然覺得冷，所以我總是先上床，好給媽媽捂被子。有時還把媽媽冰冷的腳摟在胸前，所以媽媽格外的喜歡我，總說我自小就懂得孝順體貼人。大廳的東面是放糧食的庫房，西邊是灶房，兩個大鍋起碼可以盛三擔水，兩個大鍋之間還有一個小鍋，恐怕是用來炒菜的吧，灶台的最裡面有一個桶狀水罐，利用燒飯的餘熱溫水。

我的大哥二哥

我的大哥二哥在縣城裡讀書，每逢他們放假回來，就是我們的節日了。那個時侯他們不僅是我們的兄長，而且是我們幼小心靈中的偶像。他們學習好有禮貌，一到家就下田、車水、杵米，全村人都誇獎羨慕。我的大哥是最會玩的，他常常會用青蛙為誘餌釣到很多很大的魚，令我傾羨不已。他還用自製的火槍，帶著我去竹林打鳥，既興奮又有點害怕，冬天就在有一層雪覆蓋的場院裡張網捕鳥，那些可愛的五顏六色的美麗的小鳥，給我們帶來快樂。現在想起來那種快樂是以小鳥的悲傷為代價的。

我的兩個親愛的哥哥除了給我的童年帶來無窮的樂趣外，有時也會「弄慫」我們，「弄慫」是金壇話，意思就是耍逗，說得不好聽一點就是作弄。他們會把我的腿綁吊在院子裡的一根用來鍛煉臂力的繩子上，還美其名曰是練我的腿功，搞到我痛苦不堪而又無可奈何，只能再三求饒，才會把我放下，然後用炒熟了的放了一點糖的細糠作為犒勞。那個時侯家裡的伙食是不能滿足我的胃腸的，所以有一點甜味的糠也不失為一種美食。更讓我難忘的是，有一次他們去河裡游泳耍水，我也跟了去，他們挑逗我說，你敢跳下來嗎？我毫不猶豫地跳了下去，沒想到他們竟不再理睬我了，於是我第一次嘗到了被水嗆和不得已地大口喝水的痛苦滋味。原來他們以為我是不敢往下跳的，兩個哥哥嚇壞了，還一邊罵我為什麼那麼傻，把我拽上岸後又一再地誇獎我的勇敢，我也就強忍痛苦，破涕為笑了。我也自此發現，人是經不住誇獎的，哪怕你還只是一個不識事的孩子。而幾乎是同樣的「發傻」的行為，我又在高中的一堂游泳體育課上重演過，第三次是在東北寶泉嶺農場，最終都化險為夷。

清湯寡水

童年有快樂也有苦惱，大約是一九五〇年從江西回到老家江蘇金壇南墅村後，分給了家裡七畝地（是一塊叫「七畝嘞」的村裡最大的一塊地）。我只記得，每當母親下地就帶一個草墊，讓我和弟弟坐在田埂上，還要我負責照顧比我小兩歲的弟弟。太陽當空濡熱難忍，比我小兩歲的弟弟便不時地哭鬧，我只能牽著他在田埂上走，摘點小野花抓個螞蚱逗弄他。但有時會遇到伏在草叢裡的蛇，那是最令人恐怖的，於是我和弟弟一起大叫大哭。直到長大以後，對蛇的恐懼還時常讓我從夢中驚醒。而從沒有幹過農活的媽媽，手、腳、背上被曬得黑紅，且一塊塊一層層地曬脫了皮。更讓人不解的是，每次開飯都是把幹的稠的先撈出來給我不認識的幫家裡下田的大人吃，媽媽、我還有姐姐弟弟都只能喝清湯寡水。這也是為什麼我會把哥哥給我的略帶甜味的糠當做美食的原因。

朦朧的「私權」觀

媽媽偶爾會進城，一般是不帶我們去的。臨走時會再三囑咐我，一要看顧好弟弟，二要看好家裡的母雞，別讓它把雞蛋下到別人家的窩裡去。對於第二個任務，我是很感興趣而且很有辦法的，那個時候我已經能夠判斷母雞是不是要下蛋，如果母雞的雞冠和臉是通紅的而且咕咕地叫，那就一定是要下蛋了，但它什麼時候下，就難以確定了，總不能一直跟在它的後面吧。於是媽媽一走，我乾脆把要下蛋的母雞扣在竹筐下面。到了傍晚，就到村口一邊喊著「媽媽回來了喂，媽媽回來了喂」。自然一可以彙報我的功績，更重要的是可以得到一塊名叫「金焗饃」（金壇話，一種三角狀的烤餅）的犒賞。在以後的歲月裡，母親常常提起此事，我也同樣感慨自己在那麼小的年紀就懂得維護「私權」、「私利」。以後我才懂得私權是最重要的神聖不可侵犯的權利。

在農閒的時候，媽媽也偶爾會帶我們一起進城，一路上活蹦亂跳興奮不已。從村裡到縣城是八裡路，除了一望無邊的稻田，就是一條條的河流，我最感興趣的是河流裡的嗚嗚響著汽笛的小火輪，不知它從哪裡來又到哪裡去，我什麼時候也能坐上這樣的火輪去很遠的地方呢？進了城，見到了兩個哥哥，於是全家到一個小飯館裡心滿意足地吃上一頓「爛務麵」（金壇話，即煮得很爛的湯麵），其肚也暖暖，其樂也融融。

「反抗」後的小小的甜頭

在我童年的記憶中，對父親是沒有太多感性認識的。只知道每當快過年的時候，一個高高個子戴著眼鏡很威嚴而又很帥氣的大男人回來了，他只是摸摸我們的頭，笑著說「又長高了」。然後從一個皮箱裡掏出許多令人眼花繚亂的餅乾、麵包、糖果，分別放到我們的手裡。我們幾個孩子的拘謹也就消失了，一邊無限滿足地慢慢品嘗著，一邊跑著大喊「我爸爸回來了」，那是一種童年特有的炫耀與驕傲。爸爸每次回來除了給村裡的幹部、鄰人拜謝以外，爸媽都要特意去看望村裡的孤寡老人，並給以盡可能的幫助，還要去縣城、丹陽、武進、常州等地去看親戚、大學同學、同事朋友，有時也帶上媽媽和我。每次到了人家裡，主婦都會先端上用開水泡好的炒米，加了豬油和兩個荷包蛋，自然我也有一份。離開時還會在我的口袋裡塞滿瓜子糖果。這於我實在是太誘人了，於是每當發現爸爸又要外出了，就想跟了去。但並不是每次都能如願，一次爸爸媽媽兩人又準備好要走了，我就早早地跑到一個路口等著他們，滿懷希望能再次帶上我，不知為什麼爸爸這回不止不同意，而且發了火。他厲聲叫我回家，我卻不為所動，寧是向他們必走的路上走。爸爸就向我追來，我一看勢頭不對，便拐向了另一條路，但小小的年紀哪裡是父親的對手，很快就在許多農人面前被活捉了，成了「俘虜」，像老鷹捉小雞一樣。我被喝跪在正堂的鋪墊下，姐姐和弟弟都嚇得噤若寒蟬。爸爸甩袖而去，他前腳走，姐姐就讓我起來，而且還給我煮了一雞蛋。原來是媽媽不忍，又返回來囑咐姐姐這樣做的。我第一次體驗到了爸爸的嚴厲和媽媽的溫暖，但也第一次嘗到了「反抗」後的小小的甜頭，就是那個小小的煮雞蛋。

弄慫

大院的東邊住的是本家的嬸嬸，就是父親的哥哥——我的大伯的遺孀和三個叫大鵬二鵬三鵬的堂兄，大、二鵬是典型的農民，高大而顯凶相，我是很怕他們兩個的。三鵬則是白淨虛弱，在縣城一中作教師，一九五七年以後他也戴著右派的「桂冠」回村勞改，以他的懦弱不知是如何度過那悲淒的歲月的。（〇六年回村，聽鄉親們講，就是這個我曾同情憐憫其不幸遭遇的白面書生，在折磨毆打父親的人中，他竟然是最兇狠惡毒的。不知魯迅如聞此情作何想，而我瞠目結舌之餘，只有慨歎：極權暴政殺人更殺心！）三嫂的外號是「邋遢遢」、「懶木頭」，意思就是柔弱而又疏懶。嬸嬸在我的幼小的心目中是個「惡婆」，她經常「弄慫」即作弄我和弟弟，於是我就想報復，但對那個老太婆是無可奈何的，大、二堂兄自然更不敢觸犯，於是就把「罪惡」的念頭對準了三鵬的小女兒，她特別的饞，我就利用她的這個弱點，在一塊糖紙上（那個時候水果糖是個稀罕物，所以每塊糖紙都珍藏著）包了一塊黑黏土讓她吃，她果真把它吃下去了。我像報功一樣告訴了媽媽，沒想到母親卻批評了我。現在想起來尤覺慚愧，也就此領悟到，凡人都易有報復的念頭，而且往往把這種念頭指向更弱者，並從中獲得樂趣。

上學啦

七歲的時候，我上了學。學校是村裡的一個小祠堂，三個年級都在一個教室裡，每個年級一行。當老師給一個班上課時，其他年級就自己念書或做作業，所以下了學是沒有作業可做的，可以盡情地玩。現在的學生一定很羨慕我吧！我的老師姓李，個子不高，那時我們都稱他為先生，（他後來成了二哥所在中學的校長，對二哥格外器重）他輪流到每家去吃飯，輪到我家時我會讓媽媽做最好的飯，會神氣十足地引著李先生到家裡來。那個時候我還不懂得什麼「尊師重教」，只覺得先生來家裡吃飯是特別光彩的事情。

我的學習成績怎樣？也是毫無印象毫無記憶的，因為那個時候，是從不公佈分數也不排什麼名次的。唯一令人遺憾的是，沒有學習中文拼音，一直到上山下鄉時自學了英語，才湊合著「無師自通」地可以在電腦裡艱難地輸入文字了，之所以說艱難是因為在s/sh，c/ch，z/zh，……上仍然經常出錯。所以一個人在學習、學問上基礎扎實、工底深厚是不可或缺非常重要的。

除了學習就是玩了，而且是不受約束地玩：夏天用竹籃子捕魚、抓鳥、釣青蛙、逮蜻蜓、游泳（狗刨式）、採花、摘瓜、偷菱角、在牆角亂石中翻找蟋蟀；冬天，跳繩、踢毽、撞拐、擠牆、扔沙包、捉老鷹……。童年的日子就是這樣自由，這樣歡樂，這樣無拘無束。

什麼叫死？

有一天，我正在玩耍，突然聽大人們驚叫著，「死人啦！」。村裡的人都齊向離村不遠的一個就在我家「七畝勒」旁邊的小高坡上跑去。我也懷著好奇，跟在大人們的後邊，只見一塊胡蘿蔔地裡一個比我大幾歲的孩子，手裡杵著釘耙，愣愣地像傻了一樣地站著，他的身旁躺著一個比我大不了多少的孩子，身上和身邊的泥土都被血浸滿浸透了。「已經死了」、「可憐啊」，我聽人們這樣議論著，這兩個孩子的父母則都哭倒在地上。原來這是兄弟兩人，哥哥有些癡傻，在刨胡蘿蔔的時候，不知怎麼就把釘耙刨到了在拾蘿蔔的弟弟的頭上。這一天晚上，我沒有像以往一樣很快睡著，下午的景象總是出現在眼前，「死」，什麼叫「死」呢？我也會死嗎？死了以後人會到哪裡去呢？這是第一次「死」的概念在我的腦子裡模模糊糊地產生了，然後又帶著一種莫名的疑惑和恐懼迷迷糊糊地睡著了。

自然第二天，就什麼都忘記了。畢竟童年無忌，只有快樂是生命的希望和生命的本質。

花相似年不同

最難忘最讓人懷戀的是過年。我在一九七一年一月二十七日的日記中是這樣描述「文革」中的年的：「一年一度的春節又到了。一早起來，街道上冷冷清清，全然沒有節日的氣氛。不知是人們忘記了這千古佳節呢，還是新年忘記了人們，只有偶爾傳來的幾聲爆竹，劃破暗淡的長空送到人們的耳裡，使人們得以從遺忘中醒來。而舊歲也就在這稀落的爆竹聲中偷偷溜走。新年則借這微弱的殘炸向人們祝福著。

不知為什麼，近年來這春節一年比一年冷淡了。既看不到以往的笑容，也聽不到以往相互的祝福、恭賀，甚至連節日的新衣服也很少有人穿了。只有不省事的孩子們，在寒風中凍著紅紅的臉蛋，天真地嬉笑追逐著。捂著耳朵放著大大小小的爆竹，到底給空氣裡增添了些歡樂，引得大人們也露出些微笑。孩子們一定以為，春節自來就是這樣的。

而我童年記憶中的過年，全然不是這樣的。

離年三十還很遠，家家戶戶就開始忙活了。掃房、備年貨、作衣服……。大年將近則更忙得不可開交……殺豬、宰雞、蒸饅頭、炸糕、炒花生瓜子、煮菱角，其中光炒炒米就不知費多少程式和時日，……這樣的炒米是家家必備的，是迎送親友客人的第一道茶點。抓一把炒米放進嘴裡，其脆香至今還留溢於唇邊。我們就跟在大人們後面跑著、笑著，預先分享這節前的緊張和緊張中的快樂。

到了除夕年夜，遠在異地的親人都已趕了回來，一家大小團聚在一桌燈火下，先拜祭了祖宗，向天向地向祖宗磕頭跪拜，然而依次坐下，談笑著、吃喝著。其情之融融，意之煥煥，實永令人難忘。我們這些小鬼早在第一聲炸響前，就飛出堂屋。在院子裡、場地上放炮、點花，讓笑聲、叫聲伴著爆炸直升上夜空。被感染了的大人們，也常常成了我們的大夥伴。

正月初一這一天，就更熱鬧了。起得最早的自然還是我們，先向父母長輩拜年，拿了象徵性的壓歲錢，錢雖少得可憐，但那份喜悅卻是所有口袋都裝不下的。然後穿上新衣、新褲、新鞋，到左鄰右舍去嗑頭拜年。結果總是大人們，把你的所有的口袋用糖果瓜子塞滿。接著就在陽光下、雪地裡踢毽子、跳跳繩、擠人牆（江南冬冷，遊戲以取暖）就是大人們的叫飯聲也往往聽而不應幾番不歸，因為我們都已「年飽」了，寫至此，想到今天，瞪著桌上那可憐的幾塊紅燒肉的情景，不覺臉燒燒的。

……這樣的日子一直要到正月十五。就是到那時，年貨雖已吃得差不多了，臉上的笑容卻並沒有消退。只不過大人們又要開始準備投入緊張的勞動，孩子們也要帶著笑臉到學堂學習去了。

這幾年來，每逢過節尤其是春節，總日覺其冷落。促使我去回憶以往，回憶那爆竹的煙霞、那熱騰騰的雞鴨魚肉、那人與人間由衷的祝福、那全家團聚的天倫之樂、那家家在笑聲中跳耀的燈火、那柔柔的陽光、那瑩瑩的白雪……。而這一切都像歲月一樣一去不復返了。我常想，童年時的春節也許是我幼年帶有幻想的夢吧，還是因為我大了，就容易和愛去回憶自己的童年呢。我不能用這樣的回答來安慰自己。這是近幾年來一系列變化的反映，是的，我們不得不承認。一切都變了，而且還在變下去。

……舊年就在這變化中無情地逝去，給人們遺留下更多的愁紋、白髮。雖然新年仍在獻著媚態，向人們祝福著，答應給人們更多的自由，給天地更多的幸福。但人們明白，這不過表示讓我們付出更大的犧牲，對新神獻出更大的忠誠而已。

真是「年年歲歲花相似，歲歲年年人不同。」啊！

不知為什麼，這篇日記在《劫灰殘編》中並沒有收入。也許是我在回憶中，加入了更多的對比吧。一九五一年至一九五六年，我幼小時記憶中的農村是基本富足的，人們的心態是平和的，相互的關係是和諧的。那個時候我絲毫沒有感受到村人的歧視，人與人之間也絲毫沒有什麼「地主」、「貧農」的敵對情緒。最鮮明的例子是，幾乎全村的人都說我姐姐和一個叫和保的是最般配的一對，後來我知道，和保也姓盧而且是比我家土地還要多的大地主。直到我二〇〇六年重返故鄉時，老人們還問我，為什麼你姐姐沒有與和保結婚啊？弄得在一旁的姐夫非常尷尬。可見平頭百姓還是沒有那麼高的「階級」覺悟的。

遷往北京

一九五七年的春節，爸爸又回來了。而使全家感到驚喜的是，這次我們也要和爸爸一起走了，一起去北京了！

一聽到這個消息，我便激動得睡不著。北京在哪裡？北京有多大？我們是乘小火輪走嗎？一系列問題在我的腦子裡，在我的夢中纏繞著盤旋著。全家在縣城的照相館裡留了影，我還特意用蘸了水的梳子梳了頭，弄得像一個「小滑頭」。因為過於興奮，一到常州，原本體質就較弱的我就因過於亢奮而病倒了，記得乘火車那天下著小雨，爸爸是抱著我在雨中過天橋上了車的，而比我小兩歲的弟弟卻還提著一些零碎東西，想起來很是慚愧。到浦口，火車停了很長時間，那個時候還沒有長江大橋，是要把火車開進輪船上，輪渡過江。在旅途上，我仍昏沉沉地發著輕燒，但仍然清醒著，還想著為什麼兩個哥哥沒有一起來呢？而至今還特別清楚地記得一個解放軍叔叔抱著我，被我吐了一身而無怨。全家是在第三天的凌晨到的北京，是在前門車站下的車。那是一九五七年初，春節剛過，天上還飄著細碎的小雪，正是春寒料峭時節，而我的燒也忽然退了，頭腦也清醒了，又開始激動起來。經過天安門，在南池子的一間屋子裡住了兩天，然後就在永定門外，紡織工業部的幾排紅磚房子裡住了下來。這是我北京的家了！一切都是新鮮的！自此童年結束了！我的楓紅雪白的少年時代開始了！

楓紅雪白少年鄉

嚴教

我是十歲到北京的，在永定門外的小七聖廟小學上三年級，已是下半學期了。因為時間不長，已沒有太多的記憶。只記得有一個姓童的孩子總是欺負我，可能因為我是鄉下來的吧，而且一口的金壇土話。父親對我說，咱們不欺負別人，但也不允許別人欺負。可是膽小怯弱的我從小就沒有打過架，是不敢也不知如何回手的，只能躲著忍著，而且再不敢告訴家裡。在以後的歲月裡我最遺憾的是自己缺乏一點野性，這是與天性和父親的教育有關的。

在不足一年的時間裡，給我印象最深的是，爸爸對我們的教育是很嚴厲的：掃地、洗碗、倒垃圾，每週還要大掃除，所以每到星期天，我們就早早地起床了，馬上主動地把家裡打掃得窗明几淨，整理得有條不紊，還鑽進床鋪下去打掃。爸爸一再強調，凡做事就必須認真，決不允許馬馬虎虎，否則不如不做。家裡的東西也一定要放在指定的地方，比如笤帚、抹布、垃圾鏟等等，如果他要用時找不到就會發火。掃除完我和弟弟就穿過城門（那個時候永定門城樓和相連接的城牆還沒有拆毀，現在又重建了，但圍起來，不得通行）到城裡去買五毛錢的肉，算是改善伙食。也是在那個時候，我學會了擀面、切面和做簡單的飯菜。晚上全家去陶然亭公園，我和弟弟總是跑在前面，翻過城牆鑽過籬笆在公園的椅子上躺著等爸爸媽媽和姐姐，爸爸愛唱京戲愛跳舞，就和媽媽一起在露天劇場裡跳舞，我們則可以自由自在地玩耍。

「是不及而非過之」

爸爸對我們的嚴格要求還遠不止此，走路要快，坐姿要正，站立要直，必須達到「行如風、坐如鐘、立如松」。就是吃飯睡覺也要求「食不言、寢不語」，甚至如何拿筷子如何夾菜，都有嚴格的規定。我就因為拿筷子不規範而讓我用筷子夾碗裡的黃豆的辦法，才糾正過來。還有禮貌，一、不許粗口，講話決不許帶髒字，包括「國罵」；二、要叫人，除了起床後、從外面回家要叫爸、媽，哪怕是不認識的，只要比自己大的，都要叫「伯父」、「伯母」、「叔叔」、「阿姨」，接受了別人的服務一定要說「謝謝您」；三、當大人喚你時，不許用「嗯」來回應，而必須說「欸」，看對方時要抬起頭，不能翹起眉，以表示對人的尊重；四、要學會輕聲輕語，不要動不動就臉紅脖子粗，這一點父親對我尤其再三叮嚀；五、要樂於助人，不要怕吃虧。總之父親是要我們從小就在各方面養成良好的習慣，成為一個懂禮知節有教養的人。父親還特別地再三強調，為人做事要誠實，說謊是父親最不能容忍的。

每學期都要在陶然亭公園開一次家庭會議，五個子女談自己的進步、不足和努力方向，由大哥作詳細的記錄。他的那種「舊知識份子」的儒式教育，對我印象最深影響最大的是，他要求我們：必須為人正直要有憐憫之心，要有為人民為國家的遠大理想，否則再有成就也算不上是高尚的人；二是要刻苦讀書，沒有知識什麼都是空的。正是這兩點決定了我一生的走向和命運。

我清楚地記得，初中的一次作文題目是《我的父親》，語文老師在課堂上念了我的作文，下課後對我說，你對父親的嚴厲是不是寫得太過了，我回答說，不是太過而是有所不及。我甚至坦白地告訴老師，對父親的這些過於苛刻的要求是不那麼習慣甚至有點逆反的。直到長大成人以後，才理解明白父親的良苦用心。

父親對我的影響已根植於我的心靈之中，就此常於夢中相見的父親也可以瞑目了吧。可以告慰父親在天之靈的是，我的一生雖然有這樣那樣的遺憾，但是卻沒有辜負他對我的期許和希望。

壽長街

一九五八年春夏之際，我們由崇文區永定門外的簡易平房，搬到了宣武區永安路壽長街二條的一座四合院裡，在這裡我們一直住了近五十年。這個四合院是一九四九年前的一個大戶人家蓋的兩座院子之一，西面的一座較小，由原來的主人住著，記得這家人姓孟，一個男孩兩個女孩，他（她）們的氣質與他人完全不同，文雅端莊秀氣，後來被勒令搬到三條低矮茅屋裡，不知他們是怎樣度過那苦難的日子的。東面的一座較大的看來是被沒收或贖買了，成了紡織工業部的宿舍。那是一個倆進半的典型的北京特有的四合院，大院的門很大，門前立著兩個石獅子（文革中被紅衛兵搗毀得面目全非），從兩扇黑厚的院門進去是一個寬大的門廳，廳東是一間約四五平方米的廚房，正北是影壁，影壁的東面有一小門，裡面是安裝著抽水馬桶的廁所，向西就是前院了，兩套房共四間。前後院是用一堵牆隔開的，中間是牌樓式的一個門，裡面的院子很大，正北和東西房各是四間，北房的東側蓋了一間不大的側房，在側房的東面是又一個較大的廁所，向北是一排低矮的達十間的陋室，估計是用來儲存雜物或給下人住的。我們來時，整個院子還基本是空置的，父親卻選擇了南院靠西的兩間，旁邊還有一個兩間大的雨棚，可以作廚房用。聽媽媽講是為了圖清靜，也是父親自知之明的處事低調。後來不斷地有人搬進，不久西房被拆掉，蓋了鴿子籠式的樓房，至今尚存，前後院的牆也被拆除，再後來就人滿為患了，一九七六年唐山大地震以後，院子裡搭滿了地震棚並成了永久性的建築，當做各家的廚房，那個時侯連廁所也被改建為住房了。因為人口膨脹，因為忙於「與人奮鬥，其樂無窮」，而根本無心也無力於搞建設，一個好好的四合院就被折騰得千瘡百孔面目全非了，這是北京也是全國的一個小小的縮影和寫照。

整個壽長街除了這個四合院外，其它都是狹窄低矮的一排排土房，我在看都梁的《風煙北平》時才知道，這裡在一九四九年前是北京最下等的妓院。至今這些房子還穩如泰山地存在著。

險去舞蹈學校

我轉學過來的學校是祿長街小學，已經是四年級了。班主任是個女老師姓穆，名字忘記了。五、六年級的班主任是個叫姜佩龍的數學老師，個子高高的，魁梧健壯，聲音洪亮，寫得一筆好字，我的開始練字就是受他的影響。

四年級的時候，一次做早操，同學們好奇地發現體操臺上站著一些陌生的人，有的還很年輕漂亮，專心地注視著我們。後來才知道是北京芭蕾舞學校到各校來選「苗子」的，而且偏偏選中了我。父親是傳統的「唯有讀書高」觀念的信奉堅守者，雖然那個時候，家裡的經濟條件還比較困窘，父親一個人八、九十元的工資要負擔五個孩子的讀書費用，大哥二哥還在金壇縣城讀中學，花費就更多一些，如果我去了舞蹈學校是免交學費的，但還是決定不讓去舞蹈學校，繼續讀書。穆老師很喜歡我，也樂得我不去。現在想起來，這個決定，對我今後以至一生是具有關鍵性意義的，一九五七年以後，歷次政治運動都是首先從文化藝術教育界開刀的，凡是「不幸」而從事此類事業的文化人、藝術家、知識份子，在近三十餘年的慘烈鬥爭中，有幾個能得以倖存？更何況我這樣的地主「狗崽子」、「歷史反革命」的後代了！冥冥之中我逃過了一劫。

「早戀」

我在童年以至少年時期，是非常靦腆、怯弱，同時又很敏感易於激動的孩子。五年級的時候，轉來了一個女孩子，也是從南方來的，叫劉星明。她的活潑開朗，她的直率天真，她的無拘無束，她的無憂無慮，她的聰明任性，都是我從來沒有見過，以後也再沒有見過。她有一張生動的臉一張更生動的嘴，上課總要搶著發言，一旦站起來，不僅聲音像鈴聲一樣悅耳，你會發覺和感到她的全身的細胞就都活躍起來了，就都與她的臉一樣笑起來了。整個課堂也似乎因為她而處處佈滿了笑意佈滿了快樂。對於像我這樣靦腆甚至有些木訥的人，她便像一顆跳躍著飛舞著歡笑著的種子播撒進了我的心裡，吸引著我激動著我。而巧的是，我和她還有一個叫周璽的分在了一個學習小組，輪流在三人的家裡學習作業。班裡有一個舞蹈隊，跳《採茶撲蝶舞》，每次在班裡、學校和外出演出，是必備的節目。扮演撲蝶的男生，原來是田琪琨，不知為什麼，我來了以後，卻非讓我演不可。我是極不情願的，因為我不愛也不會跳舞。笨手笨腳，動作拙劣得像一個癡呆兒。而且在以後我的一生中，都沒有絲毫的改變與進步。由此可見我當時的尷尬與無奈，而她們卻毫不理會，劉星明還一再地鼓動我，甚至手把手地教我這個不成器的「蠢才」。但因為有她在，因為有她的把教，我也就高興地勉為其難了。小學畢業以後，她如願地考上了師大附中，而我卻沒有考上清華附中，而是上了離師大附中不遠的區重點四十三中，再也見不到她，是很失落的。只盼著在遊行集會時能偶爾看到她的身影。這也是我為什麼一定要在考高中時考上師大附中的原因之一，沒想到的是，待我考上了師大附中時，她卻遺憾地上了一所中專學校。文革中，聽說她參加了北京市紅衛兵文藝宣傳隊，我還試圖給她去了一封信，她竟也回信於我，令我興奮莫名。自此就音訊斷絕，天各一方了。而我還不時地會夢到她，在夢中聽到她快樂爽朗的笑聲。

如果說這是一種「早戀」，也許是有點勉強的。這與其說是「早戀」，不如說是一種性格互補的吸引，一種對生命的率真快樂的傾慕，一種對勃勃活力的迷戀和嚮往。

十年隊慶

一九五九年是建國十周年大慶。這一天，父親帶我們三個孩子在紡織工業部大樓上（紡織工業部在長安街上，離天安門距離約兩公里許。現在已撤部改會）觀看盛大的閱兵式和各式的遊行大典。那一晚我又激動得幾乎一夜未眠，我為祖國的強大而驕傲，為能夠看到這樣的勝景而自豪，油然而生的便是對自己祖國的熱愛。也正是在這一年，也是少先隊建隊十周年，在剛剛建成的人民大會堂召開慶祝大會，我居然以市優秀少先隊員被選中參加了這次大會，這是我完全沒有預想到的莫大的光榮與榮譽。一個從鄉下來的朦朧不曉世事的少年，怎麼就竟然會獲得如此的慶倖呢？這一天我們宣武區的少先隊員先在一個地方集合，然後排隊進入莊嚴輝煌的人民大會堂。會上好像是北京市市長彭真講了話，鼓勵我們為祖國的強盛而努力學習，尤其讓我激動的是，他說「希望寄託在你們身上」，熱血奮張的我決心要把自己的一生獻給我的親愛的祖國。會上還給參加大會的每個人發了麵包、餅乾和一個蘋果。我沒有自吃，把它帶回了家，讓全家人共享我的快樂。我在一九六九年三月十一日的日記中記敘了這件事：「……我的童年是在春光明媚的魚米之鄉度過的。離開她時流了淚，雖然還很小。我的童年是在誇獎聲中在嚴父、慈母的教育下幸福地度過的，我和自己的祖國一起在人民大會堂慶祝了少先隊的十年大慶。……」（《劫灰殘編》第四六至四七頁，下述引文僅標注頁碼）。但可以說，當時我為什麼被評選上優秀少先隊員，是懵懵懂懂的，就是在以後對所謂榮譽也一直沒有太多的自我意識。

劣跡之一

在壽長街小學，不知為什麼從班主任到校長都是很喜歡信任我的。有時校長會讓我去他的辦公室取東西，而我居然利用這樣的機會偷偷地拿了或者說是偷了一個小小的日記本，自然沒有一個人知道。尤其讓我至今汗顏的是，曾把一九四九年前爸爸給家裡每個人一份的銀勺銀筷偷拿了一對去賣，到現在也無人知曉。它們像一塊黑黑的斑點，一直刻印在我的記憶裡，刻印在我的心中。這是永遠抹不掉的恥辱。還記得在四十三中上初中的時候，一次打乒乓球，上課鈴響了，我把一塊遺落的乒乓球板拿回了教室，下課後又拿了出來。那天放學的路上我便聽幾個同學悄悄地議論我，說我是三隻手，也就是小偷的意思，我感到很冤枉，但想到那個小小的日記本，我就默然了，而且心中隱隱地作痛，默默地愧疚地走在這些同學的後面，沒有怨懟也沒有辯解。

劣跡之二

那時學習是沒有什麼負擔的。除了讀課外書，其它時間就是玩耍玩耍再玩耍。彈球、拍洋畫、掀三角（用煙盒折成三角狀，在地下拍，能被掀起的為勝）、滾鐵環、粘蜻蜓、逗蟋蟀，還偷偷溜進陶然亭、天壇、中山公園打鳥、吊轉盤。在永定門外住時，我和弟弟，把石頭放在鐵軌上，然後趴在路邊看著火車壓過去，被巡路員抓住訓了一頓，還通知了家長。為了做一個又大又結實的鐵環，我和弟弟到附近的工地上偷拿鐵條，結果也被抓個正著，他們以為我們是偷去賣錢的，讓母親把我們哥兒倆接回去的。而最讓父母生氣的是，為了能夠去陶然亭游泳池游泳，謊稱是學校要交什麼錢，被發現後，父親大怒，在父親的眼裡，什麼都可以容忍唯有撒謊騙人是不可饒恕的，這屬於品行上的劣跡。我也是從這個時候開始，無論事情大小絕不講假話。像父親一再要求的那樣做一個誠實的人，牢守作人的這條起碼底線。

劣跡之三

還有一件事情，讓我至今想起來還臉紅。一九六〇年以後，魚、肉、蛋等一系列副食品已日漸稀少，而當時又正處於長身體的時候，每天最難耐的感受就是一個字「餓」，哪怕是春節，餐桌上也可憐得很，唯一的一碗誘人的紅燒肉，每人也只能吃兩塊，就「自覺」地再不敢染指了。有一次，提前放了學，媽媽在街道廠裡還沒有下班，我就偷偷地做了幾塊面餅，把不捨得吃完的藏到了專用的抽屜裡，以備慢慢享用，卻被媽媽發現了。母親沒有過分地斥責我，我只記得媽媽的眼光含著責備更充滿了憐惜和無奈。在這樣的眼光下，我決心不止不再做這樣讓大人痛心的事，而且要盡自己的力量幫助母親。而且我做到了，這是後話。

為什麼吃不飽?當時是想也沒有想過的，只是聽老師們講，是「自然災害」和「蘇聯逼債」造成的。一直到去山西上山下鄉以後，才明白了一些個中的緣由，而真正的起因是直到二十年以後才知道那其實是「人禍」，也才知道當我挨餓的時候，正有幾千萬人活活地被餓死了，那是怎樣的一場慘絕人寰的歷史大悲劇啊！只有「偉大」的人才能「創造」這樣「偉大」的悲劇吧?!

劣跡之四

事情的緣起是這樣的，一天早晨正準備上學，忽然一個裹著棉猴的孩子竄了進來，一邊喊著：麻嘖（弟弟在家鄉的小名叫「毛阿子」北京人聽成了「麻子」）我剛溜車回來。弟弟和他出去不久，爸爸就讓我叫他回來，詢問了這個孩子的學習等情況，就要弟弟不許再和這個孩子多往來。而我卻被他的「蹭車」吸引了，於是精心製作了一張假月票，居然蹭車順利無阻，但心裡總有些忐忑不安，不久就放棄了，仍然頂著刺骨的寒風步行。但也不能不說為我後來的蹭車截車積累了第一次經驗。

劣跡之五

小學時，班裡的所謂「差生」常因為去天橋玩耍而遲到。為好奇心所趨，一天我也直奔離祿長街小學只有不足半裡的天橋而去，耍猴的、變戲法的、唱大鼓的、說評書的、拉洋片、觀西洋鏡的⋯，真是看不勝看聽不勝聽，「有錢的出錢，沒錢的站腳助威，您那」整整一下午，我就是「站腳助威」，早把上學丟到了爪哇國。可惜，這一百姓喜見樂聞有至少上百年之久的「景觀」在文革中被作為四舊取締了（在葉廣芩《狀元媒》一書中有所回憶描述）。初一，又迷上了電影，有一點零花錢就去大柵欄、勸業場、中華、天橋、大觀樓等電影院去看電影，沒有錢了就檢煙頭賣了去看，後來我觀察收票的情況，發現了訣竅：剛開演時是收票人最放鬆的，我便急匆匆地往裡趕，居然屢試不爽。這讓我想起還只有大約五歲的時候，一次去金壇縣城，突然聽到喧鬧的鑼鼓聲，便跑進去，第一次看了無票戲。不久，我因癡迷於電影而晚歸甚至曠課，被爸爸發現了，自然挨了痛訓。也就是從那時起一直到現在基本上對電影再無興趣。也正因為此，我在以後的教學過程中，就能完全理解學生的所謂貪玩，而且提出不會玩的學生就不會學習。

沉迷於「小說、科幻、童話」

小升初沒有考上清華附中，我是有些失落的。主要是不能住校了，失去了一個獨立生活的機會。只能去，以數學好而著稱的區重點四十三中，離家也比較近。我所在的班級是個男生班（全校只有兩個男生班）。初一我是很淘氣的，不再是個乖孩子。上課不聽講，偷偷地看課外書，老師一走近就把書扔在地下。我的大量的讀課外書是從小學五年級開始的。宣武區圖書館在韓家潭附近，我在那裡辦了一個借書證，每次可以借很多本。我常常是一捆一摞地往家裡搬，那些描寫戰爭的長篇小說如《敵後武工隊》、《鐵道武工隊》、《烈火金剛》、《迎春花》等等幾乎都讀遍了，記得還給媽媽推薦，母親平生第一次也是最後一次讀了厚厚的《烈火金剛》，而且非常投入，以至會忘了給我們做飯。特別讓我沉迷的是科幻小說，如儒勒凡爾納的《海底兩萬里》、《神秘島》……，另外就是童話故事，這些書幾乎占盡了我所有課外時間，而且從此把讀書作為我的第一愛好，第一快樂。到了初中就把讀書的目標轉向了中國的古典小說，如《三國演義》、《西遊記》、《東周列國志》，還有蘇聯衛國戰爭的長篇小說如《卓雅與蘇拉》、《鋼鐵是怎樣煉成的》、《青年近衛軍》……還有普希金、涅克拉索夫、賀敬之、郭小川等的詩歌。這些書把我帶進了另一個世界，讓我沉迷期間。書中的美、醜、惡、善，書中的曲折跌宕的情節，書中人物的悲歡離合，無不使我或悲或憤或激情洋溢或掩卷而歎。這些書如夜雨如海波如晨曦滋潤著我豐富著我改變著我。書中的那些美妙的描寫動人的詞句精煉的成語，我會默默地記誦，並在言談、作文中加以利用（在用中記這是記憶的最好方法）。所以雖然我上語文課時是不注意聽講的（到高中以至大學都是如此），但幾乎每次作文，都被作為範文在課堂裡評講。我的語言與書寫的表達能力就是這樣在讀書中逐步得到提高的。

姐姐告狀

上課不聽講，鈴聲一響，還未待老師離開，我就會飛快地衝出去搶佔乒乓球台，那個時候是容國團、莊則棟為國爭光，全國掀起乒乓球熱的狂潮的時候，課下打乒乓球成了我們學生的最愛。自習時我也很快把作業做完後，就開始隨便講話甚至打鬧。我的這些表現，學校到還沒有太大的反映，因為我的成績除了畫畫課是三分外（那時是五分制），其它均屬上等。但沒有想到的是，一個高年級學生把我的這些劣跡告訴了我的姐姐，而姐姐又向爸爸告了狀，這下我可就慘了，於是光檢討就寫了足足一摞，父親全把它存放在他的那個黑色的皮包裡，厲聲告訴我，什麼時候改了才會當面把它燒掉。

我對父親的嚴厲是沒什麼怨言的，因為他從來就是這樣處處事事嚴格要求我們，希望我成為一個有志向胸懷有知識文化的人。但卻因姐姐背著我告狀，而暗地裡稱姐姐是「叛徒」、「特務」，還給她起了一個「懶饞貓」的雅號（「貓」是指愛哭掉貓淚），以對應她給我起的綽號「雞豬胡」。

入團——父親的賀信

到了初二我開始要求進步，起因是每次回家，我和一個叫董宏林的一路，他是個工農子弟，淳厚樸實，我把他當大哥哥一樣。回家的路上，他推著車和我一邊走一邊談心，有時還教我騎車，我的騎自行車就是那個時候學會的。一九六二年六月九日，我光榮地加入了共產主義青年團，加入儀式是在操場上舉行的，董宏林、郭學孟（他後來考上了四中）是我的入團介紹人。當時我是非常激動的，甚至有頭昏目眩的感覺，這是沒有絲毫誇張的。入團對於我而言，就是加入了革命隊伍，而革命是神聖的。那個時侯父親已從紡織工業部下放到金壇縣，正等待分配工作。當我把這個消息寫信告訴他時，興奮的父親馬上回信表示了祝賀，他在信中說：「……我親愛的優秀的孩子，祝賀你，衷心熱烈祝賀你在短短的不到一年時間裡，思想政治上、品行上、學業上取得顯著的優越的成績和進步。我完全瞭解你，也完全信任你，你在青年時期剛剛開始的時候已經取得了打下了如此良好的基礎，你在這不到一年的短短時期裡已經恢復了你在初小畢業前的優良表現，而且已經進一步提高有了發展，超過那個值得自豪的時期。今後你一定能在黨和團的教育，老師的指導，同學的幫助下，自己格外發奮努力，孜孜不倦一心一意爭取更大的進步，向光明幸福的革命大道上朝氣勃勃地大踏步地前進。決不會辜負黨和團，人民和父母的教育、培養與期望。作一個出色的對黨的事業、對人民的幸福有卓越貢獻的人！把這封信保存起來，經常看看，從中汲取活力、鼓勵與教育，並以之來檢察自己今後進取的成果是否滿意。如果把這封信作為紀念也是有價值的。祝親愛的孩子勝利進步永遠大踏步勝利前進！在不過長的時期裡爭取成為一個更光榮的共產黨員。」

「雞豬胡」

我是個看似文靜懦弱的人，但其實很容易發怒，為一點小事就像鬥雞一樣臉紅脖子粗。姐姐和弟弟就給我起了「雞豬胡」這個外號，其中「豬」是我的屬相，「胡」是指我開始長了惱人的一點小鬍子，而且有吹鬍子瞪眼的意味。這一點父親是最清楚的，也是他最憂心的。在祝賀我光榮入團的信中，也一再諄諄地引導我，要我學會穩重溫和，有開闊的心胸。他在上一封信中是這樣說的：「一個人要有偉大崇高的理想和抱負，不要把自己當作一般水準看待，就是說把自己提高些。…要時時注意培養自己的氣量，決不能胸懷狹窄，一點東西容不得、忍不住、熬不過（當然這僅僅是指非原則性的事，如別人討了自己的便宜，吃的用的東西吃了些虧，受了別人不應有的閒話或不經意的輕微的侮辱，受到一些委屈等都不要去

計較）

總之要氣量大。還要注意表情態度，言談行動處處給人以好印象。要學習好作風要有風度。要沉靜不易生氣不發脾氣（這一點我也正在努力克制）溫和、愉快、穩重。：那你將成為最優秀的第一流的少見的別人無法趕上的最好最受歡迎的青少年。努力吧，孩子！我相信你一定逐步作到。因為你具備條件，問題只是你能認識到而且能下決心去學去實踐！」我的這個毛病至今沒有完全治癒，可見江山易改，本性難移。

體弱易病

我從小身體是比較弱的，除了容易感冒外，最惱人的是經常性地頭疼。這與我愛激動嗜書如命和凡事喜歡思考有關，以至在初二的時候有一段曾經「免體」（就是免於上體育課）。

父親在一九六三年九月初二十四日的來信中就特別提到這一點，他在信中說：「開學已快一個月，想你們早積極投入辛勤的學習中了。過了國慶日學習可能更緊張、要求更高，是不是？

……我想你們在暑假全家舉行的家庭會議中汲取的教益還沒有忘記罷！這會議給你們的表揚、鼓勵、批評和要求應該經常回憶回憶，作為自己努力爭取進步的一面鏡子。……叔寧要經常注意腦力的保養，決不能用得過度，要善於調節自己的精神，注意身體鍛煉。這方面的利害關係你已經知道得很清楚，不用我再囉嗦了。……」

媽媽的「違約」

中考期間忽發高燒，每天要去友誼醫院打針。沒想到中考仍取得了很好的成績，並如願以償地被師大附中錄取。那個時侯我和媽媽曾有一個約定，如果我考取了師大附中，媽媽就給我買一個帆布書包，但那時父親已經下放，大哥正在清華大學讀書，二哥在念師範，姐姐、弟弟也都在上學，經濟上是非常拮据的。母親被迫食言，我仍然高高興興地背著媽媽縫製的書袋去師大附中報到了。而且一路上春風得意，因為那個時侯能考上當時在北京數一數二的師大附中，周圍的人都會投來傾慕的眼光。

在師大附中的五年（其中兩年是文革），對我一生的成長是有重要意義的。無論是在學識上，精神面貌上，身體健康上，以至性格的形成上，都打下來良好的基礎。學校的校長叫劉超，是抗大畢業的老革命，北京市委委員，這在中學校長中是少有的。他的教育理念是全面的素質培養，他的口號是七減一大於七。下午第三節課全校學生都要到操場鍛煉，讀書時靜如處子，操場上生龍活虎是他的口號。他還提倡自學能力的培養，上課允許不聽課，允許學生到閱覽室自學。我就是在那個時候學會了獨立學習、獨立思考的習慣。劉校長還特別強調學生要參加社會實踐和體力勞動，短期是到附近的工廠，而每學年要有近兩周的時間去農村參加勞動，我們這個年級就分別去過豐台區的良鄉和昌平縣的南口。而且採取了軍隊式的編制，每個年級是一個連，每個班是一個排，一邊勞動一邊進行軍事訓練，還在晚上進行過「拉練」，即到山上急行軍。白天勞動晚上行軍是很累很累的，但大家都興致很高，沒有一個人叫苦。印象最深的是，在南口那一次，是一九六四年十月四日，我們是在勞動工地上聽到第一顆原子彈爆炸的消息的，大家興奮之極，歡呼著跳躍著互相擁抱著。那種愛國之情使我們青春的熱情飛揚、熱血沸騰起來。我那時是排長，同學們戲稱為「盧排」，所以無論是挑土推車還是軍事訓練都處處走在前面，似乎有用不完的勁。只可惜在實彈演習時，我的槍法糟糕得難以啟齒。連靶子都沒有碰上，子彈載著我的激情不知飛向哪裡去了。

獲數學競賽獎

高一的時候，幾個重點中學舉行了一次數學競賽，我也參加了。但沒有抱獲獎的希望，所以發獎大會我沒有去參加，而是和李時民一起去西單商場的舊書店裡「尋寶」，那裡的書非常便宜，是很適合我們這些口袋癟癟，書欲卻飽飽的學生的。我想購買的書主要是魯迅的小說、雜文集，也買一些提高性的數學專題小冊子。記得在回來的路上，李時民指著偶爾從身邊駛過的小轎車說，咱們以後就是坐這個的。我很不在意甚至有點茫然。這些我是從來沒有去想過的，以至在我今後的一生中也很少去為此動腦筋去煩惱。從這個意義上講，我是一個沒有「追求」的人，是個喜歡讀書喜歡思考喜歡做自己喜歡的事的投閒置散的人。沒想到第二天到校，我的桌上卻擺著獎狀獎品和一個北京市數學小組的證書，我自然很高興，獲獎的事，我沒有告訴家裡，父親是從北京日報上得知的。這些桌上擺放的東西啟動和引發我對數學的熱愛與沉迷。在此之前，除了愛讀課外書，我的各門功課都比較均衡，沒有專注於某一科。

被埋葬的華羅庚之夢

利用高一暑假，我基本把高中的數學課程都自學完了。所以數學課上，我就不再聽講，而是大量地鑽研競賽題，上語文課時也做數學習題。星期天則去王府井北面的中蘇友好館參加北京市數學小組的活動，華羅庚、蘇步青等專家也時常來給我們上課。課後發給我們大量的講義和習題。這個北京市的數學小組是為每年高三學生參加的全國數學競賽服務的，目的是培養和選拔數學高材生，然後直接送入高等學府。我在高二的時候，對我特別器重的也是我格外尊重的李寶芬老師就把當年的競賽試卷拿給我作，第二試一共四道題，我居然作出了第一和第四題。李老師非常吃驚，因為第四題數學教研組所有老師都還沒有做出來。他對我說，應當讓你也去參加比賽，是至少可以拿到第二名的。聽老師講，這次競賽最高分是八十幾分，令出題的華羅庚驚喜異常，把自己的手稿贈送給了這位學生。這便更激發了我對數學的興趣和信心。那個時候我已經知道華羅庚和父親有同鄉之誼，還是初中時的同學和朋友，剛到北京的時候全家還一起去拜訪了他。我就在暗地裡下決心成為華羅庚的弟子，也像他一樣成為一個數學家。為此我苦研了幾乎所有的由數學家編寫的每本壹兩毛錢的《數學小叢書》。還在西單舊書店裡搜羅了全國各省和蘇聯各加盟共和國的競賽試題。當時我的感受是，題目越難我就越興奮，常常為一道題而廢寢忘食。文化大革命開始後，北京市數學小組還曾給我來過通知，要求我去參加那裡的批判會，我自然沒有去參加。但那個時侯我還沒有意識到，我的「數學夢想」，已經被這場「革命」這場「浩劫」徹底埋葬了。但我對數學的感情，數學與我的特有的緣分，卻一直陪伴著我。無論是在山西插隊的艱難歲月裡，還是在改革開放以後。雖然數學的大夢已經破碎，但數學在其嚴密的邏輯思維上，在其對世界的理智的認識上，所給予我的智慧、分辨能力，使我得以超脫甚囂塵上的「革命」紛擾、規避庸碌的利害得失，在數學的遺夢和文字的求索中，獲得人生真實的別樣的趣味和快樂。

「驕、嬌」二氣

師大附中是以幹部子弟和知識份子子女為主的市重點學校。因為階級鬥爭要「天天講月月講年年講」（毛語），所以思想革命化、思想改造也自然成了我們的必修之課。每次集中性的思想改造活動是結合下鄉勞動進行的，在學校時則以班級為主，然後在年級和全校的大會上作總結性的典型發言。劉超校長一直把思想革命化的重點放在幹部子弟身上，集中批判「驕、嬌」二氣。因為這些人的特殊家庭背景，都不同程度地傲視於人，自以為是天潢貴冑，有的人則在生活上特殊化，嬌氣十足。正是在這樣的自我批評自我檢討的大會上，我們才知道了劉少奇的女兒劉小平的兒子朱德的孫子以及陳伯達的女兒等是我們的校友，在我們學校部長級的子女就算是普通的了。在我的印象中他們的發言都是比較衷懇的，得到了大家的掌聲和認可。我所在的（三）班，幹部子弟不算多，有一個其父親是冶金部部副部長，另幾個是北京軍區的，大家相處融洽。從班幹部的遴選就可以看出，高一時的班長胡季平，團支書王克恕，因為父親的工作調動而分別轉到葛洲壩和南昌，高二補選我就以全票當上了班長，團支書是幹部子弟（她父親是做什麼的至今也不清楚）廖玉珍。出身優劣的歧視在那個時候我是感覺不到的，而是以品性、能力、成績為主要標準。對思想革命化對做好革命接班人幾乎所有的學生都是認同的，而且都積極地真心地努力改造自己。

厭惡虛偽

在學習雷鋒，靠攏組織，積極進取的各項活動中，我唯一反感的是「作假」。比如爭取入團的過程中，有一個女生，叫ＬＢＺ，每天一大早就來掃地、開窗、擦玻璃，積極彙報思想，我認為這個人虛假得很，所以在討論她的入團問題的支部會上，我是反對的，但沒有用。果真入團以後就再也見不到她那「積極」的身影了。還有一個叫韓忠的，那時和我坐在一起，他讓我作他的入團介紹人，他總是把他的日記本攤開放在靠近我一側的課桌上，日記中記滿了千篇一律的公式化的學毛著心得以及自己的決心等等，我不堪其煩，甚為反感，團支部幾次打算發展他，但均被我回絕了。現在想起來，我是很後悔的，覺得對不起他，因為他其實是一個老實人，是當時的形勢使他不能不這樣做。與此相反的是，高一的時候，我和範光義是同桌，他的父親好像是個司局級幹部。他是個不拘小節的散漫的人，喜歡物理，所以上課的時候我做數學，他做物理。他講話直來直去，往往因不留情面而得罪於人。我們兩個性格相投不喜受約束，所以在不少人持異議的情況下，我作為介紹人力爭他入了團。文革初起時，我還因為他而被「隔離」被光榮地孤立。

「反動學生」：海爾默西斯

還有一個叫李時民的，他是回民，伊斯蘭的教名為「海爾默西斯」，父親是被鎮壓的。他瘦弱不彰，孤僻而又桀驁不馴，極聰明，尤喜數學。他曾向我講過，除了我他是什麼人也看不起的。到了高三，作為班裡的幾乎是最後一個落後分子，也遞交了入團申請書。我是他的介紹人，在和我談心的時候，向我坦陳了他「反動」家庭的背景，甚至他曾經產生過的

「反動」思想也直述無遺。我把這些都向支部作了彙報，他能坦承自己的內心思想，說明他是相信組織的。沒有想到的是，在不久以後爆發的文化大革命中，他的這些思想彙報居然成了他思想反動的證據，而且據此把他定為「反動學生」。這是我完全不能理解而且反對的。到了沁縣插隊以後，他分在沁縣最大的一個知青點段柳公社長勝大隊，由於極左思潮的橫行，受「工宣隊」交代的影響，長勝大隊的知青（大部分是師大附中的學生）起初也誤把他作為反動學生對待，那個大隊的百姓還是很同情李時民的，為照顧他的身體，就讓他每天挑擔到縣城賣菜。我到廣播站工作以後，他中午就經常在我那裡或丁振剛處吃飯。後來他轉回了北京，不久就因心臟病發作而過早地去世了。一個背著「反動家庭」出身和「反動學生」兩重重荷，與人無爭，聰明而又抱負不凡的人，就這樣無聲無息地死掉了。這是那個時代那個社會無數犧牲品中的一個，在專制獨裁的國度裡，人命如蟻，如草芥灰塵，不知他們的死會否給後人以警醒，否則他們的靈魂是不會安息的。

一個只會說實話的人

高三的時候，一個叫俞瑚的也遞交了入團申請書，而且也要我作他的介紹人。我問他，為什麼要求入團？他的回答令人吃驚，「我也不知為什麼，大家都申請，我也就申請了」。正是這樣的完全有別於他人的回答，給了我特別深刻的印象，而且產生了特別的好感，因為他的回答讓我知道，這是一個老實的不會說假話的人，這在當時的環境氣氛中是罕有而難能可貴。他在班裡是極不起眼的甚至似乎是不知其存在的「沉默的大多數」中的一員，但正是這樣的人，這樣的無聲無息的人，是騷亂、動盪、浮躁社會的「安定器」和希望，他們看著、聽著，不迎合不捲入，卻也不乏自己的看法與思想，不乏自己的判斷與認定。當文革初期，我從班裡的「主流」裡孤獨地出走，像俞瑚這樣的人便成了我的朋友與知己，成了像親兄弟一樣的親友，而且一生如斯。真乃吾之幸也，吾之福也！

《怎樣當好班長？》

當班長的經歷，對我性格的形成和某種程度的改變是很關鍵的。我的性格從小是靦腆的柔弱的，只沉浸於書中的世界和幻想中，不喜於與外界外人接觸和溝通。而作為班長則要瞭解同學們的想法，一要與班主任聯繫，二要與班裡的其他班委以及團支部的各委員交流，共同努力把班集體搞好。那個時侯，政治活動（學雷鋒、學毛著、憶苦思甜等等）多體育活動多。我是討厭空洞的形式主義的所謂學習、談心、表態的，因為我認為這裡面充滿了虛假。所以我是以組織各種實實在在的活動為主，比如我要求全班同學每天早上各自從家裡跑到天安門廣場的英雄紀念碑，然後才可以騎車或坐車回到學校，既突出了政治，又鍛煉了身體。我還組織全班同學以軍事的班（即小組）為單位，步行到軍事博物館，一路上還要進行臥倒、匍匐前進、偵查等軍事訓練。既符合當時的政治需要，又活潑有趣。因為我是班長，自然要處處帶頭，所以無論是翻牆、爬繩、跨溝、列隊訓練都要做好做到位，正是這樣的高強度的訓練，鍛煉了我的體質，培養了我的耐力、意志和毅力。我的身體就是在那個時候打下了基礎，易病頭痛也全然消失了，且一生保持了健康強健的體魄和昂揚勃勃的精神。記得有一天午睡的時候，大哥對我說，你為什麼不把你作班長的體會寫一篇文章投給北京日報呢。於是我就寫了一篇題為《怎樣當好班長——學習毛主席著作的體會》的文章，第一次也幾乎是最後一次投了稿。沒想到果真被北京日報採用了，而且恰恰是在一九六四年，第一顆原子彈爆炸的那一天獲得這個消息的，因此那一天對我而言是雙喜臨門。

畸形的革命警惕性

到了高三，在緊張的學習備課中，我們對毛主席的熱愛也達到了高峰。那時，從操場上鍛煉回來，我們都要三三兩兩地聚在一起高唱革命歌曲，如《革命人永遠是年輕》、《我們走在大路上》、《你看那萬里東風浩浩蕩蕩》……，來抒發我們的激情。這種感情是那麼真摯那麼樸實，我們打心眼兒裡認為我們的黨我們的毛主席是最偉大的。給我印象最深的是，那時候有一幅《中國青年》雜誌送贈的毛、劉、周、朱、陳、林、鄧在一起交談的照片，他們之間是那麼親熱那麼和諧，象徵著我們的黨是那麼團結。同時，我們在收聽和學習

《九評》的時候也就很自然地充滿義憤，對蘇聯對赫魯雪夫修正主義，可以說是同仇敵愾。也正是在這樣的一種革命激情高昂，政治氛圍極濃的情況下，我開始大量閱讀有關政治性書籍，如柯切托夫的的長篇小說《葉爾紹夫兄弟》、《州委書記》，古納瓦達納的《赫魯雪夫主義》以及南斯拉夫前共產黨領導人吉拉斯的《新階級》等。它所給予我的啟示就是「野心家」的陰謀奸詐，托洛斯基、阿爾連采夫（葉爾紹夫兄弟一書中的主人公）赫魯雪夫就是這樣的人。那個時侯我和範光義甚至暗中把班裡的一個成天陰沉著臉披著軍大衣的軍幹子弟當做「阿、托」（阿爾連采夫與托洛斯基的簡稱），可見當時是多麼幼稚多麼的可笑而又是多麼地懷有高度的革命「警惕性」，而這種畸形的革命警惕性也曾使我疑神疑鬼地懷疑院裡的王大爺是不是特務，他沒有工作卻很有錢，戴一副金邊眼鏡，一天我趁他家裡無人，就偷偷進屋查找「罪證」，結果在一個本子裡看到一張裸體照片，嚇得奔竄而逃。可見革命性之低劣。這個王大爺一九四九年前是一個法國銀行白領，當「城頭變幻大王旗」法國銀行臨撤走時給了他一筆錢，他就退居家中，低調地不涉世事地做起了寓公，並因而幸運地逃過了一次次的劫難。一直同情母親，並給以了不少幫助。

喜愛上魯迅

從高中開始，魯迅的書幾乎是我每天必讀的，是我做數學競賽題之外的第一大業餘性「功課」。魯迅的《狂人日記》、《孔乙己》、《故鄉》、《孤獨者》、《祥林嫂》……把我帶到了另一個世界，讓我看到了另一個中國，看到了另外的一些完全不同於現在的人。他們或被社會逼得瘋狂癲癡（狂人），或被貧困壓榨得只有靠「精神勝利法」才能存活（阿Q），或成為專制禮教的活活的犧牲品（祥林嫂），或被貧困苦難壓抑成了一個麻木的木頭一樣的奴隸（閏土），或在精神的極度苦悶中孤獨而又難以求存的被遺棄者（魏連殳）。我常常因此而不忍卒讀。同時暗自慶倖，慶倖自己沒有生活在那樣的年代。一九六六年以後，尤其是到了山西沁縣李家溝以後，我又反復地重讀了魯迅的這些讓人沉下去的小說，感受就完全不同了。原來中國就是這個樣子的，於是我感到了莫名的極端的失望和悲哀，也開始了自己的獨立的思考。而魯迅的雜文，那犀利如劍刃、尖刻如蜂刺、無情如毒汁的簡練精粹的文章，幾使我大汗淋漓，如墜淵底；他對幾千年黑暗殘酷的赤裸裸的剝噬、對虛偽的「欺與瞞」的絕對的厭惡和痛斥、對歷史對現實的虛妄、無望、絕望，以至在絕望中奮力以求的渺茫，震撼著我的心靈。我還只是在感受，感受魯迅的痛苦，但還不能夠完全理解。但對虛偽的決絕，讓我獲得了一點起碼的辨識力，這是一塊最重要的基石，也是我認識人生辨別是非的重要標準。

狂風驟起校園亂

山雨欲來

正在進入高考的最後準備階段，校園已經不平靜了。一九六五年十一月十日姚文元的《評新編歷史劇「海瑞罷官」》猶如一顆深水炸彈，震撼著我們。讀報、聽廣播成了比複習還重要的每日功課，大家互相談論著爭吵著。誰也沒有想到一場改變我們每個人命運，顛覆中華民族的風暴、劫難就要來臨。當時的北京猶如一個巨大的戲臺，緊鑼密鼓，雷聲陣陣，劇情不斷變換，演員輪換粉墨登場。從一九六六年一月到五月十六日，先是鄧拓吳晗廖沫沙被打倒了，接著是「彭、羅、陸、楊」一朝傾覆。而以江青、陳伯達、康生為首的炙手可熱的《中央文革小組》登上了歷史舞臺。一九六六年六月一日的人民日報社論《橫掃一切牛鬼蛇神》發表，當時聽這一篇文章時，我只記住了一句話，「把代表私人利益的仇神召喚到戰場上來反對它」（好像是引用馬克思的話）。因為後來十年的歷史正證實了這一句話，而且比古今中外的任何時候都要殘酷都要暴虐，這也許是當時的作者沒有想到的吧！這篇社論的發表猶如開啟了「潘朵拉」魔盒，使原本平靜有序的北京成了「無法無天」的血腥世界。在這場「攪得周天寒徹」的革命中，幾千年專制主義文化的沉渣泛起，血緣文化氾濫一時，並成為政治認同的重要標識。一些青少年學生堂而皇之地把「血統論」抬了出來，把中世紀的裹腳布當作革命的旗幟到處揮舞，形成了紅衛兵「橫掃一切」的風暴。同時，毛澤東的個人意志和絕對權威達到了登峰造極的頂峰。「萬壽無疆」的全民敬祝、「獻忠心」的萬眾供奉、「誓死捍衛」的熱血愚忠……這些都讓人們看到皇權專制時代的迴光返照。被革命打倒的對象，又在革命中成了革命的膜拜物。舊時代的陰魂附體在革命後代身上，發作出了新時代的癲狂，踐踏了人類文明價值。」（摘自王海光《血緣文化與文化大革命》）

兩個老師的驚恐

文化大革命就這樣「莫名其妙」地開始了。一九六六年六月初，中央派出了工作組。進駐師大附中的是以勾德元為組長的團中央的一些人，在學校成立了工作組、革委會和各班核心小組的三級領導小組，代替了原來的黨團領導系統。我是班裡的核心小組成員之一，如何「革命」？革誰的命？沒有人知道。在暴風初起之時，有一個鏡頭：那就是我的班主任陳復興、政治老師董世鵬的慘白的臉色、慌亂的舉止和極度恐怖的神情，使我不解。一直到下鄉以後，以及八十年代的思想解放的大潮中，才知道了一九四九年以來的歷次運動，尤其是「反右」，這個魔團謎底才得以解開：他們一定是經歷過那一次次的以知識份子為鬥爭對象的整肅運動，是僥倖「漏網」而心有餘悸的。所以當一場更大的來勢更兇猛的運動撲面而來時，他們如驚弓之鳥，怎麼能不顫慄不恐怖呢！

反工作組

六月二十號，高三（二）班以陳永康何芳芳為首的一部分學生貼出了名為《揪出鑽進我們肝臟內的牛鬼蛇神》的大字報，矛頭直對工作組，我們高三（三）班也馬上響應。一場是反還是保工作組的爭論在全校展開。給我印象最深的是一次在三樓召開的爭論會上，因為工作組對反對者的定性是「反革命」，運動後期處理。一個高三（二）班的高而黑瘦的人居然跳到桌子上，「反戈一擊」。我唯一的感覺是「可笑」。我是屬於反工作組的，主要原因是工作組把鬥爭的矛頭對準了學生，而且挑動學生批鬥我尊敬的老師和校長。我還寫了名為《非要顛倒黑白不可》的大字報支持聲援陳永康、何芳芳，並積極參與辯論。這下嚇壞了我的大哥，他不只在家裡反對我，而且跑到學校試圖阻止我的行動，要求我向工作組道歉「認罪」。我是理解大哥的，也知道他是因為父親已經「自絕於人民」，再不想看到自己的弟弟在政治上「出事」了。而我那個時侯還沒有學會「明哲保身」，我的性格是明知不可而非為之的倔強。

初嘗被「孤立」的滋味

不知為什麼，我們班把鬥爭的矛頭對準了範光義。一天晚上，班裡的幾個人在徐赤畜家寫了一篇大字報，結論是範是「主觀反黨」，起碼也是「流氓」（班裡的一個女生揭發他以幫助其提高思想為名對其騷擾）我是堅決不同意的，另外一個叫李乃立的女生也同意我的看法。於是在班裡就展開了對范、盧、李的批判攻勢，而且還形成了一個充滿矛盾的「邏輯」：要想整倒範就需先整倒盧與李，而要整倒盧與李，又必須先整倒範。我平生第一次被「孤立」起來。而且第一次嘗到了被「孤立」後的寂寞。雖然我私下認為這種孤立是光榮的。範曾經跟我說，如果我被戴上了「反革命」帽子，你怎麼辦？我毫不猶豫地回答，和你一起去勞改嘍。在那個並不長的一段時間裡，只有我、范、李在暗中交往。在那個大字報漫天、口沫橫飛的日子裡，我也因被孤立而稍許清醒了些，少了些盲目與衝動，多了些冷靜與思考。

驚動最高層

師大附中的學生中，因為幹部子弟尤其是高級幹部子弟相對較多，所以運動初期師大附中就成了劉少奇瞭解運動領導運動在中學的一個點（大學的點是清華大學，因為劉少奇的另一個女兒劉濤在那裡上學。師大女附中是鄧小平的點）。不知劉平平回家是怎樣向其父親彙報學校反工作組的情況的，劉少奇找來包括劉平平在內的校「文革委員會」成員談話說「出現說工作組是黑幫的大字報，是右派打著紅旗反紅旗」（摘自高皋、嚴家其的《文化大革命十年史》第二七頁）。令人難以理解的是，劉居然把反工作組的後臺定為我們班的牛德龍。牛德龍在班裡是典型的「浪蕩公子」，常常遲到早退，甚至不上課去看電影，成績自然不算好。在我們的眼裡是「自由主義」的落後分子。我是到高三時才對他有所瞭解的。因為座位挨在一起，平時常天南海北地聊天，發現他是很聰明有獨立見解的，他的「奇貌」、「奇行」，其實是桀驁不馴的外在表現。可能正因為此，才把他定性為「後臺」吧。一般人可以不理解他，甚至曲解於他，但作為如此高級的中央領導也能看走了眼，我想一方面是彙報者之誤，另一方面也反映了劉是怎樣按共產黨傳統的辦法領導運動，而這場突如其來的運動又不是他所理解的，因此作出了這樣「奇怪」、「可笑」的判斷。

批鬥牛德龍

那一天，揭露、批判的大會在三樓會議室召開。牛德龍用水沖洗了頭，一步步緩慢地走進會議室，在「被批判」席上坐下，不管是工作組也好憤怒的學生也好，在他們聲色俱厲的質問中，他始終一言不發，甚至連眼皮也不抬一抬，充滿了冷靜、默然和蔑視。從那一刻起，我服膺了，認定了他才是我一生可以交心敞懷的朋友與知己。

他的父母都是高級知識份子，曾在美國留學八年，回國後一直保持低調，其父親不知什麼原因，不再參加任何工作，少言寡語，但仍然閱讀和查看英文書籍資料。母親則在師範大學任圖書館學教授。我第一次去他家，是在牛德龍作為反工作組的「後臺」被批鬥以後，勒令在家檢查反省，他也正樂得如此。記得我是早晨去的，他的母親給我作了一碗米酒，還在裡面打了一個荷包蛋。沒想到我卻滿臉通紅，竟有些醉眼朦朧了。也是自此我瞭解了自己的酒量。對此我曾有一首小詩「天生小酒人，微醉自沉淪。常懷羞慚意，無為涓滴紅。」

我常常一個人到他那裡去，尤其是在那一次「離經叛道」的談話和決定書寫「反動」傳單後，就去得更勤了。他母親是個慈眉善目的有教養的老人，經常囑咐我一些要注意的問題，比如我的過於耿介過於喜怒好惡皆形於色的性格，這是我的那幾個朋友也經常反復諄諄於我的。還比如，在我一九六七年底到一九六八年在學校給新招來的學生代課，就特別提醒我要注意與女生的關係，因為她老人家知道，女孩子是特別容易喜歡我的，這是除父母親外，只有他們像父母一樣關愛我，時時給我以教誨，令我至今仍感激銘刻於心。我們五人的開始學習英語也是德龍的父母兩位老人看到我們每天百無聊賴，就向我們建議，並親自為我們授課。他們說，不要文化，不讀書的狀況是絕不能長久的，只要學，就一定會有用的時候。所以一直到了沁縣李家溝我也沒有放棄，堅持學了下去。而牛德龍也從那個時候開始，就自學起了中醫，並在中藥的鑒別上有所成就，以後他又專注於研究民國史，在滿床滿櫃滿屋的書海裏探隱索微，對那個時代的思想家、文學家、藝術家、歷史學家——作了詳盡而又獨闢蹊徑的考證、歸納和評說，獲得丁東等學者的高度讚賞。

驚見毆打校長

自反工作組風波以後，我就不再是班裡的核心小組成員，而且不允許我再參加班裡的運動，作為「白專分子」讓我一個人到學校食堂前的洗浴間裡反省。我也樂得清閒，每天在學校食堂門前的浴室裡「反省」、看書、抄中外民歌二百首，《赫魯雪夫主義》、《多餘的話》就是在那裡抄錄的。期間有一件事令我震驚：一天的傍晚，我從無人看管的「反省禁閉」室裡出來，經過校門口時，我被驚呆了，只見學校的領導和老師分別站成兩排，幾個穿著軍裝的學生，有幾個是我認識的高級幹部的子女（恕不點名，但願他們已在心裡為此做了懺悔，儘管她們也曾在這場運動中吃盡了苦頭受盡了生死的折磨），她（他）們兇神惡煞般地掄著帶銅頭的皮鞭，輪流抽打著他們的老師和校長，而讓我感動不已的是，校長劉超冷冷地說：如果有罪，罪在我一人，要打，就打我一個人吧！自然遭來更猛的劈頭蓋臉的抽打，以至他老人家的眼鏡也被打落了。當時只有一個人，以前是負責團的工作的，每次他的講話，是那麼充滿激情，那麼充滿理想的革命的感召力，而在皮鞭面前，他那帶著磁性般的雄辯卻變成了苦苦的求饒。我站著，不忍目睹地看著，心裡卻在想是什麼使這些往日的同學充滿如此大的仇恨呢？在這一群人裡，只有校長劉超是不失為一個真正的人的稱號的。正因為此，在工作組撤退後，在「鬥、批、改」的運動中，對劉超校長是幾類幹部而爭論不休時，我獨自以師一兵署名寫了三篇名為《要有更多的一把手站出來》的大字報，反復強調劉校長是好校長。（這三篇大字報的底稿至今還保留著）。我也只看到劉校長一人在瑟瑟的寒風中透過那高度近視的眼鏡，仔細認真地看著。因為大部分大字報是把劉校長當做要打倒的三類甚至四類的「走資派」痛加批判的。我的這篇大字報一定在蕭瑟秋風中，給他帶來一絲溫情和暖意，他可能至死也沒有想到這篇大字報的來歷與作者吧。

獨往獨來

因為被孤立，我就被迫地只能獨來獨往了，雖不能「天馬行空」，卻可以按自己的願望獨自行動。當大字報鋪天蓋地，喧囂鼎沸的時候，我一個人去了北京外國語學院，主要目的是收集陳毅的所謂「黑話」。我是佩服陳毅的率直和正氣的，在那個打到一切的邪風惡浪中，在幾乎所有的人都像林彪一樣肉麻地大搞個人崇拜、助紂為虐，或盲目地歇斯底里地毫無人性地毀滅文明、誅殺人命的時候，只有陳毅一個人敢於頂風直言。我的收集陳毅的黑材料，不是為了批判而是想在那裡尋求認同。我在一九七二年五月聽聞陳毅逝世的消息後，在李家溝的一豆油燈下，悲憤地寫下了《悼陳毅》，以此表達我對陳毅的感佩：

〈悼陳毅〉　和趙樸初

磊落比日月，正氣凌天涯。笑對眾妖孽，只語破真假。挺身抗洪逆，怒諫宮門下。萬民方有持，泣聞閻羅伐。眾星漸隕落，千古遺君話。定後還如夢，茫茫我中華。

除了去外語學院收集陳毅的「黑材料」外，我還收集了大量傳單、黑材料、批判冊，打算以後做研究用，可惜去插隊後留在家裡被棄毀了。

批鬥王光美的大會

一九六七年四月十日，我獨自到清華大學看了王光美的批鬥大會，真是人潮洶湧喧囂鼎沸。王光美是被押解進會場的。陪鬥的有彭真、陸定一、薄一波、蔣南翔等三百餘位大小「走資派」。我孤自一人站在最後邊，三十萬與其說是憤怒的不如說是瘋狂了的大學生中學生，都像我一樣伸長了脖子，不禁使我想起魯迅在小說《藥》中描寫的那樣：「老栓也向那邊看，卻只有一堆的後背；頸項都伸得很長，彷彿許多鴨，被無形的手捏住了，向上提著。」我覺得，這時的我就是那個老栓，只是不買「血饅頭」罷了。大約十分鐘還不到，我就不耐也不忍再看下去，於是悄悄地退走了。我又一次嘗到了孤獨的好處，如果不是我獨自一人，而是跟著一個「造反組織」一個「紅衛兵團」，那麼我的提前退出，就會被看做是不忠的「逃兵」。

臭蟲、跳蚤與狼

我這是第二次到清華大學的，第一次是在我高一的時候，和弟弟一起來看在這裡讀書的大哥。在清華池遊了泳，在飯堂吃了飯，還參觀了那裡的圖書館。晚上睡在了大哥的宿舍裡，卻被跳蚤和臭蟲咬醒了。那個時候我是滿懷信心兩年後接大哥的班到這裡讀書的。自然沒有想到這不過是一場夢，更沒有想到，第一次是臭蟲、跳蚤用我的血滿足了它的血的貪欲，這一次卻是一群我仰慕的哥哥姐姐們，像兇惡的狼一樣演出了這樣的一場惡作劇。是誰之過誰之罪？現在是已經很清楚了，也明白了這是幾十年來仇恨教育的必然結果，我那天生與來的憐憫是如此可憐如此蒼白。

自此，我就再也不出來看大字報再也不去參加任何的批判會了。

「沉默的大多數」

因為被孤立被反省，我在感到孤獨的同時，卻得到了意外的收穫。首先，我自此開始厭惡和疏離運動，通過自己的經歷和境遇發現這場運動，看似是來勢兇猛光明正大的群眾運動，其實是群眾不明所以，而且互相內亂內鬥，是非並不由我們自己來判斷和決定。不要說我們這些小小的學生就是老師校長也自身難保。而在全北京掀起的「抄家」、「破四舊」，可以任意地毆打以至致人於死命的「橫掃一切牛鬼蛇神」的紅色恐怖，更令我瞠目結舌。

我這個原來班裡的風雲頭面人物，成了「孤家寡人」的時候，牛德龍、俞瑚、郭乙林、楊克勤、何忠瑜，這些在三年中幾乎沒有什麼接觸的「沉默的大多數」卻認同了我，成了我苦悶寂寞中的朋友和知音。成了我文革十年以至一生中生活上、感情上、思想上的親如兄弟的夥伴與知己。從此，我們五人（不包括何忠瑜）遠離運動，在一起下圍棋、議論調侃世事、遊山玩水、聚餐，後來還一起拜牛德龍的父母為師學起了英文（我們中學六年一直學得是俄語）。那時班裡的一些人把我們五人稱為「三流堂」（抗戰時位於陪都重慶的「碧廬」裡，聚集了一批自由散漫落拓不羈而又堅持抗戰反對專制獨裁的文化人，如夏衍、吳祖光、業」的意思。

馮亦代、黃苗子等，並戲稱為「二流堂」。這些人在文革中無一倖免）也就是不務文革「正

忘年交

俞瑚的母親是個快言快語性格潑辣有定見的老太太。她老人家是一九四九年前北京一個供電公司大老闆的千斤小姐，她的父親是個有遠見的人，把自己的掌上明珠嫁給了一個門不當戶不對的公司職員，從而保證了一九四九年以後的歷次運動都得以平安免災。

俞瑚家因離學校只有數百步便成了我們的主要聚會點，他的眾多的哥哥姐姐，都是大學畢業生，大哥還在延安抗大學習過，在人民日報擔任一個版面的主編，其二哥是軍校的教員，她的幾個姐姐都曾留學蘇聯，在北京應當算是個世家了。他的母親與我尤其投緣，是忘年交，只要我一去，老太太就特別高興。有一次我剛進門，老太太正在穿衣準備去王府井大樓，馬上說，我不去了，要和我「兒子」擺龍門。老人家見多識廣，語鋒機敏而又幽默，我們是無所不談，尤其愛議論當前的運動，彭真被打倒，她就說還是彭青天在時的北京好，說到彭德懷，就說如果大家都像彭德懷，天下就不會是現在這個樣子。和她侃大山最大的好處是可以口無遮攔，直抒胸中塊壘。她還向我談起，運動初期紅衛兵要批鬥她，說她是資本家的狗崽子臭小姐，她反駁道，我生下來剛一露頭，發現是資本家，總不能把頭再縮回去吧？

惹得紅衛兵大笑而散。為了防止紅衛兵繼續揪鬥，她就不住自有的老宅子裡了，而是輪流到兒女家。說到這裡老太太開懷地笑道，我這是在和這些不知高低的孩子們「捉迷藏」、「打遊擊」，想和我鬥，他們還嫩了點！我也向老太太談起我的父親母親，她說，你的父親太天真，太輕信了！對我的母親則充滿了同情與憐憫。後來她還假借一個機會，特意去看望了我的媽媽。從一九六六年到一九八七年，這裡一直是我的另一個家，一個格外溫暖可以傾吐心聲的家。記得一九八六年我要去深圳蛇口，她讓我給她帶一個打麻將用的「骰子」，八七年我去送「骰子」的時候，她老人家是躺在裡屋的床上，一聽到我的聲音，馬上把我叫了進去。我坐在床邊，握著老人的手，那一雙激動起來就會揮舞指點的手已經乾枯無力了，只有那兩隻眼睛仍然是那麼炯炯有神。我們這一對忘年交的「母子」仍然像以往一樣傾談著，只是聲音小了許多。沒想到這是我們的最後一次見面，最後一次談話了，至今她老人家的音容笑貌還像刀刻一樣銘印在我的心中。

俞瑚是俞家的老末，他母親四十多歲才生下他。在父母哥哥姐姐的呵護下，性格就比較懦弱，乏謀寡斷。但心地善良，正直正派。看似寡言少語其實是幽默有趣的，一張嘴就口出妙語。他在李家溝是最能吃苦最任勞任怨的，不管讓他幹什麼從沒有異議和埋怨，默默地一聲不響地「受苦」。他和我是最交心的，兩人在一起，連最隱蔽的純個人的私情私話都直瀉無遺。他的母親最放不下心的就是這個么兒。所以在面臨分配下鄉的時候，他原本是可以去東北的虎林，或青海的西寧當工人的，起碼也可以去黑龍江軍墾（我們班大部分人都去了那裡），那裡是每月有三十塊錢的收入的。她母親卻說，盧叔寧到那裡，俞瑚就到那裡。這樣她老人家才放心，實際上是把俞瑚託付給了我。

書寫「反動」傳單

經文革初期的狂熱，曆工作組期間的內鬥，我們五人相識相知，除了軍訓中還去學校參加由解放軍管理領導的所謂的「學習」外，我們是漸漸疏遠甚至遠離於運動之外，成為「逍遙派」。文革期間，「逍遙派」人數的比例是很大的。而且高中的比初中的多，我們班絕大部分同學在工作組撤走以後，除了短暫的軍訓和大串聯外，甚至連學校也很少來。恐怕是因為他們更理智更清醒的緣故。紅衛兵運動在其初期只是一少部分人，尤其是那一部分因為父母受到衝擊，由天然的「革命」接班人一下子跌到「黑九類」的幹部子弟的洩憤和開始反思的行動。我想其它學校，包括大專院校恐怕也大致如此吧。至於工人、農民、軍人也介入運動以後，就是另一回事了。

因為閒暇無聊之極，便下棋、聚會，聊渡寶貴的青春時光。後來就到頤和園、香山、潭柘寺、北海等地遊玩。在湖光山色中消受寂寞與苦悶。正是在這苦悶中，我開始了對運動對生活的粗淺而幼稚的思考。一九六七年的一天，牛德龍到我家閒聊，在送他回家的路上，與他圍著友誼醫院散步，我首先談了對運動的一些疑惑和看法，他馬上表示「心有戚戚焉」。

煩憂之時遇知音，兩人越談越投合越聊越深入。竟至在那「紅色恐怖」最激烈殘酷的時候，斗膽地打算有所行動。也許是還太年輕吧，也許是我們的熱血還不甘於就此僵冷吧，兩人決定寫傳單，向社會表達我們的看法和思考，這是虎口摸須，「冒天下之大不韙」的。我起草了底稿，大意是：宣傳毛澤東思想不應只重老三篇，更重要的應當是「實踐論」和「矛盾論」，否則就是愚民，其二是對這麼多功勳卓著的老幹部被打倒無法理解和認同，最後提出了對中央文革小組和林彪在許多說法作法上的懷疑。然後我們就到陶然亭、天壇公園去複寫並準備散發。有一天還利用他的父母外出，我們兩人就在他家裡加緊複寫。現在想起來那個時候的做法真是太輕率太冒險了。公然在公園的茶室裡、石凳上，戴著白手套複寫如此「反動」透頂的傳單，不是自動把頭伸向絞索嗎？而周圍的遊人看客居然「無動於衷」，是他們的警惕性太差了呢，還是因為我們的行動過於奇險過於大膽，反倒使這些人放鬆了警惕，也許是在冥冥之中有神靈在保佑著我們這一對「初生牛犢不怕虎」的「膽大包天」的年輕人吧！

這個行動我們兩人是絕對保密的，連俞瑚、克勤、乙林都沒有告訴。因為複寫的份數還不多，也沒來得及散發，我就匆匆地隻身去了東北，原稿和影本就存在德龍那裡。不料東北落腳未成，反淚雨痛歸，才知道他已將所有影本在天安門東廁所裡付於穢水了，我自然理解他的苦衷，只遺憾原稿的沒有留存。

無聊難覓書

那個時候，最大的苦悶是窮極無聊，我在一九六七年十二月六日的日記中，是這樣傾瀉自己的感受的：「生活已經空乏到了極點。除了一日三餐、睡覺、休息外，沒有任何真正有價值的有益的和有意義的事幹，好像活著就是為了活著。這麼大的個子，在世上已度過二十個春夏秋冬的小夥子，卻仍然閑得聯手往什麼地方放都不知道，這還有什麼意思呢？想看點書，積存的可憐的一點兒已經反復讀了幾遍，連以往不屑看的也翻了出來。而到外面——無論是買還是借，又都是貧乏到了極點，陋淺到了極點，好像中國根本沒有什麼書一樣。於是就這樣虛度著、焦灼著、等待著……」（第一七頁）

冷眼「怪像」

也許是為了填補這無邊無垠的空虛吧，我一邊冷眼觀看文革中的這一幕幕非常理非常情非常識的怪像，在感到不解、疑惑以至反感和厭惡的同時，開始了最初的思考。尤其是瘋狂地吹捧毛，以及各種極端的做法，是稍有理性稍有良心的人無法接受的。我在一九六七年九月四日的日記中這樣寫道「對於一個以極「左」面貌出現的人，幼稚者是因為不成熟，年輕人是因為喜歡激進，總之他們是願意表示更革命一些，這是無可非議的。但對於那些成熟的人，那些已經懂得一些馬列主義，在政治上思想上有了一些錘煉，而且完全可以看出左傾還是右傾的人，仍然以極左面貌出現，則必然是別有用心，是想以此達到不可告人的目的。對這種人，可以毫不客氣地說，是偽君子是投機者是野心家。……這種人是最危險的，必須牢牢提防時刻警惕。」（第五至六頁）。還提出：「現在形勢愈來愈迫急地需要我們對整個運動作個全面客觀深入的分析總結了。已不能停留在麟毛鳳角地孤立地考察各種事物了。需要把一系列看來是個別孤立的事物聯繫起來，找出其內在的引線和根本的原因，從而作出切合實際的結論了。雖然，由於某些原因（為水準所限，材料不全以及其它等等）這些分析和總結還只能限於大腦的思索」（第八頁）在敘述了自一九六五年以來一系列令人眼花繚亂的「批判」、「打倒」事件後，認為：「這一切都需要我們把它由分散而有機的聯繫起來，並貫之以一條線，這樣才能洞察出其中的根本，才能成為一個清醒的革命者。」（第九頁）所以，我在一九六七年的十二月四日，就提出我的判斷和疑問：「任何事物都是有針對性的，但是針對本身只意味要對立的鬥爭，而不是什麼貌似激烈、過火，因為這樣只會使事物走向反面，使矛盾發生轉化，如果前一段的行動還可以用針對性來解釋，用矯枉必須過正的道理來解釋，還可以蒙人耳目的話，那麼現在如此大喊大叫，更加歇斯底里，又是針對什麼呢？這是百思而不得一解的。唯一可以解通的就是，讓真理的腳步在更趨華藻，浮誇的革命口號的喧嘩中上再往前邁出幾步，這樣就更容易達到謬誤的境地。就可以更廣泛更深入地掀起一股「群眾」的風，而掀風者就可躲在群眾的後面，坐食漁利。歷史是不應當隨便開玩笑的，難道社會這個產婆真要生下這畸形的，同母所生，而相貌又截然相反的同胞胎嗎？」（第一六頁）到了山西李家溝，我的思想就是以此為出發點繼續一步步深入，從而得出從根本上否定文化大革命的結論的。

串聯：何須恩准獨自由（遊）

第一次串聯——天津—廣州

一九六六年七月的一天，正是「文革」初起，滿京城瘋狂之時，我百無聊賴，枯坐家中。突然金大安來了，我很納悶，平時與他交往不多，他也幾乎從沒來過我家。一開口，就更讓我吃驚了。居然是約我一同外出「串聯」，而且是去廣州。

那個時侯全國範圍內的大串聯還沒有開始。課是已經停了，高考作為修正主義的產物也被扔進了運動的垃圾堆。只有那些「革命」熱情旺盛的人，還在「關心國家大事」，瘋狂地「橫掃一切牛鬼蛇神」。而像我這樣的革命意志衰退者，除了偶爾到學校「觀風賞景」外，便只剩下呆坐了。出去串聯?!真是匪夷所思之想，更何況我是地主兼歷史反革命出身，響噹噹的純牌「黑五類」，大安的出身，據我所知也是資本家，同樣是歸為另類的。我記得，當時除了為接受「偉大領袖」覲見，以便讓無產階級文化大革命的熊熊烈火在全國燎原的外地革命小將，北京的學生都據守皇城。我們高三（三）班就一個人也沒有走。現在想起，大安同志真太有膽量太有創意了！在他的反復鼓動下，我也心生凌雲志，勇從膽邊生。「下定決心，不怕犧牲，排除萬難」去廣州闖一闖了！

這樣我們兩個就「雄赳赳，氣昂昂」地用兩條腿直奔天津。這也是事先計畫好的，只有先到天津，才能設法搞得車票。便一路向東走，再而衰三而竭，漸漸就氣喘吁吁地邁不動步了。看到從身邊一輛輛飛奔而去的汽車，靈機一動：截車！於是兩人在路邊一次次地招手呼叫，天不負人，終於有一輛大卡車停了下來。我們滿懷感激地急不可耐地爬上後車箱。車上裝的是一桶桶的化學品，濁氣襲人。我們那裡還顧得了這許多，一路狂奔，不是車而是心在飛翔，傍晚時分，天津到了。

詢問著找到了火車站。怎麼辦？我說，你等著，我去！猶疑惶惑地到了購車票口，同樣猶猶豫豫向裡面說，開一張去廣州的乘車證。裡面說：「證明」！我心裡說哪裡有什麼證明，嘴裡卻辯解道：有「證明」，但不在我們手裡。我們是幾個人一起出來的，其他幾個去了東北，「證明」也在他們手裡。裡面又回應，那就回北京吧。我豈能干休，說，北京的學生都下鄉支農了，求求您給我們開一張吧！也許是我的哀憐感動了上帝，居然成功了。我們拿到了一張兩個人到廣州的車票。興奮！高興！考試得了一百分拿了第一名，也沒有這樣激動過。

當晚，就又乘上了火車，那可是有車票的！坐在那裡，疲憊之極，火車有節奏的哐哐聲，猶如美妙的催眠曲，伴我們昏昏睡去，嘴角還漾著一絲笑意。

「北京車站到了！」彷彿驚夢般醒來。怎麼又到了北京？難道是飛來刀嘛，轉了一圈又回來啦！在不解和困惑中迷迷糊糊地下了車。一打聽才知道，去廣州是必須從北京換車的。

已是午夜一點多鐘，公車早已停運。我們只能從永定門車站（現在叫南站）向東走，去東交體育場臨時設立的售票處換票。那裡空蕩蕩的不見一人，只有幾個守夜的打著哈欠。躊躇再三，硬著頭皮來到一個視窗，是一個年輕女子在值班。看見我到顯得來了精神，笑笑地打著招呼。我趕忙遞過去天津開出的車票，要求換成去廣州的乘車證。她帶著玩笑的口吻說，現在學生都在搞大批判，是不許外出串聯的。又盯著我看，我年輕時是很招女孩子喜歡的，反倒靦腆得不好意思起來，沒有答話。「那就把串聯證明拿來我看看」，我怯怯地回答說，證明弄丟了。「學生證總該有吧？」我聽她的口氣，心想有戲，便趕忙掏出了學生證，她仔細端詳了一會兒，沒抬頭，又順了我一眼。「可只有兩天後的票嘍」，我哪敢再討價還價，就這樣，兩張直達廣州的乘車證遞了出來。這時我才發現，視窗裡的那個女子是那麼的漂亮可愛。不知她現在怎樣了？也不知她是否還記得我這樣一個獲恩而忘謝的青年學生？

已經快三點了，兩人又向西走到和平門的師大附中，翻越校門來到桌倒椅傾雜亂不堪的教室。不到二十四小時的亢奮、勞累、疑惑、心驚和意想不到的來之不易的成功感，熬盡了我們的體力和心神，一倒下就呼呼地遁入了從未有過的夢鄉。

快中午時才醒來，各自回家。

母親那個時侯還沒有作為「地主婆」和「反革命家屬」被批鬥，但每天要去街道辦參加政治學習。我昨日臨走留了個條，是謊稱去清華看大字報的，她瞭解自己的兒女尤其對我從來是最放心的。我說兩天後要去廣州串聯，還把車票給她看，母親也沒有什麼疑心。第二天，班裡的原來很要好的同學徐赤裔來找我，他是革幹子弟，不知從哪裡聽說了我和金大安的事，勸我們不要去。那個時侯因為運動初期「工作組」的進、撤紛爭，同學間產生了矛盾，我與他也日漸疏遠，所以沒有聽他的勸，反生不快。自關於出身問題的爭論以來，（即「龍生龍、鳳生鳳，老鼠的兒子會打洞」）我就產生了較嚴重的逆反心理和抵觸情緒。堅持要走，決不動搖！

兩天後，我和金大安踏上了南去的列車。車上沒有什麼人，甚至還有空位。望著車窗外飛馳而去的山河、村莊、田野，我們年輕的心感受著祖國的遼闊和默默引發的對她的深沉的愛。那個時侯我們的心中沒有憂傷，憂傷好像不應當屬於還不曉世事的年輕人。

但我們的心仍然惴惴，好像自己是個賊，悄悄審視著每一個從我們身旁走過的人。生怕突然來人查問我們的出身，突然要把我們趕下車去。

什麼也沒有發生，一切都那麼順利。廣州到了，我們撲進了它溫暖的懷抱。

下車後我們住在了哪裡，已記不得了，不知大安還有印象否？只知道我們既沒有作為北京來的「宣傳隊」、「播種機」去大學「串聯」、「點火」，也沒有去看大字報，而是到白雲山、越秀公園、五羊石像、黃花崗七十二烈士陵園等地遊山玩水，還特意到珠江暢遊了一下午。晚上就走街串巷，瞭解南國特有的風情習俗。印象最深的是每條街上的房屋都有延伸出來的遮簷，可能是便於雨天也可以行走吧。再有就是店門都是敞開的，這其實是廣州人如此開放的一種象徵。還有他們都不能吃辣，我們倆在小餐店吃面時放了好多辣椒油，周圍的人都吃驚地看著我們這兩個北方佬，我想這恐怕也是南方人性格比較平和不好鬥的原因之一。好多水果也是以前沒有見過的，如楊桃、涼薯、青梅……，雖然便宜，但囊中羞澀，也只是嘗了嘗，淡淡的也沒有什麼特別的味道。但從此，廣州就以它的秀美和開放存儲進了我的記憶中。我更沒有想到，二十年以後我又來到了南粵，而且從此不再離開。

幾天後，到底是多少天也全忘記了，畢竟那已經是四十多年前的事了，我們很順利地拿到了返程的乘車證，是到鄭州然後再轉車的。這就又鬧了一個笑話：鄭州下車後，離下一趟車還有幾個小時。兩人商量到外面轉轉吃點飯，隨身的東西不想帶了，來到那時還不大的車站廣場，不少人在那裡候車，我們就把兩個行李包放在了地下，還特別放在人多的地方，私下認為人愈多越保險。等逛完街吃了飯，四下尋覓，兩個行李早已不見了蹤影。包裡有兩人的日記本，還有特意為家人買的南方水果，我唯一可惜的是給母親買的她最愛吃的香蕉，她老人家卻嘗不到我千里迢迢的孝心了。

兩人相視苦笑，為自己的幼稚為自己的天真，但很快就釋然，登車北去，重返喧囂的充滿戾氣的京城。

這次的「行李」教訓，我卻在幾年後仍沒有記取。一次從北京回沁縣，在太原下車後，要去見那時還在山西省委政策研究室的丁東，因為所帶東西多，不想負重而去，下了月臺，我就把行李託付給了一個不相識的看似車站工作人員的人。到了丁東處，問起行李，我把情況一講，丁東說你太傻太輕信於人，忙和我一起趕回車站，居然那個不相識的人還在那裡為我守著。所以我始終認為，天下還是好人多！也至此促使我也要像我所見過的好人一樣，作一個好人，一輩子作一個好人！

第二次串聯——上海—金壇—南京

從廣州回到北京以後，仍然是無所事事。我們班裡的大部分人成了「逍遙派」。毛自八月十七日至十一月連續八次接見了外地的紅衛兵，把崇拜的瘋狂和「造反」的狂熱推向來了極致。九月五日，中央、國務院正式發佈了《關於組織外地革命師生來京參加革命運動的通知》。自此，北京的外出大串聯正式開始。

學校開始組織、審批以班為單位的一批批赴全國各地的串聯小組。作為桀驁不馴的「黑五類狗崽子」，我自知既無資格也無權利，便連名也不去報。可是我不會像大部分因所謂的先天「出身」不好而甘願低頭蝸居於家，更不想以我早已出去過而聊以自慰。為了維護我的自尊，為了挑戰無端加與我的人格羞辱，我是一定要出去的。

第二天，可能為了安慰我，大哥給了我一張在農業展覽館展出的「比利時工業展」的門票。我匆匆流覽了一下後，回來的路上就去了北京火車站，探一探「敵情」：車站的廣場上，外出的學生隊伍猶如一條長長的蛇形，蜿蜒地向前蠕動，車票的查驗完全是虛設。我心裡便有了底，又去打探了開往上海的車次與時間，就回家了。下午母親照例去街道辦學習政治和自我批判，我把她老人家同樣是為安慰我而買的一張電影票《節振國》，壓在了桌子上，還留下「我已去上海，請放心」的白條。帶上平時連三分錢一根的冰棒也捨不得買的節省下來的近幾塊錢，獨自毅然而去。

到了車站，正如我所料，學生證一晃就輕鬆地登上了開往上海的列車，車上堆滿了人，如今的春運潮是無法與之相比的。我孤零零地擠站在車廂的連接處，忽然，看到一個人在向我招手，我不明所以，有些疑惑地四顧。那個人仍然執著地邊不停招手邊直直地看著我，我猶疑地走過去，他指著對面的一個空位叫我坐下。驚奇莫名的我遲疑地不敢坐下。他說，是我們搶佔的位子，給一個同學留的，他還沒來，於是坐下。車已開出很久了，他們的那個同學仍不見影。我才知道，我又遇見了好人。他是從上海來京串聯的，叫歐陽中華，這個不曾相識的朋友，如今你好嗎？一路聊著，不覺就過了濟南。這時我看到一個高高個子很魁梧的青年，一副極疲勞的樣子，據他說是從新疆過來的，已經站了數天，（大串連已使正常的旅客受盡了非正常的折磨）我便起身，讓他坐下，說咱們輪換著坐吧。過了徐州，我很有些累了，就想與他再換換坐，可發現他已沉沉入睡，不好意思把他叫醒，乾脆爬到行李架上，睡起了「臥鋪」。

半夜時分，車到上海，下了車，卻不知何往，一個人坐在石階上，冷冷的有些淒然和疑懼。思慮良久，決定還是去接待站試試運氣。那時候各城市都設有學生串聯的接待站，我因為既沒有證明又孤身一人，怕不予接待。想不到，接待員既不要證明，也不問多少人，但第一句就問：「什麼出身？」而這正是我的軟肋。「革幹！」，這是社會逼著我撒的謊，我理直氣壯地為自己辯護著。裡面的同志馬上給我開具了一張毫無規格的證明，「東面有一輛大客車會送你去住宿地的。」諸君，你可能沒有想到吧，房間裡居然有高級的帶盆塘的洗浴間，這在當時是我們平民百姓見也沒見過的。「是不是革命幹部的子弟才有這種待遇啊？」我想，便平生第一次痛痛快快地泡了個熱水澡，洗去了一路的疲勞與風塵。後來我才知道，這裡原來是有名的錦江飯店，是毛澤東的寵信張春橋、姚文元、王洪文聯絡密謀的地方。

第二天，還是那輛大客車把我們這些「貴賓」送到了上海交通大學，一個教室裡住滿了南來北往的紅衛兵小將們。那個時侯，只要是學生，吃住行全是免費的，而且還可以「借錢」，我是一分也沒有借過，慷國家之慨，占他人之利，非君子之為也。

因為是一個人，所以是自由的，無需受他人之約束。我即不去串聯也不去看大字報，而是去瞻仰了平生最敬重的魯迅雕像，去參觀了當時大肆宣揚的萬噸水壓機，還到黃浦江口領略了江海一色的壯闊，去飛機場聽看了飛機的轟鳴與起降……。這些不止開闊了我的視野心胸，也蕩滌著我在京時積鬱的苦悶。然後，我根據從母親本子裡抄寫來的位址，找到了表姐小妹和舅舅周阿囡。我的這個舅舅，是因為家裡貧窮，很小的時候就送人了，再也沒有聯繫。我是乘渡輪過了黃浦江，來到那時還極度貧困的浦東高橋，經多番詢問才找到的。在一片貧瘠的田地之中的一個只有幾平米的小店裡，舅舅和舅媽非常激動，他完全沒有想到還能見到我這個從未見過的外甥。回京後母親也格外驚奇，說兄弟姐妹中只有你有這個膽量和聰明，居然能找到數十年未曾見到的舅舅。其實，這不是膽量和聰明問題，在那個不問歇的人鬥人的日子裡，普遍的貧窮、恐懼，自顧不暇，那裡還有心思和餘力來尋親訪友呢?!更何況，像我家這樣的，避之唯恐不及。在那個時代，親情、友情、愛情、憐憫、良心、道義，這些人間最普通也最有價值的道德觀念，就是這樣被「階級鬥爭」一網打盡的。要完全恢復是何其艱難而又漫長啊！現在的貪官橫行、道德淪喪不都是那一段歷史在新形勢下的延續嗎？所以對歷史罪孽的徹底清算是何等重要！

滿懷惆悵地從舅舅家出來後，我就乘車去了常州。見到了家鄉的好友，我未來的姐夫朱德華，他在一個電子廠當工人。幾天來，他給以我無微不至的照顧和關懷，使我在那個冰冷無情的世界感受到難得的溫暖。然後我又借機去了已離別十年的故鄉金壇縣，我的父親已經在這裡淒慘地告別了人世，我是來見我親愛的二哥的，他師專畢業後，為了照顧父親，留在這裡作中學數學教師。兄弟相見，親愛無比，手足之情，難厄淚流。在縣城的一個小飯館裡，我們喝了些許的一點酒，然而我卻醉了，真想就這樣地一直醉下去，好在醉意中永遠和我親愛的二哥相聚相敘。對不起，此時我的淚水已盈滿了我的眼眶，甚至難以自控地失聲了。二哥！我最親愛的二哥，在天國裡的你還好嗎？你的弟弟在想著你！

我怎麼能想到，這竟是和我二哥的最後一面。我們在照相館裡照了相，削瘦的他給我留下了最後的笑容，這笑容刻在我的長長難醒的夢中。短短一天後，我要走了，也許他已有所預感，臨告別時他把一本相冊和他珍愛的集郵冊交給了我，我至今還珍藏著，不時地翻一翻，在歷史與淚水的翻閱中，詛咒那非人的年代。

離開金壇離開常州離開我的親人，來到了南京。我爬了幾百步長的氣魄不凡的中山陵並留了影，又去莫愁湖遠想莫愁姑娘的風姿和愁苦。

跨過長江大橋，來到浦口，我還不想回京，想乘車去青島一玩，這樣的機會也許以後再也不會有了。現在乘車，連乘車證都無需開了，一張學生證可以橫行天下。我來到車站，人山人海，萬頭攢動，我擠了進去。但車在哪裡？幾時開？往哪裡開？沒有一個人知道。傍晚時分，為了防止意外，有人就引著這一群群茫然的人蟻流，轉來轉去繞來繞去，每個人都是被推擠著、裹挾著，身心都已完全不能自己了。忽然，聽到轟隆一聲，塵土四起，接著就是驚恐的聲嘶力竭的「救命」的喊叫聲哭泣聲。隊伍已完全失控，地下丟滿了踩落的鞋子。接著就有人被抬了出來，大多是年齡小的女孩子，有的已經死了，有的還在呻吟。我又一次真實地感到了生死的恐怖。於是我設法離開了這流動的人河，一個人摸索著居然找到了進站口。月臺上沒有人，也沒有看到車。這時一個老工人走到我身邊，悄悄地指著前面對我說，那輛車到北京。這時我已被剛剛的悲慘場面瞎蒙了，打消了去青島的念頭，坐上了那個老工人給我指引的車，車上還沒有人，連車頭都還沒有掛上，我一個人孤孤地坐著，呆呆地想著那個老工人：我又遇上菩薩好人了，先是那個與我年齡相仿的歐元中華，這次是不知姓名的老工人，何以好運如是？又何以向謝向報呢?!惟以做個像他們一樣的不圖回報的好人來相謝吧。

自此，「天下好人多」就成了我一生不可動搖的信念，而且終身做一個不圖名不圖利不圖報，捐助、資助、幫助他人的好人，於此我是無愧於心的。

將近黎明時，人才陸續來了、多了、滿了，又一直等到中午，火車啟動向北京開去，我也結束了這第二次獨自一人的甘苦自知辛酸備嘗的串聯。

第三次串聯——韶山—株洲—南昌

從上海回來以後，學校仍然是冷清清的，毫無生氣。除了和牛、俞、郭、楊五人聚在一起，或下圍棋或聚餐或到北海、香山、頤和園遊玩，後來按德龍父母的建議開始學習英語。偶爾到學校站在二樓教室門口的陽臺上，愁聽秋風蕭瑟、冷睹校園淒寒。還開玩笑地成立了一個名為「赤旗」的戰鬥隊，沒有領導、沒有政綱、沒有活動。日子就這樣毫無意義而又毫不留情地隨風逝去。

臨近一九六七年春節的時候，一天徐赤裔來找我，問我想不想去串聯，票已經搞到了，是去南寧的。我在疑惑中答應了下來。從某種意義上說，這是我第一次正式的串聯，第一次有了證明，第一次是集體出行，但那時中央已發出停止全國大串連的通知。

車票是到南寧的，可到了長沙我們就下車了。可能是為了表示對「偉大」領袖的虔誠吧，大家決定步行去韶山。那時，不要說高速公路，就是低等公路也沒有。這還是「朝聖」之地，其它地方就可想而知了。那一天淫雨綿綿，陰風習習，從北國而來的我們初嚐了南方的淒冷，而更讓人不堪的是滿地的泥濘，但想起紅軍過雪山草地的艱難困苦，好像也就算不得什麼了，也許大家在默念著「風雨侵衣骨更硬」、「烏蒙磅礴走泥丸」吧，互相攙扶著深一步淺一腳地向前挪動。傍晚的時候，來到一個小小的村落，便在一戶農家住了下來。老鄉熱情得很，烤火、洗涮、幹衣，我陪一位大嬸到灶堂做飯，他問我吃不吃辣，因為我是能吃辣的，就說，放一點吧。沒想到，這「放一點吧」可就害苦了其他同學，他們大多是不吃辣的，而對湖南人而言的「放一點」，就把大家的舌頭都辣短了。

第二天，天一放明，留下了不多的一點餐宿費後，我們就又啟程了。老鄉用我們不大懂的言語，表示了感謝，在那個艱難度日的歲月，能得到一些可憐的收入，他們就千恩萬謝，讓我第一次感受到農民的淳樸、勤勉，更感慨他們的貧困和無助。改革開放後，我又數次到過湖南的農家，並最終定居在了這裡，家家都蓋起了城裡人羨豔不已的新樓，再在那裡吃飯，飯菜的豐盛是我完全意想不到的，今昔相比，有如雲泥。

韶山到了，我不再有以往的激動。高中時，那熱烈如火的崇拜，那高山仰止般的敬仰，不知什麼時候，甚至連自己也不明白為什麼，居然漸漸消退了。我冷靜地草草地流覽了那屋那床那塘……。

離開韶山，沒有再步行。是擠在運貨的鐵木貨車箱裡，人們擁擠作一團，像一堆不知發往何處的活肉，稀薄的空氣幾乎使人窒息，我們感到了恐懼。現在的偷渡的蛇人，恐怕也不過如此吧。好在，株洲到了，阿彌陀佛，我們又可以舒展開來，初次體嘗了身體的自由原來是那麼可貴，更何談精神了！

在株洲，我們沒有停留多久。其時中央已再三重申，凡還在外地串聯的學生，必須返回學校，複課鬧革命搞大批判。而我還想去一趟南昌，去看看我的姨媽和表哥表姐。帶隊的徐赤裔問，你怎麼弄到去南昌的車票？我說，這不用你們管，把證明給我就行了。同行的戚小玲也提出要去南昌，我說試試看吧。於是我拿著證明去了售票處，遞上證明，我說，開某某張去北京的，再開兩張去南昌的。回答很乾脆，不行！只能回北京，這是中央規定的。我利用我們現在的實際人數遠遠小於證明上的人數，就說，我們一部分同學還在井岡山，需要有人把證明送去，對方猶疑了一下，答應可開一張去南昌。我又說，路上雜亂不堪，是否兩個人去，可以保險一點。沒想到居然同意了。

於是其他人都返回了北京，而我和戚小玲登上了去南昌的列車。她也是想去那裡探視親戚的。火車上所有的空間都擠滿了人，百分之九十是學生，座位、過道就不要說了，廁所、行李架、座位的下面都是人，這恐怕也是史無前例。渴了沒有水、大小便無處泄，能夠順溜地喘氣，就上帝保佑了。整個車廂裡還充滿了一股奇異的氣味，考驗著每一個人的忍耐力，好在中國人連死都不怕，還有什麼不能忍受呢?!司機是有憐憫之心的，在一個不知道的什麼地方，火車停了下來。讓大家從車視窗爬跳下去，方便的方便，喝水的喝水。

終於到了南昌，和戚小玲分了手，我按址找到了姨媽家。心中是惴惴不安的，一路上隱隱地擔憂著，我那屬於被橫掃打倒的所謂「反動」家庭，在當時是人們避之唯恐不及的，他們會不會也要「劃清界限」，以免在政治上受到牽連而冷遇我呢？

姨媽曾是全國勞動模範，來京開過會，還得到了中央領導的接見。那是一九五八年，至今還記得一個胸前掛滿了獎章的人來到家裡時，我好奇而又羨慕。姨爹是個老工人，老實本分。他們見到我吃驚而又欣喜，尤其是表哥表姐。我的多日的疲勞、饑餓，都在親人的笑容裡融化了。

在接下來的近一周的時間裡，表哥表姐們帶我參觀了南昌軍事革命博物館，遊覽了王勃在此寫下千古名篇《滕王閣序》的滕王閣，更令我興奮的是順濤表哥還數次帶我去水塘裡劃著自製的木船打魚。

臨行前，我又去找了王克恕。他是我高一的同學，是班裡的團支部書記，高大魁梧，是個有思想有能力的人。因為父親的工作調動，只在師大附中上了一年就跟隨父母來到了南昌。其時，他已是南昌有名的造反派人物了，時移勢異，感慨萬千。

要走了，姨媽讓我帶上一床被子，還又給了我幾十塊錢。他們知道，那時我的家已艱難困苦到了極點。如今思之，其情其恩，在當時那種情況下是何等難能而珍貴啊。

在王克恕的幫助下，我是坐臥鋪回京的。十年文革的串聯，我就以步行始而以臥鋪終了。

一到家，馬上就病倒了。而且是我迄今以來病得最重的一次，天昏昏、地暗暗，夢魘如蛇地纏繞著，好像是一生痛苦的蛻變，都在這一病中完成了。

自此以後，一個懦弱的害羞的過於天真的我，在慢慢的消失，我不再怕什麼了，已經開始敢於面對現實，承受苦難。我還通過這數次的串聯經歷認識到，尊嚴是乞求不來的，而要靠自己去爭取去維護。我也開始漸漸地領悟到獨立對於一個人的自我價值的認定是多麼重要，我不會再人云亦云，不會再認可他人強加於我的有損於我人格的侮辱。人要按照自己選定的路前行，除了勇氣、膽量，還要有智慧，只有智慧可以使勇氣獲得附麗和支撐，而且智慧會給予你意想不到的快樂與信心，幫助你完成看似不可能做的的事。

五年以後在山西插隊的時候，與丁東一起又有一次流產的「串聯」，此是後話。

辦報、代課、東北淚

「不了了之」的《教育風暴》

大病痊癒以後，來到正進行軍訓的學校。高三三班的軍訓排長是一個個子不高的軍人，總是笑笑的和藹而平易近人，一點架子也沒有。恐怕他也是第一次受命來管理教育我們這些學生。一看就知道是農村出來的，像大多數農民一樣，憨厚純樸，沒有多少文化。我印象最深的，是一次他給我們講話，說，「人間正道是滄桑」就是要我們走正道嘛，而「滄桑」二字就囁嚅著朝我們笑了笑，我沒有笑，也笑不出來。毛澤東讓工人階級、解放軍參與領導上層建築，好打破「資產階級知識份子」一統天下的局面，與其說是為了實現他的「烏托邦理想」，不如說是出於無奈，好把放出去的野馬收束管理起來。因為利用學生的狂熱、無知，造「走資派」的反，已基本摧毀了曾威脅和動搖他的權力的以「劉少奇為首的資產階級司令部」，從而初步鞏固了以他為首的「無產階級」司令部。雖然從以後的事態發展來看，「魔瓶」一旦打開，不管他自認多麼「偉大」多麼「英明」，也已由不得他了。

沒幾日，陳永康來找我。其時，作為反工作組的學生代表，他已是北京市革命委員會的委員。（註：他是幹部子弟，後來去了空軍，聽說因為不大同意吳法憲及林立國的一些做法，而受到迫害。）可能是因為我的文筆好，在校內是有一定名氣的，想讓我去辦報，並問我是去《中學紅衛兵報》當編輯，還是去開辦《教育風暴》，並作主編，我自然願意當主編。那個時侯，報紙、刊物的出版發行是無需登記審批的，這也是現在的一些根本不瞭解「文革」真實的極左派，誤認為文革是人民享有民主自由的最好時期，其實，文革中的所謂民主自由是戴著鐐銬的，那時的四大自由（即大鳴大放、大批判、大字報、大辯論、還要加上大串連）其實是奴隸的自由，不！是奴才的自由，是頭上懸著血淋淋的利劍的。你只能按照毛的偉大戰略部署，在中央文革小組的淫威下，想、說、聽、寫、行，稍有違逆，輕則入獄，重則人頭落地。而且無須審判不允辯解，和尚打傘「無法無天」嘛！

辦《教育風暴》的宗旨是大批判，重點是批判十七年劉少奇的「反革命修正主義」的黑教育路線。辦報的位址在東城區金魚胡同八條的一個大四合院裡，那是一個非常典型的漂亮的三進的四合院，據說原住戶是一個高級知識份子，已被掃地出門到牛棚裡去接受靈魂與肉體的改造了。我們佔據的是前院，有四間房子。人員有曲折（此曲折不知是否就是香港回歸期間，中央派去那裡的高官？）甘勝利、宋春霞、戴兵，還有女三中和其他一些人來幫忙（人名及人數都可能記憶有誤，請諒解）。正式人員由市革委撥發的經費中，每人買了一張汽車月票，以便採訪和散發報紙。我那時是有些得意的，既不用參加枯燥無味的軍訓，又可以乘車到處遊逛，豈不快哉！

《風暴》的發刊詞首寫些什麼呢？作為主編我是有些頭疼的。除了每報每刊必須的老人家的「語錄」，中央文革小組首長的講話和所謂的工農兵批判文章外，總要有點自己的東西吧。那時，中學有兩派，叫「四三」、「四四」派。至今我也不知道這兩派是如何形成，分不清兩派的觀點有何異同，就像「造反派」與「保皇派」的興起、覆亡，都是極權暴政在不同時期根據不同的需要，挑動、玩弄群眾於股掌之上的謀略手段。我是哪一派也不想介入的。於是寫了一篇《不三不四》，作為第一版重頭文章，也算作發刊辭。

這期間，中學紅代會的頭頭，北京革委會的常委李冬民，紅代會組織部長秦喜昌也來金魚胡同「視察」過。李冬民給我的印象還是不錯的。聽說，他後來也遭了難。濁流惡浪之下，有幾人能得倖免！

做了所謂的「主編」，依然是百無聊賴，所以一有空，就去正在軍訓的學校看看。面對風雲詭譎，一日數變的形勢，大家疑惑不解、人心渙散，班裡四十餘人也開始產生分歧，以至分裂。在軍訓「整風」中，不少人認為這是組織紀律問題。我則認為是小資產階級的劣根性決定的，組織紀律只是表像。於是到班裡貼了一張《從組織紀律談起》的大字報，沒想到這一下捅了馬蜂窩，其實，我的看法仍受到極左的嚴重影響。是運動中挑起群眾自鬥互鬥的一種局部反應。我在大字報的後面專門貼了一張白紙，以便大家留言。果不其然，洋洋灑灑，寫滿了諸如「狗崽子！好好改造吧」、「脫胎換骨」一類的讀後感。幾天後，我又到校，把「意見書」揭下。回家後又寫了一篇更長的名為《送瘟神》——評批註的大字報，貼在了教室的後牆上。引得其他班裡的人都來觀看，掀起了不大不小的一場風波。現在想起，那其實是沒有什麼意思的，不過是運動初期，對班內矛盾的一些不滿和看法，是情緒高亢而又鬱悶，甚至是自我「文字戀」的一種疏泄。現在再讀那保留的底稿，唯餘一笑而已。

至於那份《教育風暴》，也記不清到底辦了多少期，也不知是那一天無疾而終了，只記得《教育風暴》是每份我都留存的，不知是被家裡焚毀了，還是丟失在了哪裡。正所謂，天下事「了猶未了，不了了之」！

可愛而又可憐的孩子們

辦《教育風暴》大概只延續了八九個月，一九六七年末一九六八年初就又無所事事了。不久楊克勤、郭乙林分赴西寧、東北，總算有了個落腳謀食之處。這時，學校試驗性地開始招生，也算是「鬥、批、改」的一項「成果」。為了顯示「資產階級統治學校」的「反動路線」已經被徹底打翻在地，招生是不需要考試的，自然更談不上什麼擇優錄取，而是從師大附中周邊範圍直接招收，且只限於初中生。那時小學已累計了三屆畢業生，所以也不是一下子就都可以收錄的。由於學校的老師們，大部分已作為「資產階級分子」被打倒被「吊起」，有如「敝屣」棄之不用了。沒有想到的是，當時的校「革命委員會」竟找到我，讓我給新生代課，而且是教英文，兼代班主任，自然是義務的，卻使我喜出望外。只是我的那一點英語水準恐怕連現在的小學生也不如，完全是屬於「現買現賣」。我就莫名其妙地像「趕上架的鴨子」，做起了「老師」。但我很快就喜歡上了這些孩子們，喜歡上了我的這份「工作」。我走訪了幾乎每一個學生的家，他（她）們大部分都住在大柵欄周圍的低矮的破舊的如鴿子籠一樣狹小陰暗的房子裡，從其家裡的簡陋灰暗的陳設上可以看出，他們的生活條件是極其困苦的，他們的父母也沒有什麼文化，可是這些孩子卻是如此興奮，如果不是文革，他們是做夢也想不到能來這裡「讀書」的。他（她）們學習成績不算好，但純樸、天真，進了師大附中，什麼都是新奇的。又因為文革的爆發，已將近兩年沒有讀書，看著他們那對知識充滿渴求的眼睛，我的心在隱隱地作痛。我想，他們才是這場運動的最無辜的犧牲者，而且這一犧牲將伴隨他們終身。因為誰也沒有想到，這場浩劫竟至會整整搞了十年，比抗日戰爭還要長，在這十年裡他們將什麼也學不到，他們的命運也許連其父母都不如。所以我格外地心疼他們，也就格外地愛他們。盡我的努力使他們快樂，使他們盡可能地多學一些知識。除了教一些最基本的英語外，我還給他們傳授有關語文、歷史甚至簡單的數學常識，而他們對我的愛甚至「崇拜」是我第一次獲得的如此深切熱烈的感受。他們幾乎總是像一群嗷嗷待哺的小鳥跟隨著我圍繞著我，還時常去我的家裡，把我當做他們的兄長和最好的朋友。那一份情讓我忘記了自身的一切痛苦煩惱，忘記了「國破」、「家亡」的社會動盪。課外，我就帶他們去北海公園遊玩划船，一起唱「讓我們蕩起雙槳」，他們是那樣快樂，但他們絕沒有想到，其實他們帶給我的快樂是更大更大的，甚至無形中影響了我的一生。正是從那個時候起，我已決心把作一個中學教師當做了理想和追求。而且果真，我如願以償了。且終身不悔，因為我因此得到了我一生最真實最自由最能實現我價值的快樂。

但我終於要離開他們了，要到動盪的非正常的社會中去體驗去接受更大的苦難與磨練。他們每一個人都哭了，那種不應當是他們這種年齡的孩子應有的離別的痛苦，那種不舍的依戀那種無法言說的哀傷，是我此生再沒有感受過的。他們送給我一個大大的日記本，班裡每一個人都在首頁上簽了名。在我走的那天，他們向學校請假，全體到火車站去為我送行，這在整個學校是唯一的絕無僅有的。已經四十餘年了，他們的幼稚的每一言笑神情都還如昨日般映現在我的眼前，都還刻鐫在我的心裡，我的孩子們，你們現在還好嗎？我仍然在想念著你們！

歧視性「上山下鄉」

因為大學不再招生，一九六八年以後，開始陸續分配工作。除了極少數獨子獨女或有病的人，屬於照顧對象留在北京做小學教師或工人、售貨員外，其他人的唯一出路就是上山下鄉，既最高指示的「到農村接受貧下中農的再教育」。就是上山下鄉也是分等級的。大部分還沒有被打倒的高級幹部的子女是不在其列的，我們班的四五個幹部子弟就全部參了軍，然後又被「推薦」、「保送」上了大學。其他人先是到外地的工廠當工人，名額是極少的，因此要求也極嚴格，當然是指出身。我們班只有張還成去了虎林，楊克勤去了西寧。而絕大部分是到內蒙、東北的軍墾，出身「低賤」的也是照例被拒之門外的，其理由是怕這些人叛逃到蘇修那裡去。我們班的王德成就因為出身資本家被排除在外，他是個熱心腸的好人，在其他同學的幫助下偷偷爬上了車，中途被發現趕了下來，又是在同學們的掩護下再次爬了上去。在那個年代演繹了一場「鐵道遊擊隊」的鬧劇戲劇，到了八五三軍墾農場，仍然不被認可，遭到非人的歧視，只能以打臨工和同學們的資助苟活，雖然最後總算被「開恩」接受了。

郭乙林就是這樣去了嫩江一帶的「八五三」軍墾農場。郭乙林在我們的五人「小集團」中是個話語不多，很低調的人。他的父親在一九四九年前是員警，很早就去世了。所以對他的政治前途影響不大。但孤兒寡母，生活是比較艱難的，而他又特別孝順，還有一個年幼的弟弟要他照顧。他學習很刻苦，成績不錯，尤其喜歡物理。對人忠誠，凡事有獨立的見解而不事張揚。到了東北以後一直和我、牛德龍、俞瑚保持著聯繫，在與我的通信中，兩人經常談一些「非主流意識」的見解和看法。這些信也在已出版的《劫灰殘編》的「與友人書」中刊出。楊克勤是個典型的文質彬彬的書生，性格平和，常持中道之論，喜歡文學，還不時地寫一些詩，我也偶爾與之唱和。如一九七一年一月十一日我們五人各自從山西沁縣、青海西寧、黑龍江軍墾回北京探親，一起去了頤和園，就曾應和其請作七律一首，並在遊後的第二天又分別寫了七律、七絕各一首和五言三首，是以寫景來抒發自己對當時形勢的感慨的。謹以一首聊記於下，七律：應克勤而作——昆明水凝燕山噤／悲風催雁雁難行／雪飛易察嚴冬至／雲暗不覺夜將臨／欲問寥闊登山步／思辨龍蝦破冰聲／葉落伴我裹寒去／空留一片遊子心。

離京投弟

從一九六八年開始陸續分配「工作」以後，我自知是「賤人」而且是「另冊」之最，所以任何分配都不報名不參與。因為我的弟弟在父親出事以後的一九六五年就去了東北的寶泉嶺農場，我想去投奔弟弟總應當是沒有什麼問題的吧。於是在一九六八年的六月就隻身去了東北。我在那年的六月四號的日記中寫下了離開北京時的感觸：「離開北京的日子已經只能用日甚至是小時來計算了，餘下的時間該怎麼度過呢？我是連這也無心思再去想了。該怎麼度過就怎麼度過吧。「廿年浮碌萬事空」以往的年月是多麼空洞而無意義啊，「多少宏願化為夢」那小資產階級的想有所作為的空想及青年人以對革命的想往所支撐的「理想」只不過是場夢而矣。「滌身洗心向工農」，現在正是要結束那場夢而投身到工農中去的時候，以往的和餘下的日子還有什麼可留戀可歎息的呢？用熱血和生命投入到新的戰鬥中去吧，真正的前路前程正掃除虛幻展示在我們面前。」（第二八頁）又有誰能想到，我所渴望的所謂「前路前程」又將是什麼呢？

啊，北大荒

在鶴崗下了火車，我日思暮想的親愛的弟弟把我接到了寶泉嶺農場，一路上，最深切的感受是，天是那麼的高而清澈；地是那麼的遼闊無垠，被一層層無邊的綠色覆蓋著，啊，北大荒，真想撲進去甜甜地酣然入睡，我相信就是這裡的夢也一定是綠色的；空氣是那麼清新，好像洗滌過一樣，我深深地貪婪地大口呼吸著，有一種微微的醉意直入心脾，像一個初戀的情人，立刻就愛上了她，愛上了這北國的天國之地。然而誰能想到，迎接我的是一場噩夢呢！

日裔劉機智

一到連隊，便見到了和我差不多年齡的青年們，他們來自北京、天津、哈爾濱，相同的年紀相同的經歷，使我很快就融入到這全新的集體裡，毫無陌生感，毫無「異鄉他國」的「淪落人」的凄涼與孤寂。因為知青的人數在全隊是占多數的，弟弟在隊裡也有很好的人緣，而且是機務隊的骨幹，所以很快就安頓下來，作為臨時工參加了隊裡的勞動，每月的工資也是三十二塊。我是和女知青及當地的婦女一起在場院裡揚穀、曬稻、裝糧、捆豆秸、堆垛，一邊勞動一邊談笑風生，天南地北地講著各色趣事笑話，真是其樂也融融啊！畢竟年輕畢竟充滿了理想，畢竟那個時候的人沒有那麼多的私利和貪欲。尤其是這麼多的年輕人聚在一起的時候，一切苦惱就被飛揚的青春活力甩到天邊去了。

勞動之餘就一起侃大山，可能畢竟是高中生，讀的書又較多較雜，我的談話就越來越吸引了更多的知青，甚至得到一些女知青的青睞，大家常常聚在一起聽我談天說地。我也乘此較隱諱地「散佈」一些不那麼「革命」的想法。還利用場院裡的一塊黑板報，除了按規定必須的「最高指示」外，還書寫一些常識性的政治、生產、生活方面的通俗知識和詩歌。使以往乾癟無味面目可憎，因此幾乎無人問津的壁報，成了不少人感興趣喜聞樂見的一塊文化「角落」。一個從鶴崗中學高中畢業回鄉的叫劉機智的看了後，竟感歎道，沒想到這裡居然還有這樣的「才子」，便主動與我接近，說要向我學習討教。但就是這個人，在我弟弟的批鬥大會上，卻聲嚴厲色地呵斥辱罵，自我剝去了原先文質彬彬的書生相，露出一副兇神惡煞的嘴臉，好像有多麼大的仇恨，我便不再理睬他。心想這是為什麼？為什麼一個文弱好學的青年，在頃刻間就會發生如此大的改變呢？是他個人之惡之罪嗎？後來在北京我又與弟弟談起了這個過於「機智」的人，弟弟告訴我，他並不是什麼壞人，也沒有什麼險惡的用心，是形勢所迫而已。但我又想，在同樣的形勢下，不是也有人保持沉默嗎？在一九四九年前後一以貫之的以「仇恨」為目的，以鬥爭為手段的「階級鬥爭」的灌輸性欺騙性的教育中，又有幾個人能夠保持清醒，有幾個人能憑良心作出判斷和行動呢？弟弟還說，劉機智的母親是日本人，在日本戰敗大潰逃時嫁給了當地的農民，不久母親遣返回了日本，一九八五年，在「尋孤」活動中，把他帶回了日本。

兩個「異類」

我在場裡，接觸較多的是北京知青。他們之中有的因為不愛讀書，有的因為家庭困難，也有一些是像弟弟一樣是因為出身不好而不得不到北大荒來安身立命的。他們大部分人性格開朗、直率、講義氣，不知天而樂命，與他們在一起反而顯出我的不那麼融洽的呆板的「書生氣」。

在這裡，也有完全不同於這些快樂者的異類，一個叫馬洪波，一個叫李國生。馬洪波年齡最大，已經結婚生子。紅紅的胖嘟嘟的臉，像個彌羅佛，和他談話是一種享受，他可以把任何嚴肅的話題消解掉，幽默中不乏獨立的見解，玩笑中透出淡淡的不易覺察的淒苦和無奈，像一縷秋風爽爽的涼涼的裹攜著一點微微的肅殺和寒氣。原來他是個高材生，因為出身地主，又有一股傲氣，於是只能從北京自我「流放」到這裡，並學會了「討軟」，學會了「識時務」，與世無爭也此生無求了。李國生也是高中畢業以後，被迫「主動」來北大荒的。他的父親是傅作義手下的一個師長，傅作義在解放北京城時起義了，按說李國生的父親是應當按起義的將領予以照顧的，但「反動軍官」的帽子卻一直有形無形地壓在他的頭上，無論其表現其學習成績有多好，也沒有任何選擇餘地只能到北大荒來接受「再教育」。而不同於馬洪波的是，國生沒有學會「討軟」，不僅性格仍如其父一樣耿直，而且在「萬馬齊喑」、「風雨如磐」的日子裡敢於思考勇於發聲。在24連他是我唯一能交流思想敢於談當時的社會所不容的看法的人。我在與他的接觸中，還發現他仍然是那麼天真那麼輕信，有一件事至今讓我感到他的可愛：一次幾個人在他家包餃子，我忽然想開個玩笑，就問，你們知道天下最好吃的是什麼嗎？他好奇而懵懂懂地看著我，我說就是咱們桌子上的土豆，但必須切成片，然後蘸上生油，其脆其香，三日繞梁。屋裡的幾個人，只有他居然相信了，當把蘸了生油的土豆片放進嘴裡後，才知道上了當。滿屋子的人大笑，而他不過尷尬地一撇嘴而已，那神態像一個不識事的孩子。但就是這樣的一個人竟極其悲慘地死於非命。

人們對文革後下鄉的知青是十分關注的，已經有許多回憶錄、小說、以及評論分析的書籍出版，但文革前一百三十萬下鄉青年的命運，除了邢燕子、董加耕等少數所謂「模範」外，絕大部分是因為出身而被社會遺棄的，他們的經歷其實比後來的知青還要悲慘，卻不幸地被遺忘在歷史與社會的角落。真希望能得到有心人的關注，能看到反應這些悲慘而又無聲者的書籍面世。

弟弟成了「現行反革命分子」

遠離「皇城」僻處邊境，但文化大革命的邪火仍不可阻擋地燒毀了這裡的寧靜。24連也同全國一樣分成了互相對立的水火不容的兩派，一派是以知青和當地《農業機械化學校》的學生為主的《八三零革命造反團》（簡稱革造），另一派是較早就從山東四川等地來的所謂「盲流」和抗美援朝後的被俘遣返、退伍軍人組成的《貧下中農聯合會》（簡稱貧聯），矛盾的焦點就是權力的歸屬。我剛到這裡的時候，還沒有感到氣氛的對立，是相對平靜的。那不過是因為我沒有參與其中的一種假像而已。其實在「和諧」背後一直是暗流湧動的，而兩派鬥爭的公開化竟然是從我弟弟開始的。

一九六八年十二月的一天，天氣異常寒冷。《貧協》一方的幾個人突然把我弟弟五花大綁地抓了起來，聲稱他是現行反革命分子。全二十四連的人都驚呆了，因為幾乎所有的人，包括對立派的，都知道盧季放是個公認的不張揚、老實肯幹、喜歡鑽研技術且樂於助人的好人，怎麼突然會成為反革命分子呢?!當天晚上就在食堂兼會議室裡召開了批鬥大會。我被眼前的突發事件震惛了，沒有去參加批判會，而是一個人偷偷地跑到離隊部大約有半裡的場院庫房，用抽泣來疏泄自己的震驚和痛苦。沒想到劉玲也來了，我知道她是喜歡和「崇拜」我的女生之一，每次只要我在那裡，她一定會過來，靜靜地聽我講話。不知為什麼，我們兩人一下子擁抱在一起，這是我平生第一次如此近距離地和一個女生「親密」，我在她的肩頭上放聲痛哭。劉玲還告訴我一個令我極度驚恐的消息，她說，《貧協》已打算把我作為《革造》派的後臺，不久就要採取行動。那理由是充分的，地主兼歷史反革命的「狗崽子」，又四處「串聯」遊說，他們把我與知青們的聊天談話當做是「策劃於密室」了！而且是在這裡在這個時候，我第一次知道了我親愛的二哥被殘酷地毆打至死了，一下子彷彿天塌了下來！我懇求她一定要想方設法照顧我的弟弟，盡可能給他以安慰，使他不至於絕望。她一一答應了下來，事後也證明她是做到了「一諾千金」的。

淚盡返京

第二天，我不得不開始準備離開這個傷心之地，我用半年來掙到的錢給弟弟買了棉衣、棉褲、毯帽、靴子……，餘下的也都大部分留給了他，因為自弟弟被作為反革命分子打入「牛棚」（文革中各單位自設的「牢房」）以後，就只發15塊的生活費，只能勉強存活而已。幾個暫時還「平安無事」的知青朋友，把我送到了鶴崗，我這個匆匆而來的「孤雁」，又被迫淒然而歸了。在火車上，我躲在廁所裡，抽泣著、痛哭著，整整三天。我在一九六八年十二月五日給牛德龍、俞瑚的信中是這樣傾述的：

「這是我的最後一封信了。當你們接到此信不久，我就會來到你們身邊。因為我不需要再等了，而且也等不下去了。該看到的已經看到了，該明瞭的已經明瞭。到今天整整五個月，也沒有白來，初受到勞動艱辛的鍛煉，飽受了階級鬥爭的考驗。生活把幕向我揭開，使我看到了：真假、善惡、美醜；看到了仁慈和兇惡、純潔和卑污、正直和邪佞，我已經不忍再看到這些。

告訴你們，生活對我是太無情了，我們家承受了過大的災難。我的痛苦已經使我流不出淚，莫如說我的淚已經流幹了。但是我又不能不痛哭。我只想回到親人身邊，在親人身邊好好地痛哭一場。歡樂已經永遠離開了我，再不會看到以前那個樂觀歡快的我了。以前的我已經同著我的死去的親人一起埋葬了，既使我迫不得已的笑也只是苦笑、冷笑象死人一樣。我常想也許是死了的好，可是到底我想還是活下去。活下去看看這個世界、這個社會。多少真正忠於毛主席的善良、正直的人成了冤鬼，我們這剩下來還活著的人還是要活下去——雖然它也許比死還要痛苦。我的親人、朋友，你們也許萬萬想不到一個剛剛二十餘歲的青年竟至有這樣的思想，你們是瞭解我的。我還從來沒有為什麼事這樣痛心過，我從來是樂觀的，可是我還怎麼能夠再像以前那樣開懷大笑呢？當然，對未來的信仰的自信心還是有的，而我也就是憑著這信仰憑著有你們這樣的朋友、親人才勇敢地活下去。……

我非常的想喝酒，雖然你們知道我並不會喝。我是想用它麻醉自己，使我暫時的能脫離那一刻也不離我的精神的痛苦。我想喝得醉醉的，然後大哭大叫一頓死去。每晚總是處於半睡半醒狀態，常常以為自己是活在夢中。我把這些告訴你們，不是在訴苦而是我太悶了，向你們講一講心裡會好過些。

我的淚不住地流著，思想亂到了極點。我已經再寫不下去了，就是寫的這些也不敢寄給你們……」（第二八至二九頁）真是「家破問死生」、「兄弟各分散」啊！

此信沒有發出而一直珍藏著，得以在《殘編》中面世，可惜我的好友兄弟俞瑚因早逝而讀不到了。

「不要哭」——我不會死

我的口袋裡還藏著臨離開時弟弟偷偷交給我的信。我至今也沒有把它給我的母親、哥哥和姐姐看過。我不願意再在他們的痛苦的傷口上撒上鹽，而寧可由我來默默地承擔。這封信我保留至今，今天總算可以讓世人來看看來瞭解在那個年代一個普通人的血淚和堅強：

「……讓我再叫幾聲吧，我最親愛的媽媽、哥哥、姐姐。我懷著多麼悲痛的心情，含著淚水寫這封信，但願不是最後一封信吧！

可能你們萬萬也沒有想到，您最小的兒子，你們的小弟也不幸地跨進了這個可怕的深淵。我可以忍受一切，忍受這漫長的時間，雖然這對於一個人來說活在世上已沒有意思，但是想到了親人，想到了未來，我可以堅強地度過。事到如今，我流過無數次淚，可以說每天都在流淚。我不是為我個人的命運而痛哭，三哥的到來，帶來的不是希望，回去的卻是悲傷。短短的幾個月內，他比我更痛苦，多麼殘酷啊。回去吧，永遠離開這個有我的地方。他走後我沒有一個親人了。那些可愛的夥伴們也不能和我一起生活，卻成了他們所謂的「敵人」已走到了這個可怕的地步，也就只能這樣了。……相信我出自內心的對毛主席的熱愛，我是絕不能承認我反對毛主席的，這一點望家中放心。不管黨和人民對我多大處分，我都將接受下來，認真改造自己，這一點我是明白的。

我相信不久的將來我們還能重逢。這是我活在世上的唯一希望，也就是我不至於走上絕路的原因。……大哥，全家五個兒女現在就只你們三個了，媽媽也只有靠你們三個了。以後家中經濟上要緊一些，一來二哥已走了，二來我以後也不可能再往家寄錢了。三年來我沒有盡力為家多負擔，一想起心裡內疚。小弟望大哥擔起扶養母親的重責，絕不能讓母親受氣受苦，寧可我們再苦些再苦些！！

姐姐見了信不要哭，因為沒有用。雖然變化如此突然，但我是有精神準備的。相信我會愉快地生活下去，死不是什麼英雄，表示的卻是軟弱。望姐姐記取小弟的教訓切切注意！社會上的人思想千差萬別，今天還是你的朋友，明天他反戈一擊有功了，為了自己可以不憑良心的給你胡說。為了升官為了……他可以打擊一切人。……當一個老好人吧，只有這樣才能生存。最主要不能隨便談論政治方面的東西。同樣一句話同做一件事，（因為出身不同）兩種分析兩種對待。……」

錄後小記：這是一封既無落款署名也無日期的很長的信（在此我只摘錄了很少部分）。淚盡返京的我違弟之意沒有把它給我的親人們看，實在是怕親人太傷心了。今天，我邊錄邊流淚邊哭，彷佛又回到了那不堪回首的昨天。我又一次強烈地感到，昨天我們是不應當忘記的，越是不堪回首的我們便越是要頻頻回首，揭示、清算那可詛咒的年代那可詛咒的「革命」。只有這樣悲劇才不會重演。

一幅畫

我弟弟的現行反革命分子案到底是怎麼回事呢？原來有一次在知青的一間宿舍裡開會，弟弟從小有畫畫的愛好和習慣，在無聊的會上，盤腿坐在炕頭，便隨手拿了一張紙隨意地亂寫亂畫。據他的回憶，除了畫有一棵樹，還寫了「三K黨」、「毛主席」、「小老道」（是一個哈爾濱知青的外號）等字。散會後這張紙就扔棄在了炕上，沒想到屋子的主人劉東林打掃時發現了，就把它交給了《貧協》。《貧協》的人如獲至寶，就曲解地說盧季放是把毛主席污蔑為三K黨，自然是罪大惡極。弟弟跟我講，這張紙自始至終沒有讓他看過，所以無從辯解和申訴。在那個年代，這種事是層出不窮司空見慣的，不知有多少人為此被抓被批鬥甚至判刑處死。從一九六八年末起，弟弟便被關押在一個破陋的「牛棚」裡，完全失去了自由和基本的權利。每天幹最髒最累的活，還不時地拉出去加以批鬥，幸好弟弟的善良，弟弟的人品，是大家認可的，人們以各種方式表達對弟弟的憐憫和盡可能的關照，還有人在隊裡貼出「盧季放死不了」的「反標」（那個年代特有的所謂「反革命標語」）。整整十一年，過著非人的日子，直到一九七九年才釋放，但反革命的帽子仍然保留，在場院「監督改造」以觀後效。後來其他連隊的想把弟弟調過去作技術員開康拜因，二十四連才給他摘了帽子，更可笑的是居然全隊的人，把弟弟還為隊長（二十四連的連長）。可見人們的心中是自有一桿秤的，公道是自在人心的。再以後場部又把弟弟調升為科長，局長、糧油進出口公司副總經理。而那個舉報人劉東林事後是很後悔的，在一打三反清理階級隊伍中，因為他是原國民黨少尉，在批鬥這些人的時候，他是被打得最多最厲害的，其實他也是一個受害者，是文革運動的犧牲品。

苦難還沒有結束，無論我的弟弟，還是寶泉嶺的那些知青們。

《白玉山案件》

以上這些還只是文革悲劇在寶泉嶺農場二十四連的初演，一個小小的開頭，一個狂濤惡浪來臨之前的漣漪而已。在一個寒冷徹骨的夜晚，東北的風雪肆虐，已搜尋了幾天的人們終於在離連部大約十幾公里的的地方找到了已經凍僵的白玉山的屍體。他是在一棵樹上吊死的。屍體周圍遺有一顆手榴彈、一塊毛巾、一個打火機。這顆手榴彈是王安琪在一次武鬥中撿拾的，因為白玉山是他的師傅，他們之間有如父子，王安琪就把手榴彈交給了白玉山保存。白玉山是趕馬車的好手，馬車班的組長，還是個善良受人尊敬的共產黨員。知青們尤其喜歡他，願意與他親近。他是非常看重知青尤其是北京知青對他的友誼與情感的，現場遺留的物品都是知青們送給他的。白玉山的死，馬上引起了連隊甚至場部的高度重視，並定性為是一起嚴重的階級報復案件。掌握權力的《貧協》馬上成立了《白玉山案件》調查小組，首先拘捕了和白玉山睡在同一間屋裡的何子忠，在嚴刑拷打下，他便亂咬亂供。因為何子忠屬於老職工，自然是《貧協》的成員，但平時是個不聲不響只知趕車的人，但他心裡明白，《貧協》想借此徹底打擊《八三〇革造》，於是便交代行兇是北京知青王安琪（和白玉山同屋）、李國生、沙三聯、張春和、邵穎魁、肖嚴（連隊醫生）、唐鐳、薑德威等。這些人都是《八三〇革造》的，其中沙三聯、李國生是頭頭。於是一場大規模的審訊便開始了，以沙三聯、李國生為主的大部分人寧死不承認不交代不認罪，年齡較小的薑德威忍不住殘酷拷打，就亂咬亂供，但今天講了明天就翻供。《貧協》的頭頭們，無奈之下，只能把案件上交，把這些「罪犯」送到場部，而且三次上報黑龍江最高法院，要求槍斃這八個人。但法院認為證據不足而一次次打回。看來就是在那個無法無天的年代裡，法院還是有主持正義之人的。沒有辦法，《貧協》只能和場部的同一派的人，採取更嚴酷的手段加緊審訊。除了無休止的毆打，還把沉重的鐵質爐篦爐盤吊在脖頸上，使其連吃飯喝水都很困難，甚至把他們押解到冰天雪地裡，號稱「冷凍法」。晚上他們把「牢房」的窗戶大開，企圖用嚴寒逼著這些人跳樓自殺。這些法西斯的行徑仍沒有使這些人就範屈服，他們的剛強他們的不屈的意志是令人欽佩的，實在像戰爭年代在獄中的共產黨員，寧死不屈。只可惜是在自己的共和國，在自己人的手裡成為毫無價值也無人認可的「英雄」。剛烈的李國生不堪欺辱，一天的傍晚，搶奪看守的槍支，想與他們同歸於盡，但槍裡是沒有子彈的，於是被活活打死，不愧是將門之子啊！何子忠也不堪折磨自殺了。

奇案終白

一打三反清理階級隊伍運動中，對白玉山歷史的調查一直在進行著，而且終於有了結果：原來白玉山是天津楊柳青人，是給地主打長工的，據還幸運地活著的地主說，白玉山是個長得很帥很能幹的小夥子，還與雇傭他的「主子」的兒媳產生了感情。一九四九年前土改的時候，因為對當時殘酷地剝奪、鬥爭甚至孽殺地富的政策不滿，就和另外兩個人組成了三人抗暴「殺黑團」，殺死了村農會主席，其中的兩個人在逃跑中被捕處死，而他卻逃脫並南下參了軍，並在部隊裡入了黨。國共兩黨的國內戰爭結束後，他復員轉業到寶泉嶺農場，成了「老革命」，備受尊榮。當他聽說要對他的歷史展開外調時，自知法網難逃，在恐懼中決定自殺。他始終沒有成家也沒有子女，所以對王安琪等知青懷有一種父輩式的感情，當然他也不可能想到他臨死前的這種「眷戀」，竟使這些人受到如此殘酷的生死折磨。

案件的真相一明，全場轟動，群情激憤。我的弟弟因為在事發前就被無產階級專政了，就已經在「牛棚」裡被「保護」了起來，所以免於了更恐怖的滅絕人性的酷刑，這是上天之佑呢，還是不幸中的小幸呢？

這一撲朔迷離跌宕起伏的案件對小說家而言是一個很好很有吸引力的題材，是完全可以寫一部長篇小說的（與莫言的《生死疲勞》有異曲同工之妙），可惜我沒有這份才情，而思考的能力還是有的，我想這一事件是偶發還是具有某種必然性呢？白玉山作為地主的雇農，為什麼不去仇恨地主，反而向要解放他的農會主席下手呢？雖然這也許是一個個案，但也是需要後人去探索去破解的謎團。白玉山作為一個殺人犯為什麼在階級鬥爭要年年講月月講天天講的社會裡居然能隱藏數十年之久？他在寶泉嶺，又為什麼被公認為是一個善良樸實的馬車夫，而且得到那麼多的知青的愛戴呢？而他又為什麼至死還對王安琪等年輕人充滿如此深厚的感情以至臨死還念念不忘呢？這是無論什麼「主義」什麼法律都無法解釋的。這也許就是人性就是人性的複雜吧。而在那個以鬥爭為主要目的和主要手段的專制極權的社會裡，恰恰是不承認什麼人性的。如果不是那個地主還活著，如果那個地主不如實交代，那麼這些無辜的知青不是要成為替死鬼成為死不瞑目的冤魂嗎?!

泊清漳磨難勵人

出離痛苦、長歌當哭

從鶴崗到北京的一路上，我把一生的淚流盡了：為一生正直而最終不得不棄世而去的父親；為剛烈寧折不彎、受到學生尊崇愛戴的、一工作就擔負起母親弟妹生活負擔的，被生生毆打而死的我的親愛的二哥；為憨厚而又調皮從15歲就到北大荒，不辭寒冷，弱肩嫩骨就開始承受辛勞而無怨，卻無辜地被戴上「反革命分子」的帽子而被批鬥、勞改的弟弟；為背負亡夫失子的劇痛，還要為尚存的幾個子女而忍辱負重在街道被批判、掃街的母親；還為我們幾個前路茫茫，不知何時大禍臨頭的倖存者。

但我還是要活下去，而且是更頑強地活下去！因為我知道這決不是我一家的悲劇，決不是我一個人的不幸。我那時想，把世上的一切苦難、痛苦、悲傷都壓到我的頭上，讓我一個人來承受吧。我是絕不會被壓垮的！淚盡則樂生，你們可能想像不到，那個時侯我已完全出離了痛苦，出離了家庭的個人的痛苦。長歌當哭，是在痛定之後的。我變得堅強起來「快樂」起來，還有什麼我不可以承受的呢？那就讓我用笑：冷笑、嘲笑、蔑視的笑來直面這個世界吧！

赴晉前的困境

從東北回到北京時，我的身上揣著兩樣東西。一個是我的戶口，一個是臨走的前一晚弟弟托人帶給我的信。每次讀它，仍使我淒淚漣漣。至於手中的戶口，那時叫口袋戶口，就是雖已簽出但沒有落戶處。因此，我那時實際上已是一個「黑人」，一個沒有生存之地的「自由人」。有人勸我就在北京等下去，一直等到下鄉高峰過去以後，再設法留在北京。其時我對北京已無任何留戀，相反北京於我已成為「危地」。當我出離了家庭、個人的痛苦以後，我下決心把從一九六七年開始的對文革的思考繼續深入下去。國家的興亡決定著個人的命運。以我的性格和我的離經叛道的思想，在北京是絕無我的容身之地的。到遠離北京的地方去，到僻遠的窮鄉僻壤去，只有那裡我才可能獲得生存的自由和思想的自由。

我毅然到學校報名去山西插隊，學校吃驚之餘，爽快地辦了手續。居然讓我這個「狗崽子」作了一個插隊點的領隊組長。母校——師大附中你為什麼始終善待、信任著我?!

離家遠行的物資上的準備，令母親除別子的傷心外又頻添著尷尬和無奈。我從東北回來以後，把在北大荒近半年做臨時工掙的可憐的一點錢，除留下給弟弟的外，都悉數給了我的同樣要遠去的姐姐。姐姐一九六八年從農業機械化學院畢業，被發配到江西柘林水庫鯉魚洲農場，家裡僅剩的抗戰時期逃難用的柳條箱和帆布袋，都讓她用了。此時家裡是一貧如洗，是德龍兄送給了我一個他父母留學美國時用的包銅的箱子，還另外給了十幾塊錢，買了一床被子，這才得以暫渡難關，還意外地送給我一塊他父母在留美期間買的手錶，此恩此情我是一定要報的。

險赴黃泉

一九六八年十二月八日，北京火車站：陪伴著嘶天喊地、哭聲遏雲的是鑼鼓喧天、紅旗招展。我沒有讓母親和大哥去送別，也沒有絲毫的悲傷和留戀，反到有一種釋然和自我解放的快意與冷峻。

不知為什麼，火車沒有走石太線，而是繞新鄉、焦作到長治，然後改乘大卡車來到沁縣。期間印象最深的是，一次吃飯（記不得是在新鄉還是長治），盛面的碗居然大得像一個小盆，不少人是愣然難咽的，我卻吃得分外地香。那時也沒有想到，就連這樣的飯以後也難以再吃到了。

在沁縣稍許停留後，就由各公社大隊直接用大馬車接往所去的村莊。我們這個插隊點共十六人，除了我終生的好友牛德龍、俞瑚外，還有白無瑕、金雅文、皮鴻燕、金鋒、邢永紅、劉淑華、孫蘭芳、錢宏遠等。他（她）們大多是師大附中初中的學生，年齡在十三至二十歲左右。另外還有荊超、白怡、安同偉、張振玉、金科文、高興貴等六人，我根本不認識他們，甚至不知道他們來自哪個學校，可見當時的上山下鄉運動是多麼匆急而又混亂，就這樣將不同年齡不同學校互不相識的人硬湊著綁在了一起，然後又像趕一群牲口一樣，驅趕到農村。

我們落戶的是漳源公社（據雲這裡是清漳河的源頭）莊立大隊，公社書記高水清和莊立大隊的賈守文把我們送進村，並安置好了住處。他們是那麼親切、和藹，給我印象最深的是樸實真誠，有一種回到家的感覺。時值嚴冬，火炕已為我們燒好，暖暖的。因為一路的車馬勞頓，吃完村裡特意為我們準備的「好面」，就上炕睡覺了。在那個年代，農民的生活是極其艱苦的。連粗糧都難以果腹，白麵就成了稀罕的珍貴物，所以就把白麵做的麵條叫做「好」面。我在以後的日子裡，充分體驗到山西人的語言都帶有感情色彩而且生動形象，甚至含有一股原始的樸實的土地的清香的味道，可能與山西自春秋戰國以來就曾以七國霸主晉的文化傳統悠遠深長且古風猶存有關吧。後來在鐵生的文章中知道，一個在陝西插隊的北京知青寫了這方面的文章。

第二天，雞鳴三遍（比鬧鐘的喧叫要親切多了），我醒了，但頭昏昏的，感覺有點不對，一盤炕上擠滿了四個人，我讓睡在最左邊的錢宏遠先起來，但他剛起身準備穿衣就又歪歪地倒了下去，我自知不好，顧不上穿衣，掙扎著撲滾下去，是如何頂開的門，已完全不知道了。據後來趕過來救助我們的鄉親說，聽到我一聲淒切的「救人」聲，才匆匆趕了過來，我那時已昏倒在了門邊。

幸好搶救及時，等公社領導趕來時，我們都已先後從「昏夢」中醒來，原來是中了煤氣，臨睡前，因為缺乏經驗，沒有把炕下的爐膛封住，煤氣外泄，差點讓我們這四個人來沁的第一天就去「天堂」接受再教育了。

「敬祝」風波

一場「煤氣」的生死劫過去了，卻又來了一場「敬祝」波。事情是這樣的，自文革開始以來，個人崇拜之風日烈，除了早請示晚彙報，飯前飯後還要敬祝「偉大領袖萬壽無疆」，祝「林付統帥身體健康」，更甚者居然要祝「江青同志滿面紅光」，就是來到農村也不能例外。而我對這些是極其厭惡的，在學校的時候我都採取能避之則避之，不能避之則應付之的辦法。因為我始終認為，我們已不是「皇民」，更不想再作奴才，就是有人想再作當代「皇帝」，那也是他的自己的事情。所以在這裡，既然我是組長，我就應付了事，但那幾個我連名字也叫不上來的卻裝孫子，以此向脅還怒目以向。這可就難為了我，因為這可是「政治問題」而且是嚴重的政治問題。更重要的是，我們十一人中七個是女生，還有三個半男生。那半個就是錢宏遠，他是個永遠慢慢騰騰永遠囁囁嚅嚅的小男孩。更重要的是，師大附中培養出來的學生一個個書生氣十足，面對蠻力，懦弱而無能，包括我自己。這也是我一生的遺憾，父親和學校的教育，加之個人的性格都缺乏野性，所以凡遇江湖一類多避之唯恐不及，何況還涉及要命的「政治」！

沒有辦法，我們幾個商量的結論是「惹不起，還躲不起」。於是到公社去要求搬離莊立，去另一個村。公社書記高水清，大隊領導賈守文力勸我們留下，再三強調莊立是全公社條件最好的：村裡工分收入相對高，離公路和公社所在的交口鎮近，買東西回家都方便。我們不為所動，堅持要走。因為這不是現在的旅遊，遊伴不諧也不過數日而已，而插隊有可能是幾年十幾年甚至一輩子啊！公社無奈地接受了。於是我們十一人，還沒有把莊立的炕睡暖，也沒有下過一天地，鄉親們的臉也未來得及看清，就莘莘然離開了。來到了約二十幾裡外的李家溝，那個我至今日思夜夢的「世外桃源」。

我的李家溝

我們一行十一人在公社所在地交口乘長太線公共汽車，在口頭村下車。趟過一條小小的溪水，爬過一道不算陡峭但亂石嶙峋的崎嶇山道，下得坡來就聽到了牛鈴的叮噹，看到了幾個彎腰的老人和哭叫的孩子——李家溝到了。我就要在這裡度過我一生最重要的歲月。

李家溝是一個很小的自然村。它四面環山，隱於丘陵之中，幾乎與世隔離，只有一條山間小道與外相連。村子的北面是一個叫井村的水庫，波光粼粼，流水潺潺。是我們後來經常來游水玩耍的好地方。村裡大約十幾戶人家，耕地也少得可憐。除了狐狸溝、半溝有一些平地外，其它的地都在山坡和山頂上，而且零零碎碎，俗稱「巴掌地」，可見其小。山上沒有什麼樹，只有長著紅豆般小小的酸棗和醋溜葛榛，艱難地迎風瑟縮著，我常常摘下，放進嘴裡，那酸酸中澀甜的味道，使人有一種咀嚼人生況味之感。我當時的第一感受是，這裡幾乎是我夢想中的與世隔絕的窮困的「桃花源」，一九七一年四月七日和八日有詩為證：

七律　詠李家溝

半隱峰間水盡頭，遙瞰點點一綠洲。
來下尋徑不見影，風送鑾鈴喚客留。
山回路斷茅屋處，叟木童癡田邊牛。
欲問客從何處至，方離楚宮覓桃丘。

七律　贈友（郭乙林）

舊都旭日太行峰，華樓茅舍一脈通。
信寄炎涼知君意，心存春秋沐天風。
筆端磨刀驅厲鬼，無為羞慚涓滴紅。
山高水長終有會，潛形漳邊一草棚。

在這二首《七律》中，我對漳源公社李家溝的描寫是帶有一定的烏托邦的意味的，也可以看出，城市知識青年對農村山水的一種浪漫情懷，但也表達了我對當時農村的落後貧困的感慨，還有自己能在這半封閉的「世外桃源」裡讀書思想的慶倖。我在另一首《七律》自題中就有這樣的兩句：「牛瘦土瘠曉民苦，陋室殘燈索療方」，我是決心在這陋室草棚裡生活、勞動、磨礪和思想的。

「桃花源」裡難耕田

因為貧窮，村裡人從兒童到老人都衣衫襤褸破舊不堪，一些孩子往往衣不蔽體或者乾脆光裸著。隨時隨處你都可以看到，一些只有幾歲大的孩子躺在豬圈、羊欄邊睡著了，而且睡得很香很甜，成年人的臉黑瘦、乾澀無光，眼睛木木的，聲音嘶啞而低沉無力。每到吃飯的時候，都聚到村裡一條斜坡上端的一塊只有幾平方米大的牆角下，一邊吸溜吸溜地喝著沒有什麼實質內容的「和和飯」，一邊閒扯著。所謂「和和飯」就是在一大鍋裡煮著些許山藥蛋、胡蘿蔔、和少得可憐的一點小米的清水裡，把用高粱面、玉米麵、榆皮面和成的麵團，用擦子擦到鍋裡，然後放一點鹽、倒一點醋，，最後再撒一些辣椒末，就成了他們天天不變的主食。乾糧是只有「動彈」（本地話：出工勞動的意思）的人才有的，所謂「乾糧」也不過是用玉米粒、高粱米和麩皮、糠，甚至玉米芯攪合後磨碎，做成的「窩窩頭」。我們也是吃過的，粗糙難咽，而且使大便難通，原以為這就是「憶苦飯」，來了這裡才知道是農民們的主食，是他們能活下去而不至餓死的主食。因為貧困，村裡的傻子（這裡人叫　了tenle）多、大脖子（因缺碘）多、拐子多，他們的父母普遍營養嚴重缺乏，錢是根本談不上的，所以也無力療治，任其自生自殘自滅。

除了貧困，還有閉塞。除了地理環境使交通不便外，村裡沒有報紙沒有收音機，孩子沒有接受教育的條件和機會。唯一一個叫劉和睦的在外上到中專，文革中也被趕了回來，窮困潦倒滿腹牢騷。因為他患有嚴重的耳疾，我想與之溝通也很困難。但發現他連前面所講的「糠窩窩頭」也難以果腹，春天時還要靠捋柳葉挖野菜度日。因為閉塞，他們才真是「不知有漢，無論魏晉」，見了我們一律恭稱「大學生」，還問我們北京的街道上怎麼種莊稼，就是村幹部還向我們打聽「蘇聯老大哥」的情況。村裡的老鄉有到我們住處串門的，見到什麼都顯得稀奇甚至吃驚。一次見到打開的箱子裡的衛生球，就拿起一顆說，「糖彈彈，讓大爺我嘗嘗」，弄得我們哭笑不得。而我只有深深的悲哀，難以名狀的苦澀的哀痛。幾十年了，我們的「喜看稻菽千重浪」的處處「鶯歌燕舞」的「大好形勢」下的祖國，原來農民還這樣的苦這樣的窮這樣的可憐無助！

窮，不是他們的罪過！窮，不是他們的追求！窮，更不是他們不得不忍受的命運！然而，他們忍受了，無言而又無怨。這是多麼好的人民百姓啊！我在《劫灰殘編》一書的自序裡感慨道：「到了山西沁縣一個叫李家溝的小村，我才知道了什麼叫中國，才知道了我們的百姓是多麼的苦多麼的好。原來的京城的學生的夢至此可以說是完全破滅了」（第二頁）

險成腦殘

他們不問我們為什麼來到這裡，他們更不問我們是什麼出身什麼成分。他們反而可憐我們要和他們一樣受苦，也像他們一樣成為「受苦人」。這就是我們中國的百姓，這就是我們在京城裡所不知道的農民，這就是我們在書本裡從來沒有讀到過的黎民百姓，這就是那麼偉大的永遠英明正確的領袖沒有告訴過我們的這樣的真實的人民。

村幹部讓我們住在村裡最好的一個院子裡，這一家姓王，在全村屬於有文化根底的，也比較富裕。女主人對我們客氣而熱情。女生住在西房，房子雖小但保暖，我和錢宏遠住在東房，房間較大，有點冷，牛德龍與俞瑚住在院外的另一個小雜院內。炕早已是暖暖的了，隊長告訴我們，你們剛到好好休息，不急於去「動彈」。

七〇年冬春之際，公社書記高水清，還有栗鑿、陳傳捷等到李家溝來看望我們，他笑著對我說，「小盧啊，你這才像真正的貧下中農啊」。原來他看到我穿著的「棉襖」，比叫花子穿的都不如，是一件破得露出一簇簇黑髒的棉絮，紐扣已全部掉光了的「棉襖」，為了防風，在腰間用一根草繩捆紮著。我不好意思靦腆地笑了笑。

這裡雖是冬天也要下地的，就是修「大寨田」。把山坡上的土刨挖下來，用小推車運送到高低不平的地裡，然後攤平整。有一次，錢宏遠在坡上用鋼釺撬凍土，我在下面把土鏟進車裡，不料一塊巨大的其硬如石的凍土一下子砸了下來，我被砸翻滾落到幾米以外。老鄉和知青們都嚇壞了，圍著我驚惶而又不知所措。醒來後，我首先默念了幾首詩，試試是否腦震盪，結果證明無大礙，就站起來拍拍土又繼續動彈了。對這次砸傷的意外，我在一九七〇年五月十四日的日記中，是這樣記錄了我的感受的：

「借教訓的福和砸傷的苦，我得以躺在這兒寫傷後的餘感。還能夠寫能夠想，實在是僥倖。要感謝那對我「多災」然而又「多福」的命運呢。如果…的話，我大概或者已在另一個世界裡讀我的殘夢，要麼就僵臥著成為一個半傻半癡的活木乃伊了。…我的生命已多次與無常相遇……但「生逢千劫偏不去，死遇萬遭笑又來」。（第九二頁）

「動彈啦」

每天大約七點半左右，隊長就開始敲鐘（一塊懸掛的鐵板），並反復喊叫「動彈啦」、「動彈啦」。村民陸續慢慢騰騰地三三兩兩從家裡扛著「傢伙」（勞動工具）走出來，在場院由隊長分配活計和勞動地點，然後又是慢慢騰騰地往地裡走。婦女老弱一般是輕活，比如休整地沿、攤撒糞堆、除草、間苗、割穗、掰玉米棒、捆豆、麥、黍秸等。其中間苗是最辛苦的，迎著烈日蹲在地裡，腰酸腿疼，半天下來，站起時頭昏目眩，還有就是夏天在玉米、高粱地裡鋤草攏根，天熱氣悶，那寬大的帶刺的葉子親熱地貼著、撫摸著你的臉、脖子、胳膊，其癢難耐，青壯年男人則以耕地、耙地、起糞、拌糞、挑糞、下種時撒糞、拉「動彈」（一種用石頭打磨成的車輪狀的輥子，用來壓壟保墒）、擔高粱、玉米、豆秸等秸稈，是較重的體力活。剛開始知青都是和婦女們一起幹的，往往幹了還不足一個小時，就開始休息了。鄉親們便或坐或躺地在地頭扯著葷葷素素的閒話，而我們還要利用這個機會，到處挖拾柴禾，以便做飯時用。當時我就有些疑惑，為什麼村民如此懶散，沒有一點幹勁呢？

不久，我和俞瑚也進入了壯勞力隊伍，而這也正是我所期盼的。我來到農村的目的之一就是勞其筋骨，以強度的勞動磨礪自己的意志，體嘗勞動者的艱辛。不管是擔糞還是拉「動彈」，我都比村裡的人幹得更快做得更多，休息得更少。所以得到他們的認可、讚揚，評工分時我被大家一致同意評為最高分十二分。為此我曾昏倒在地裡，其實不光是勞累而是餓，我讓女生回村端來一大碗玉米糊糊，喝下後就又精力充沛地「動彈」了，畢竟年輕，更有一股精神在支撐著！

秋收分糧

秋收了，是我們這些不知不事稼穡的「城裡人」的第一次秋收。割、捆、挑、打、曬、碾、揚、簸，過秤、裝袋、進賬、計算、公糧入庫、每戶多少，都一一算畢，當晚打收當晚分。我驚奇於那一夜的高效和相對的公開透明。月亮早已西斜，不顧一天疲勞的全村老少都彙集到這灰土滿布的穀場，一隻隻疲憊的期待的眼睛，一顆顆懸懸祈盼的心，一個個大大小小的落滿補丁的麻布袋，我甚至想像著那一個個欲張還斂的袋口的癡呆與窘迫。這是大家一年的保命糧啊！能不能維持到明年此時呢？他們的心裡都是清楚的，也從來沒有過什麼奢望。只有我們還像個局外人，在為他們感到欣喜。

工分——農民的命根

工分、工分，農民的命根，是那個年代的俗語，有如現在的分、分、分，學生的命根一樣。這一年（一九六九年）村裡的工分值意外的高，每個工分居然達到六毛錢，這是從來沒有過的，而且以後也再沒有過，第二年就只有不足兩毛。只有我心裡清楚，因為每個知青，第一年的口糧是國家供應，還下發了四千塊的安家費，除了在場院的北邊蓋了五間兩層高的土坯房外，並沒有再給過其它補助。我們十一人就有四萬四千塊，這對一個小小的村落是一筆不小的從未有過的收入了。村幹部用其中的一部分補貼了工分值，讓可憐的窮苦的鄉親得以多得到一點，我何忍去說穿呢?!就是這樣，仍然有一部分家裡勞力少的，辛苦一年還要欠債。在那個年代，百姓是只有受苦的權利，而既想不到要去討個說法，也無處訴苦道怨的。

這一年，插隊的第一年，我居然分得了一百二十元，這是我人生的第一筆收入。一年來，我沒有請過一天假，冬天其他人都回家了，我一人留守，直到臨近春節才返回北京。記得有一次剛從北京返回就感冒了，發高燒躺在床上，隊長叫我「小盧，今天播種，缺一個撒糞的，拉不開套了。你能不能……」，我馬上就爬起來跟著他們下了地。說來奇怪，抓糞揚糞是很累的重活，而且早上、中午不回村，送飯到地頭，沒有洗手的地方，把剛剛抓過糞的手在土裡擦擦，就拿起窩窩頭就著小米湯，吃得格外地香，感冒竟然也突失了蹤影，這就是勞動的神奇。於是就想起了一句詩：「城中桃李泣風雨，春在溪頭芥菜花」。不到鄉村哪裡會有如此的體驗與感受。

以後，工分值就一年比一年低了。不要說作為「主人翁」的貧下中農，就是我們也沒有想過他們賴以生存的工分為什麼如此不值錢，而只能認命與忍受。

偷聽「敵臺」

拿到一年勞苦所得的一百二十元回家後，母親沒有要我這筆錢。我拿它買了一個上海產的三波段的收音機，這樣在村裡就不至於太寂寞了，而且還可以用它偷聽「敵臺」，尤其是臺灣台和「美國之音」。這種危險的行為在北京是不可想像的，而在遠離皇城的僻野之地卻完全不必擔驚受怕。

在李家溝的最初的日子裡，我們的生活還是和諧而有趣的。少年少女們由互不相識，到在一起勞動一起生活，漸漸就熟悉了起來，而且產生了一定的感情。但那個年代家庭出身是所有家庭和女孩子的最重要的第一考慮，於是，很快一切都煙消雲散了，好像一切都沒有發生過。我是很坦然的，但也自此再也不觸及感情方面的事，埋下頭讀我的書，思考我的遠大於個人情感的問題，把我的心與情深深地包藏起來。就是偷聽「敵臺」也是在夜裡讀書寫作倦了才敢。

《「淑花」之死》

第二年，為了增加隊裡的收入，村黨支部和革委（文革當中所有的各級權力機構都叫革命委員會，簡稱革委）開了個會，我也算是委員之一參與了這個會議，決定開辦一個粉坊，同時建一個有十來頭豬的小豬場。並讓我做會計，支書的哥哥作保管、出納兼推銷。於是便發生了下面的一段小故事：《「淑花」之死》

「我的「淑花」死了。這實在叫我驚愕而且悲傷。尤令人憤慨不解的是，它居然是活生生讓人撕裂肢解的，有什麼人對這樣一個小小的生命懷有如此大的仇恨呢？

「淑花」是我餵養的一隻草雞（山西農村對母雞的土稱），因為是自小養大的，又是「獨女」，所以雖是家禽，但頗通「人性」。不要說我的呼喚，就是聽到我的腳步聲也會馬上咯咯地跟上來依偎在我的腳下。在那世態炎涼的歲月裡，這小小的無言的「溫情」，不啻是一種別番的慰藉。何況它還幾乎每天奉獻一顆蛋來點補我那僅能果腹的飯菜呢？於是，其他知青和老鄉就戲稱它是我的「妹妹」，還仿照我的名字叫它「盧淑花」。

而今天它卻悲慘地死了，是死於人之手！如果對於某些人還可以稱之為「人」的話。

那是我到山西沁縣漳源李家溝插隊的第二年，村裡辦起了粉坊（做粉條的作坊），既可以增加收入又可以多養豬多積肥。這是當時農村唯一未遭禁止的副業。大師傅是從河南請來的，負責磨粉、配料、漏粉等技術性工作，出納兼保管叫王來栓，我作為會計，同時是苦力小工，洗、泡、磨料（紅薯、玉米等），擔水、燒水、曬粉、喂豬都是小工的事。但就是這樣的苦差，也讓村裡人眼紅。大會小會地不知爭了多少會合，最後恐怕是為了避免矛盾以示公正吧，這「美差」竟落到了我的頭上。孰不料這是硬將我推入「苦井」。至今想起尚餘憾猶存。

平時要從半裡外的深井裡搖轆轤提水十幾擔，每擔都在百斤以上，挑回粉坊後把第二天要磨的紅薯、玉米洗淨，泡在半人高的大缸裡。還要看磨、煮豬食、喂豬。光是那十幾頭豬的豬食就把我累得腰酸腿疼了。而這還算是輕鬆「好活」的，待到每三天一次的下粉的日子，半夜三四點鐘就要起床，先摸黑把可盛四五擔水的大海鍋擔滿水，然後生著火開始拉風箱，一拉就是一個多小時，才能把四五百斤的一鍋水燒開。為了省錢，燒的是沁源出的煙煤，火小煙大，而且刺鼻刺眼，唯一的好處是嗆得人少了一點困倦。否則一邊拉一邊打瞌睡，稍不留意那竄起的火苗就燎著了頭髮、眉毛。就是這樣幹，那河南師傅似乎還是不滿意，可能是嫌我這個城市學生娃不如農村小夥子壯實有力吧。初時我忍而不發，後來就開始無言的反抗：或往鍋裡倒水時用猛力使水從鍋另一邊充溢而出灑流滿地，或他正在漏粉時故意放慢風箱的節奏，使水不沸，漏下的粉條就會碎爛在鍋裡。幾個回合下來，師傅便客氣多了，而我自然是禮尚往來，盡力做好自己的小工。等到天將明，粉條已下完並全部掛到外面曬出後，這時一些幹部和老鄉便搭訕著進來圍著火台，撈鍋裡殘留的短粉條津津有味地吃，有時還要端走，（這也算是多吃多占吧，但與現在的貪腐比就是小菜一碟了）。能夠隔幾天便吃上這不要錢的粉條，恐怕是大家眼紅這個小工的主要原因之一。而此時的我，困累交加，那裡還有胃口來享用這無味的殘粉呢?!只是合著眼倚在牆上，放鬆一下自己的筋骨。因為我知道，這一天還只是剛剛開始。

就這樣幹了一年，人雖然瘦了許多，與我小時候「蘆柴棒」的出綽號幾近名副其實了。但畢竟挺了下來，肉少了些，筋骨卻壯硬得多了。工分也和村裡的壯勞力拿的得一樣多，一年下來，扣除糧菜款也再沒有第一年的百元收入了。

但粉坊一結算，非但沒有盈利反而虧損。全村便沸沸揚揚起來，而大家議論的中心便是這一年無端發起來的支書的哥哥，那個出納兼保管的來栓。至於河南佬的發，農民以為是天經地義的，誰讓人家有手藝是大師傅呢！迫於輿論和欠債的事實，又是一連幾夜的大大小小的會——大隊土坑上煙雲噴吐的結果是，由我作保管和「出坡」（即背著粉條走村串戶去推銷）。來栓則只作會計並接手大部分小工的活。與我而言，這看似好事，實則是剛出「苦井」又入「陷阱」。

經營粉坊，庫房的實物出入最重要，如「出坡」用粉條向老鄉換回的玉米、土豆、紅薯、豆子等，還有隊裡折價的雜糧，做好曬乾的粉條一一過秤後入庫，出坡時再稱好交給出坡人。所以不只秤高秤低上可以做手腳，就是粉條的幹濕度、出坡時換糧的比價，都大有名堂。自我做了保管，實際上是斷了某些人的生財之路。那怨憤是可想而知的，尤其是飽嘗了一年的甜頭之後。起初，來栓與河南師傅對我發起了「軟攻」，一邊「小盧長」「小盧短」叫得親呢，「北京大學生有文化，有見識」地奉送許多高帽，一邊想施以小恩小惠，如叫我拿上幾斤粉條給知青改善改善伙食啦，把含有大量澱粉的所謂粉渣讓我拿回去蒸發面糕等等。想以此拉我下水，然後控制我為他們所用。我自然不上這個當，反而處處小心，對出入庫一絲不苟，使其無隙可乘，無空可鑽。此計不成，就處心積慮地出難題設障礙，使我每天如履薄冰，心裡的緊張程度實比當小工時有過之無不及。但好在大隊的大部分領導是支持鼓勵我的，所以幾次誣告都沒有得到他們預想的效果。

在這裡還要特別說明，支書王福栓是一個本份人，一次，我們知青去他的家，（他不在本村住，而是在一個山坡之上，孤零零地只此一家）其貧困的程度，令人吃驚。全家的所有家當就是高估也值不了一百元。其他幹部也基本如是，只有姓秦的會計稍豐盈一點。

而我只有在背著大包的粉條，越山過崗，走村竄鄉時才感到身心的輕鬆與歡愉，那感受是獨有的自在與「自由」。而當地的老鄉看到一個城市娃在叫賣，都新奇而感歎，我的生意也就格外的好。當夕陽西下，背著用粉條換回的更沉重的玉米、豆子等返村時，那心情決不比現今的推銷員做了一大筆生意差。

來栓的怨漸漸積郁成了恨，從他那滯疑的白眼中，那粗重的動作中，那喂豬時對豬的喝罵驅打中可以看出。我是無所畏懼的，也很坦然。他能把我怎樣呢？是的，他還不敢把我怎樣。但我無論如何也沒有想到，我那溫順的與世無爭的，只滿足於早上咯咯地跟著我來到粉坊左側的牛馬飼養院後面的小土洞裡，晚上又咯咯地跟著我返回的「淑花」，竟成了我的替罪羊和犧牲品。對它的死，我已不只是痛惜，而使我想到人的險惡，如此區區小利，尚能使人視雞如仇，若有更大的利害，不是會使「人心」喪盡嗎?!

我把我的「淑花」悄悄地埋葬了。挺著頭更無畏地做我的事，但這個粉坊終未因我的無畏而昌盛起來。雖然第二年微有盈餘，但河南師傅因為年老，已無意再幹，來栓喂的豬瘦得像荒野裡被遺棄的小狼崽。粉坊就這樣無疾而終了。我也被抽調到公社做了幾個月的播音員。

只有我那也許早已和泥土融為一體的「淑花」的小小的墳在證明，這裡曾經辦過一個小小的粉坊，我在那裡經歷和學到的，使我明白：做人是難的，但再難，也要作一個正直的人，如此則我的「淑花」有靈，也無愧無悔了吧！（此文刊載於「大眾文藝出版社」一九九四年四月出版的《老插話當年》二四一頁至二四七頁）

在粉坊的經歷，使我看到了人性惡的另一面。但我並沒有對人性喪失信心，即使在黑暗的時候，我仍然堅持在這個世界上善良的人還是多於惡人的。否則，這個世界將失去存在的理由。關鍵在於這個社會的制度這個社會的統治者是揚善抑惡呢，還是揚惡抑善。當好人無以生存，惡人意得志滿時，社會的起碼功能就喪失了。

幸識諸「插友」

一天，在長勝大隊插隊的丁東和文重萍來村裡找我，想從我這裡瞭解李時民的在學校的情況。當時的「工宣隊」是根據檔案把李時民作為「反動學生」插隊到段柳長勝大隊的，而且向大隊作了交代。知青們不明所以，就開會決定派他們兩人來找我瞭解情況。而我卻以為他們此行是讓我提供批判李時民的材料，就冷冷地回絕了。我認為他是個誠實的人，因此也是個可以交往的人，我豈能落井下石，也因為此，我對來者產生了不好甚至厭惡的看法和情緒。兩個人也是感覺到了這一點。便惶惶然尷尬地走了。後來我才知道，無論是村裡還是知青都沒有對李時民另眼相看，更沒有開會批判過他，反而理解同情他的遭遇。我和丁東、重萍也成了朋友，而且是一生的永遠的朋友與知己。

還記得李銀和也來村裡找過我，說是慕名請教一些問題，我也就自此認識了她，她後來回京去了《光明日報》，離我家很近，去暢談過幾次。對她的愛人王小波的文章尤其喜歡，可惜英年早逝，我以為對中國思想界、文學界的損失是無可估量的。後來我就成了長勝大隊的常客，並很快就又認識了分別在新店公社小王大隊、漫水公社後泉大隊的許多「插友」，而且不少人對我一生產生了重要的影響。如丁東、文重萍、趙國楠、丁振剛、劉文莉、繆力、李琨、韓佳瑋、楊志栓、魏光奇、李銀河等等。其中不少人成為我畢生的知己與摯友。

《南國之行》

有一天，我在長勝大隊和丁東、國楠、重萍、振剛，好像還有後泉的志栓、光奇等聊天時，忽發奇想，提議：為了給苦悶單調的生活添一點亮色，同時可以出去遊覽祖國的大好河山，我們是不是到外面去走一走，闖蕩闖蕩呢？每一個人都為此興奮起來，七嘴八舌，議論紛紛，並開始籌畫：什麼時間走，去哪裡，怎麼走，都一一確定了下來。等到要走的那一天，大部分人突然怯陣了，只有我和丁東堅持原議，就算先頭部隊給大家探路打頭陣吧。

但畢竟已不是文革初期全國大串聯的時候了，可以不顧勞民傷財，只要聖主金口一開，便可以自由自在地跑遍大江南北。雖去意已決，兩人的心仍有些忐忑。這樣我和丁東就在一九七一年七月的一天，先由已在縣汽車運輸中心工作的韓佳瑋給我們找了一輛也是由知青駕駛的大卡車，來到了長治北火車站。然後只買了一小段車程的火車票，就直往鄭州而去。

於是便有了以下的故事，對這一名為《南國之行》的故事的回憶和記敘，刊載於大眾文藝出版社一九九四年四月出版的《老插話當年》上，今將它們粘貼於下，以供一笑：

「列車緩緩地行駛著，那有節奏的噹啷噹啷聲，此刻猶如動聽的催眠曲，然而我卻沒有一點睡意。躺在以煤炭作床褥的貨車廂裡，望著綴滿星辰的夜空，領享著徐徐夜風的撫慰，舒展著酸疲不堪的四肢，在只有星星才可以察覺的微笑中，我開始細細品味一天來的經歷：

天未明，農民還在鼾睡中，我和丁東就從各自插隊的村裡趕赴十餘裡來到沁縣縣城，開始我們籌措盼望已久的冒險行程。先乘搭由知青開的卡車來到長治市，然後買了兩張不足價的車票登上了開往鄭州的列車。一路上心如揣兔，好在車總算過了新鄉，離鄭州已不遠了。正暗自慶倖，忽一乘警立在了我們面前。看著我們慌亂的神情，聽著我們囁嚅的話語，他已明白了幾分。未及多問便隨手翻檢起我們簡陋的行囊來，並從中抽出一封信細細讀著（這種隨便翻檢他人信件的行為在民主國家是違法的，而在當時的中國卻司空見慣，而我們連起碼的一點點反對抗議的意識與念頭也沒有）。我的心一下子提到了嗓子眼上，生怕裡面有什麼諱禁之言。「南國之行（hang）？」這位看來肚中墨水有限，然而還算和氣的乘警，突然開口了。原來這是一封未及發出的家信，裡面簡述了我們此行的目的和打算安排。「為什麼不在農村抓革命促生產？接受再教育？南國之「行」！「遊山玩水？」，我們自然是不敢有所辯地恭順地聽訓點頭，當我們提到每個工分只有幾分錢，一年下來不夠糊口，還要家裡補貼，所以……時，他似乎已聽得多了，雖麻木，還是相信的。所以，一到鄭州就讓我們下了車，而且格外開恩，沒有要我們補票。

一邊感念和慶倖碰到了好人，一邊大笑地學著他「南國之行（hang）？」的口音，我們認錯而不改地又登上了另一列南行的車，繼續「南國」之行了。這一次則很不幸，車未行多久，剛剛拐頭向東，我們就被列車員毫不客氣地在一個無名小站撵了下去。沮喪之餘，便以我們總是在向前，總是在向目的地靠近，只要不氣餒、不回頭，目的總可以達到來自慰自勵。「坐不成就走！想當初我和文重萍、楊小平不就是背著行李從北京徒步走到山西插隊的嗎？更何況那還是酷寒的冬天呢！」丁東的話更堅定了我們的心志。於是邁開腿便走，餓了啃幾口自備的乾糧，渴了向沿途村民討幾口水。已不知走了有多遠，只覺得倆腿象灌滿了鉛，但我們仍不願歇下，好像在與一列列飛馳而過的火車賭氣。當發現路邊一池清澈的小水塘時，終於禁不住它清涼的誘惑，見四下無人，便急急地脫下衣褲一躍而入地暢遊起來，遊去了炎夏的汗水、滌盡了一路的風塵、洗掉了周身的疲憊，載一身清爽我們又上路了。天將暗未暗時，來到了一個小站，那裡停著一列貨車，正有人在往上爬。我們倆猶豫商量了一下就也跟著爬了上去。向先到的「乘客」一打聽，知道是開往蚌阜的。路線雖略有異，但方向對頭，我們便安然地和那些扒車慣客閒聊起來，一邊略帶點興奮地等著車開。

就這樣想著、憶著，我彷彿第一次發現夜空是那樣的美妙和神秘，她用無邊無際的黑絲絨般的布幕包融著天與地，星星便是點綴期間的明珠；她又像風濤初歇的大海，也許是因為太累了，慢慢閉合了自己的眼，蛙叫蟲鳴，便是伴其入眠的小夜曲。畢竟是太累了，畢竟夜已經很深了，夜風疼人似的輕輕撫合了我的雙眼，把我送進了酣美的夢鄉——啊，江南！我的故鄉，闊別已久的故鄉！那清清潺湲的溪水、那香鬱氤氳的草花，我願像擁抱這夜色一樣擁抱那童年的故鄉——雖然我的倆臂是那樣地疲憊而無力……

「什麼人?!」「下車!!」「跟我走！」聲聲暴喝，道道閃電（強烈的電筒光）驚醒了我的夢，在這似醒非醒、似夢非夢的恍惚中，一種下意識的恐慌，令我們一下子竄起，顧不得車高夜暗，甚至不知道車是否已停，就急匆匆向下跳去，跌爬著盲然疾跑，不幾步就重重地摔倒了。原來這裡是一個石子鋪的陡坡，恐慌使疼痛失去了感覺，只知道眼鏡被摔出去了，我急急地摸索著，嘴裡喃喃如夢囈，待摸尋到眼鏡，幾個人已橫在我的面前。就這樣不明所以地平生第一次作了不知什麼人的「俘虜」，便乖乖地跟著他們，心裡還念著丁東。但身不由己，已是無可奈何了。來到一間小屋，已有幾個人先於我等在那裡了。不一會兒，又帶進來一個人，竟是失散的丁東：挎包套在脖胸前，臉上是一抹抹的黑道，茫然無措的神情，彷佛還在夢中。我不禁撲哧笑出了聲，我想，我的「尊容」大抵也是如此吧。經過莫名其妙的審問，那些遊擊鐵道的「常客」都一一釋放了。只有我們倆這無罪的特殊俘虜，大概他們也不知道如何開發，便提議讓我們到一個「管吃、管住、管送」的地方去，天真如癡的我們懷著對社會主義待民如子的感激，未加思索地便爽然而應了。別一個夢中的「桃花園」在等著我們了。彎彎拐拐，拐拐彎彎，終於到了。還沒踏進門，一股污濁的穢氣襲鼻而來，蓬頭垢面的各色人等迎面橫陳，我的頭嗡地一下，如墜跌深淵。但悔之晚矣，就是地獄，也只能硬著頭皮直面正視了。

又經過照例的盤問和較前次更徹底的檢查，我們僅有的二十幾元錢終於藏匿不住而被「代為保管」了。他們也暫時的相信了我們的無辜。但至今還記得給我們的評價：你們是什麼人？學生不像學生、工人不像工人、農民不像農民、幹部不像幹部。這「四不像」的評價是何等的貼切啊！千千萬萬個上山下鄉知識青年，不就是以這四不像的社會身份，在「接受再教育」的金字招牌下，歷經坎坷與磨難嗎？不也正是這四不像的特殊環境使我們在度盡劫波之後，錘煉成為既葆有學生的純真與激情，又具有工人的正直與胸懷；既學有農民的樸實與執著，又兼有幹部的成熟與老練嗎！

到這個時候，我們才知道，這裡是商丘（我和丁東後來嬉稱為「傷囚」）市的收容所。專門收容社會上無業的流浪兒或為當時社會所不容的「黑工」、「黑販」，也是小偷流氓等低檔犯人的過渡棲身之處。到這時我們也才知道，不久前這裡曾發生一起由倆個年輕人主謀的銀行搶劫案，看來我們是作為嫌疑犯自投羅網的。直到沁縣知青辦來電證實了我們的身份，他們的態度才稍見寬和，但仍需像其他人一樣，分期分批逐段遣送。

這於我們精神上的打擊實在是太大了，不只「南國之行」成了泡影，還要捱過難以預計時日的准囚徒生活。蜷縮在潮濕的泥土地上，只覺得頭暈目眩，虛火直上，病倒的預感使稚弱的心為之駭然。想到這幾年國亂家破，前途渺渺、理想茫茫，插隊的艱辛，出身的包袱，都令人黯然神傷，但我在暗中命令自己冷靜下來。我們這一代莫非真如孟子所說：天降大任於斯人也，必先苦其心志，勞其筋骨，餓其體膚……嗎？想到這兒便漸漸地安然了。並慢慢地睡著了，自然不再有美的夢，但惡夢也沒有來糾纏，這是真的。

一早醒來，有剎那的驚異，不知身在何處，不知怎麼到了這裡，周圍是衣衫襤褸、目光呆滯，但神色安然的三三兩兩的人，角落裡還響著此起彼伏的鼾聲。突然，鼾聲驟然停止，他們都急急地向一處奔去。原來，開飯的時間到了。我和丁東也急忙爬起來擠入那行列。領到一塊硬如土坯的高粱米紅糕，還有一碗玉米麵糊糊。初吃幾難咽下，不幾日便甘之如飴，味美得很。不禁歎謂「饑餓是最好的作料」的民諺一定是餓極者的心聲。令人惋惜的是，就是這「美味」每天也只有倆頓共七兩。我們本不強健的身體便日見衰弱，以至到後來，每次從蹲坐到立起，便眼冒金星一片昏暗，需倚牆停立許久方敢邁步。後來讀到張賢亮在《綠化樹》中對饑餓的描寫，便覺得真切而實在。

除了兩頓之盼，這裡是沒有時間概念的。我們開始接近同室的「天涯淪落人」，並在和他們的交談中，認識了我們不曾瞭解的社會生活的另一面。那是在商丘，有一天我和丁東正在玩自製的土棋，一個人走過來，怯怯地坐在我們一旁。他臉色慘白，眉宇間文靜而俊秀，有點像羸弱的女孩子。只是瘦，活脫是茅盾《包身工》裡的蘆柴棒。「你們和我們不一樣」，他一開口，就令我們驚詫於他的觀察力和判斷力。接著他便談起自己的身世：他也是北京知青，不到十六歲就到陝西插隊，那裡又窮又僻，整日勞作而不得溫飽，因為弱小又太老實，常常受人欺凌。別的知青還可以跑回家，得到一點溫暖與慰安，可在家等著他的是悍厲無情的後母，回到北京連家門也不敢登，只有異母的弟弟偷偷地送一點吃的給他。無家可歸、衣食無靠，又不願去偷去騙去搶，便只能外出要飯。因此，這收容所是經常光顧的，只可惜不能長住，送回陝西又仍然跑出來。一番話勾出了我們的淚水，而他卻木木的，白白的臉上沒有愁苦，像是在敘說別人的故事。又使我們想起那自己早已說倦，別人也早已聽厭的祥林嫂。當談到乞討的經驗時，那話語中才隱隱漏出一點怨憤。因無衣避寒，他夏討北、冬乞南，晚上多睡在草垛裡。他說，要飯在農村比在城市裡好討而且安全，向窮人討比向富人討容易，最起碼不會遭到斥罵和白眼。而且衣著不能太髒太爛，穿得稍微整潔些反而好討。（孰不知中國人的以衣冠看人，竟在乞丐行中亦如斯，悲夫！）。一次，一個好心人給了他一套較好的衣服，沒幾天竟被同行偷去了。此時我們才注意到，他的衣服雖然已舊得發黃，且綴滿了補丁，但還顯得乾淨整潔，像他這個社會的不幸兒，雖處污水濁塵中卻盡力保持心的純淨一樣。也許是他渴望得到他人的同情和溫暖吧，也許他認為我們還算是個好人吧，在以後的幾天裡，他一直和我們在一起。到要分手的那一天，到我們要被遣送到下一站新鄉的時候，我們倆把原準備用來記「南國之行」的日記本送給了他，丁東還在上面題了「願你有新的生活」幾個字，寄託了我們全部的希望和無奈。還給了他幾斤沒有被搜走的全國糧票。他的眼裡含滿了淚水，那本已麻木的神情現出無可名狀的留戀和謝意。寫到此處，淚，又一次湧出：我們可憐的小兄弟，不知可活到了今天?!不知我們那由衷而又空泛的祝願可已實現?!但願……

後來，在新鄉、長治收容站又見過一些知青，但多是淪為竊盜一類的人。雖仍為生活所迫，與我們交談時悔愧之情無奈之色亦使人感慨。與其說這是他們的罪過不如說是他們的不幸，是當時社會大不幸所鑄成的小民的小不幸。這些人，隨時光的流逝大多都忘記了，只有一人，其音容笑貌，還清晰如昨日。他同樣是白白淨淨，瘦瘦高高的，也是以乞討為業，偶而會多生出一隻手，但也只是向富而不仁者，帶有報復與耍弄的性質，似小有古俠之風。他的最大特點是詼諧、樂觀。絕少談個人的身世，不願以此博引他人廉價的歎息與淚水。他總是笑笑的，眉眼很生動，總作著各種滑稽的動作，是個說相聲演小品的好胚子。他說，每當被抓進收容所，他便裝瘋：兩眼直直的白睛突翻，領到玉米糊糊，只要不是很燙，便從頭頂直往下倒，往往使看守無可奈何，而只能放了他。他邊說邊示範表演著，逗得大家在笑聲中忘掉了眼前的苦。若讓他來做小品演員，也許會成為一個小小的明星呢。

我們漸漸在心理上能承受以前連想也不敢想的生活了。沒有吃不了的苦（那時是不敢奢望只有享不盡的福的），中國人的忍耐和適應性當可為世界之冠。我們聊天、下棋，甚至借到了書看。後來還推舉我們作了每天一小時政治學習的讀報員，報酬是每餐加一勺飯，雖然是稀粥，但於我們實在比現在多拿幾十元獎金還寶貴。因為看守所內陰暗、潮濕、空氣污濁，加之營養嚴重不足，我們的身體日見虛弱。丁東還病了一場，經多次抗議，才允許到外面的醫院看了。記得在長治站時，自願報名參加公園的勞動（報酬是可以加飯）。有人趁機逃跑了，我們感歎他們的勇氣和腿力，心裡想，就是敞開門讓我們跑，我們也跑不動呀！第二天，點名讓我和丁東去。令人驚奇的是，在熙熙的陽光下在習習的秋風中，人的精神頓覺一爽，疲倦消了、氣力有了，彷彿脫胎成了一個新人。什麼原因呢？那就是自由！哪怕是可憐的一點點，也會像久陰後的陽光，使人全身心得到舒展。

就這樣，自商丘經新鄉、從長治到沁縣，我們經歷了一月有餘的不尋常的「准囚徒」生活。那潮濕的地面、昏暗的斗室、穢汙的濁氣、粗糲的飯食；那一張張慘黃的面孔、孤苦的敘說、善良而無助的眼神和絕望而不甘的慘笑……使我們透過「形勢大好，不是小好……」「成績最大最大最大……」的表面叫囂，看到社會更真實的一面。雖然，插隊數年，目睹農村的現狀，已使我們有所思悟，而這一月的經歷，更令我們感憤。所以，雖然我們原計劃的回故鄉、遊山水、怡心志、壯情懷的「南國之行」變成了「難國之行」，仍然無憾無悔。

當我們終於從遣送的最後一站沁縣收容所蹣跚走出；從前來探望的知青文重萍手裡接過慰勞食品時；當從縣知青辦負責人的眼光裡看到不解和責備時；當我們因為雙腳感染潰爛而不得不提著鞋光著腳走回村裡時；當因積弱成疾，回後肚漲如孕還不能一下子適應正常的飲食生活時；當其他知青點的朋友，設專宴款待我們，並聽我們細說一月的「奇遇」和感受時，我們不僅有一種身心的解放感，而且還懷著某種驕傲。彷彿我們是出征歸來的勝利的戰士，這恐怕是未經此曆的人難以理解的。而事實上，雖然「浩劫」強行剝奪了我們的上大學權，但這雖短暫而又漫長的一個月，不可以說是讓我們上了一堂雖痛苦而又有意義的社會大學課嗎?!

原計劃由我和丁東打前站探路，然後其他知青繼而效之的「南國之行」，就這樣自我們始也自我們終了。記得，事後不久就寫過一篇較為詳盡的追述文，但看來是從沁縣遷至深圳時遺失了，或者還仍然躺在沁縣小屋的某個角落。無奈，只得憑依稀的記憶重新提筆，但畢竟已經二十餘年了，故所憶所記所感不免失去原有的鮮活與真切，唯有一點是可以肯定的，那就是它仍然是一篇紀實而非小說和故事。」

從沁縣收容所出來，我沒有在縣城逗留，否則路人是會把我當做一個乞丐一個怪人來指手畫腳地評論參觀的。一個月的時間我瘦了將近二十餘斤，已由「蘆柴棒」（初中時同學給我起的外號）變成了「乾柴棒」了。雙腳已完全爛得穿不了鞋了，但我沒有絲毫的垂頭喪氣，提著鞋興沖沖一瘸一拐地回到李家溝。俞瑚、錢宏遠和諸位女生，驚恐之餘，馬上設法從漳源交口買來了一個豬頭，要好好犒勞慰問我。那想到，久不見葷腥的腸胃已完全失去了對高級食物的消化能力。一吃下去，就肚脹如鼓，那個滋味好像是懷了孕。很長時間才慢慢恢復過來。這不禁讓我想起關於杜甫餓極暴食爾死的說法，往疑而今信矣。

本色丁東

一個月以來，最著急的還是我的母親。一九七二年春節我回了家，告之原委，敘述了詳情，母親仍心痛不已。因為愛子心切吧，母親居然把這次的「過錯」怪罪於丁東，讓我自此再也不要理丁東了。我比丁東年齡大，就算有責任也應當由我來負啊。便只能表面上諾諾，自然仍然和丁東來往。我把母親的話講給丁東，他一笑。也仍然一如既往地來找我，一如既往地叫我母親一聲「伯母」。給我印象最深的一次是，他來我家時，正趕上搬家（是兩間換兩套，大哥一家搬到永安路只有六平方米的一間小屋，而母親則從南院移至上文提到的又黑又矮的原傭人住的小房間裡），我大哥的兒子還小，就把他攘到了丁東的懷裡。丁東傻乎乎地抱著，恐怕他是平生第一次抱孩子吧，那樣子怪怪的，我直想笑，而他就這樣站著抱著，沒有藉故離去，起碼義務勞動了足足倆個小時。我自此認識了他的憨厚忠實，也為一生有這樣的朋友而慶倖。

丁東後來成為大家公認的學者、思想者，他的為人簡單率真，文章樸實無華，而又富於獨到的思想。並為廣大讀者所接受，其中一個重要的原因，是他的文章和思想的質樸。我認為文章的最高形式就是質樸，有如《詩經》。只有樸素的東西才是本質的，它不需要華麗的外衣來裝飾，更不需要用深奧的所謂哲理來迷惑不識事的青年。

感恩知青辦

丁東因為在收容所患的病尚沒有痊癒，就回京繼續治療去了，我仍留在村裡勞動。也沒去縣知青辦彙報，後來知青辦托人讓我去一趟，他們沒有多責怪，而是告訴我，開封收容所給他們打了電話，是他們證明我們兩人是好人，才得以順利地遣返的。我對知青辦中的每一個人都感懷感恩於心的，陳柏林、裴貴清、張效良、王汝恒、馮敏、李敬先等等，二〇〇九年還特意回去看望了他們。來到沁縣他們從沒有歧視過我，相反是格外地照顧我惦念我。因為出身，雖然我從不自認低人一等，但當時的社會是把我這樣的「狗崽子」劃入另冊的。而我又不想通過其它的手段，如拍馬、送禮來求得「恩賜」，因為這有辱我的人格，也不符合我的立世做人的原則。一個正直的人，哪怕在一所「拍馬學校」裡，也絕然學不到任何東西的。所以，我無事不登三寶殿，每次到縣城都過而不入。有一次，突然一個知青通知我說，知青辦叫我去。我去後問，有什麼事嗎？馮敏笑著說，什麼事也沒有，你就不能來嗎？你不想我們，可我們還想念你呢！就這一句話，讓我感到一種說不出來的溫暖。

日復一日，年復一年。漸漸地知青們想方設法地或病退或招工或上學，真是「三春已過諸芳盡，各自需尋各自門」。留守在村裡的人，也開始惶惶然，在村裡勞動的時間日短，在京的滯留的時間日長。而我仍始終堅守著，是信念的執著和思想的探索在支撐著我。一個人在勞動中體嘗著「受苦人」的艱難，一個人在破漏的陋室裡用「士不可以不弘毅」的古人情懷勉勵自己。

「積代會」之怒

值得欣慰的是，無論是在小小的李家溝，還是在公社、縣裡，我都得到了鄉親們的認可和尊重。他們對我勞動的的勤奮、學習的刻苦和人格的自尊自強，不止沒有產生懷疑和抵觸，反而給予充分的肯定。雖然我出身不好，但每次縣裡的、地區的「積代會」（學習毛澤東思想積極分子大會，類似於今天的勞動模範大會，但意義完全不同），隊裡、公社和縣裡都是推薦我參加的。這樣的會，尤其是每個人的發言，我是不感興趣的，除了假、大、空，就是豪言壯語。但吃得好，可以休息，並與平時不易見面的其他知青聊天談心，隊裡還給記工分。縣裡的會是在大禮堂召開的，每餐都有肉，一人一份。而每次裴貴清都要走到我跟前，把他碗裡的肉菜撥到我的碗裡，還一邊笑著說，我還可以去添。他總是笑笑的，他那善良的真切的笑，至今縈繞不消。

說起「積代會」，還有一件事不能不在此提起。長治地區的「積代會」都是在各縣召開的，而且每次開會的伙食都有一定的標準，是上面撥發的。有一次是在潞城縣，伙食極差，不要說吃好，就連吃飽都困難。大家都忍著，只敢在下面偷偷地埋怨罵娘。我卻再也忍不住了，就端著碗來到伙房，厲聲大喝，「這是什麼飯菜！」，大師傅們嚇壞了，趕忙要給我的碗裡添肉添菜，我拒絕了，要求見領導。不一會兒，一個幹部模樣的人聞訊趕了過來。我說，不是我一個人吃飽吃好的問題，這次的伙食標準到底是多少？為什麼伙食這麼差？大家的意見是很大的，你們應當向所有參會的知青代表有一個交代，否則我要向上級反映。這一下他們惶恐了，忙不迭地表示，弄錯了弄錯了，一定改！一定改！果然，從下一餐開始，伙食就有了明顯的改善。看來貪腐無論在何時也無論大小，都是害怕有人舉報的。我這個人，平時是很少動怒的，更從不為個人的私事發怒。所謂君子之怒，乃雷霆之怒，而小人之怒為犬鼠之怒。所以一生中凡小人凡不義之人都怕我。我的第二次發怒是在深圳育才中學的一次研討數學試卷的會議上，因為試卷過難，平均分只有四十幾，學生厭學，家長埋怨，老師無措，而校長推餒辯解，我怒對校長拍案而起，老師們大驚。私下裡跟我說，你怎麼可以對校長這樣，我道：「一怒只為學生謀」，後來這個校長當面向我道了歉。

內疚與懺悔

「拍案之怒」的前幾年，大約是一九九四年前後，我曾同樣的有一次「拍門之怒」。事情是這樣的：因為嗓子總感不適，醫院診斷是喉部長有息肉，動手術切除後，醫生建議最好不再做教師，其時我的一個學生家長范秀迎在蛇口商貿部當總經理，正缺少一個辦公室主任，便建議我去。我向校長喬樹德提出後，他馬上爽快地答應了。范說校長對你評價很好，就是有些清高，並讓我儘快報到，於是我又去找校長，沒想到他竟然否定曾答應過我，我一氣之下拍門而去，並自此躲避他，不再像以往恭敬地稱呼他喬校長，他感到了我的不敬與冷落，一次在校門口堵住我，邊道歉邊解釋說，學期中教師調走，我是很為難的。我也就基本冰消釋然了。學期結束後，商貿去不成了，我也算自動離職，有些惶惶然。後來就去找原在學校，後去蛇口工業區當辦公室主任的王克樸，他是北大中文系的高材生。他馬上讓我去見一個姓虞的，告訴我他剛剛開建了一個公司正缺一個辦公室主任。見到虞後，他一口應承說，馬上就可以來報到。臨走時他好像無意地問，你與王主任是什麼關係，我說，是志趣相投比較談得來的朋友，令人吃驚的是，他連過渡都沒有地轉圜說，公司剛剛初建，你回去慢慢等著吧，我知道那是一種委婉的拒絕。

克樸聽說後，罵我太老實，太不會說話了。自此我再不去「尋愁」了，後來見到了育才的第一任老校長陳難先，他是北大西語系畢業的，因為家庭出身問題，畢業後被發配到東北的一個小山溝裡。他聽了我的述說後說，你的性格是不適合出去當什麼主任的，還是回來教書吧，我知道凡是離開學校的人，是不能再返回的。他卻馬上給在北京的喬校長打電話，而喬校長也立即答應，下學期仍代原來所教的班級。

這些我原本是不想也沒有寫的，二〇一三年十一月回到蛇口，與故人友朋共敘別情，突然聽說喬校長逝世了，吃驚、難過、內疚、悔恨，胸堵如哽，難以自己。記得最後一次見到他，還是在二〇一〇年去沃爾瑪超市時，看到他與老妻相互攙扶著蹣跚地走在我的前面，我沒有前去打擾，只是默默地在心底祝福著，也回顧著他艱難困厄的一生：喬校長是北京八中的高材生，一九五七年前高中畢業後，學校動員他留校教書以解學校教師短缺之困，並答應他過幾年再保送去大學，誰料到在一九五七年的那場「反右」運動中竟被莫名地打為右派，自此批鬥、勞改，以至連對象也找不到，最後與一個年齡比他大而且是瘸腿的女人相伴一生，相濡以沫無怨無悔。我們所有的老師都為此格外敬重他。而我卻為一句話「拍門而去」冷漠以對。思至此，我怎能不痛徹於心，追悔難及！我曾自詡的所謂「剛正不阿」、「君子之怒」是只應當對敵人對小人對奸人而言的，對親人、朋友、師長是應當親和、諒解即使有矛盾有衝突也應當善於協商甚至妥協，而決不可意氣用事。父親是早已覺察到我這個問題的，並一再諄諄告誡，而我卻「天性」難易，是愧對父親愧對喬樹德校長的。

回湖南常德後，一夜難眠，便起而寫下了以上的文字。權作一瓣追悔的心香祭於喬校長的靈前。

針落聞聲

還記得，最後一次地區「積代會」是在沁縣召開的，那時我已在沁縣廣播站任編輯。會議主持人讓我也作個發言，我猶豫不決，因為在以往的歷次「積代會」中我是從不發言的。因為我深知，那種所謂的發言都是言不由衷的假話空話，發言的人不知道他自己說了什麼，聽的人乾脆自塞了耳朵。我在廣播站的一間小屋裡沉吟思考了很久，然後坐定，一氣寫了近四千餘字，完全不同於他人的官樣文章。會議是在巾單廠禮堂召開的，前面的發言都被一片嗡嗡的說話聲淹沒了，沒有人在聽。待我上去講了不久，嗡嗡的聲音漸小漸歇，然後就一點雜音也沒有了。最後是在一陣少有的掌聲中結束了我的發言。當時就有人告訴我，會場上靜得一根針掉在地下都可以聽到。我到底講了什麼呢？因為會後繆力把我的講話稿拿走了，至今還在她那裡。我只能憑回憶，大至知道，我不過就是講了知青的現實狀況，講了大家的苦惱，講了大家的願望，講了我們青年的前途和應有的責任。還坦白地講了我的一點想法和體驗，沒有空言沒有豪言壯語更沒有虛假的誓言。當然，我在發言中沒有袒露我真實的離經叛道的思想，但曲折地委婉地說明了我們的前途是與國家的命運緊密相連的，而且應當相信事物總是在變化在向前。我是想通過我的發言給沉溺中的同苦難同命運的夥伴們一點信心。所以才得到了大家的一致認同。不管什麼時候，我都要求自己，要麼不寫，只要動筆寫文章就要出奇就要與眾不同，就要讓讀者聽者有耳目一新的感受。其實很簡單就是要敢於說真話有思想，沒有思想就是沒有靈魂，沒有靈魂的東西不管它多麼天花亂墜多麼華麗誘人，就都是乾癟的沒有生命力的僵屍。

其實我是最討厭開會的，在育才中學期間，我是能不去就不去，實在躲不過的就中途溜之大吉。而在當年級組長（平生最大的「官」）的時候，就利用這一點點權力，每逢年級組開會，就規定不得超過一節課時間，無論是校長主任，發言不能長於五分到十分鐘，我把一個鬧鐘放在會議桌上，不管是誰超過我就會毫不客氣地叫停。否則，一過四十五分鐘，我就帶領全組人退場。好在育才的幾任校長都具有開放、平等的意識，既沒有惱怒也沒有就此給我小鞋穿。

陋室殘燈索療方

從一九六八年到一九七三年，我在李家溝度過了一生最重要的五年，也是我最痛苦最快樂的五年。從北大荒返回北京是被迫的無奈的，那裡有我的弟弟，生活條件也相對較好。而從北京來到山西沁縣李家溝，卻是自願的高興的，是我有意識的自我選擇。這裡貧困，這裡閉塞，但這裡的民風淳樸。外部世界的瘋狂，那種毫無理智毫無人性的淫風邪雨，對這裡的影響是薄弱無力的。這裡成了我意想不到的「世外桃源」，成了我思想的天然避風港。不管是同為「天涯淪落人」的插友，還是「不曾相識今相逢」的鄉親們，他們都不管你在想什麼，你在做什麼，只要你能吃苦耐力，你就是一個好後生。

「照羊」

這五年來，我自覺地用超強度的體力勞動磨礪自己的意志，自覺錘煉本不很強壯的身體。如果說「餓其體膚」是一種無法選擇的無奈的話，那麼「強其筋骨」就是我對自己的一種強力要求。所以隊裡最苦最累的活，我都幹了，與村裡的任何青壯年相比都毫無遜色，甚至更強。我還主動要求去「照羊」，每到晚上，「羊戶」即放羊的人，把羊群趕到一塊人跡難至的山地裡「臥羊」，一晚的羊糞就可以作底肥。每天要三次給羊戶送飯，挑著沉重的擔，走在陡峭狹小的山路上，有時還會迷路。晚上，則和羊群睡在一起，防止狼偷襲（我對狼是滿懷敬意的，可惜已被人剿滅得所剩無幾）。下面是我「照羊」之夜寫的幾首詩：

（一九七〇年）五月七日至五月九日，與玉海在五柳溝照羊，雖已是五月陽春天氣，可是這裡依然春寒料峭，在夜裡，更是寒氣襲人。加之一天的勞累困頓，腹中也空空如鼓。坐在田邊月下，澀冷成一團，幾難入睡，就是困極躺下，不久也為地下的寒氣驅醒。

此時，看著冷月、寒星，聽著犬吠、羊芻，禁不住百感交集、詩思湧湧。於是在田邊的月下，作得詩幾首。並於當日晨，簡抄於紙上。今修改於此：五言（一）頭前犬正吠，／腳底羊芻聲／風寒侵入骨／無情月更冷。（二）四山已入幕／群羊業已眠／唯有人獨坐／細數星斗繁。（三）黍米來何易／豈盡炎午時／酣夢尚未已／農夫已躬耕。七絕（一）夜深風寒幾回醒／唯見群羊不見人／起盼曙色星斗暗／夜幕方啟曉難明。（二）山間田頭照羊人，／伴月索句捱時辰／君王高宴興醉後／可曉下民受苦情。（此詩在《劫灰殘編》中未予收錄）

深夜荒山拾趣

除了用強體力勞動錘煉自己的身體和意志外，我還有意識地鍛煉自己的膽量。我自知自己是個較懦弱、膽怯、羞澀的白面書生，小學時經常受到他人的欺負。而天下大亂之際，除了智慧、思想之外，必須有強壯的體魄和過人的膽量。為此，我常常在深夜裡一個人到荒山野郊去，提著一根棍子，為壯行色，還邊走邊唱著歌。記得第一次出行，其他知青發現我不見了，慌忙去尋找，一直到我從山上返回時，在進村的路上碰到了我。我開玩笑地說，如果是在山上，我會給你們一棍子的。在山上，最讓人擔心的是碰上野狼，現在狼已成了罕見的受保護動物，而那時還是常見的。有時走著走著，會有野雞撲撲地飛起，把人驚出一身冷汗。其實不是野雞驚嚇了我，而是我驚嚇了野雞，是我在夜間無端地闖入了本應屬於它的地盤。我們思考的起點往往是人，想當然的把人當做地球的主宰，而很少從野生動物的角度來考慮，其實許多野生動物是比人類更早生活在這個地球上的，它們理所當然應享有平等的生存權。

有一次，是冬天，我居然在山上撿到了一隻已凍僵了的野雞。回來和大家一起美美地享受了一頓。為了練膽，我到其它知青點和丁東、文重萍、趙國楠、楊志栓等聚會，很晚才返回，我不走大路，專門抄一條近道，而這條近道，按鄉親們的說法是「狼道」，是狼最易出沒的。這條路確實險要，要爬一個很陡的坡，坡下是一條窄窄的野草漫沒的小道，兩邊是齊人高的在風中擺動並發出颯颯聲的玉米、高粱，使人毛骨悚然。但我硬是數次從那裡走過來了，居然沒有狼來眷顧，雖然事後還是有些後怕。村裡一個叫王興國的木匠就被狼襲擊過，至今他的從右臉到嘴部還留有一個大大的疤痕。我是個絲毫不迷信的人，但我一生的經歷，卻總以為冥冥中有什麼在暗中護衛著我，那也許是父親的在天之靈，也許是我的親愛的二哥在呵護著他的弟弟。

這樣，我的身體即使在半饑半飽的狀況下，雖削瘦而強健，膽氣膽量也日趨充溢。為我一生的健康體魄打下基礎。由一個自小體弱一直到初中還曾一度免上體育課的懦弱書生成長為至今仍疾步如飛的沒有任何疾患的身心俱鍵的人。

盜伐

到李家溝第二年的一天，村裡讓我和幾個壯青壯年一起傍晚出發，還帶上了罕見的好面乾饃到沁源山裡偷砍樹木，然後連夜扛回。砍伐下樹木後已是深夜，冷與怕被人發現的恐懼還是小事，狹小泥滑高低不平的路，使人每走一步都戰戰兢兢，何況還要抬著、背著沉重的木料（大樑兩人抬，檁條則一人背兩到三根）。快天亮時才回到村裡，那感覺猶如打了一場勝仗。後來我才知道，原來隊裡要給我們蓋房，磚是用土坯代替的，買不起木料，就只有盜伐。當時絕大部分隊甚至個人都採用這個「違法」的無奈之舉。

《雪遊》

到沁縣的第一個冬天是很冷的，過了春節大雪仍洋洋灑灑地飄舞著。以至隊裡都停止了「動彈」，人們都貓在家裡的土炕上避寒。我讀書倦了，就走出去。山野田地都被白皚皚的雪覆蓋著，一片蕭瑟、冷清、純淨的世界。我一邊踏雪而行，一邊思索著吟詠著，從書的深邃的海洋裡返回到冷酷的現實中。不禁情動於中，詩緒翻湧，便寫出了《雪遊》一詩，以疏泄對禍國殃民的蟲豸們的怨憤和對春天的期盼：

「獨身雪中行，飛雪飄滿身。雪自何處來？問雪可有魂？有魂願同往，同游天上宮。宮寒不可耐，更兼寂無聲。不如重歸地，山河共冰封。悄待陽春至，化作水無痕。初與溪水合，諸流遙相應。再奔東海去，狂濤萬里行。盡泄萬民怨，沖卻閻羅宮。還掀無情浪，淹吞豺狼蟲。待等環宇清，吾身樂消融。思此抬眼望，雪已悄然停。可是天會意，已然解吾心？」（第四五至四六頁）

雪後就是春天，但今日的春天再也不是以往的春天了。情隨景移，物是人非，在那天下大亂人民塗炭的非人的日子裡，春天也讓人傷情。我在一九六九年三月二十八日的日記中記述了這樣的感受：

「一交春，天氣似乎應當是風和日暖。可是剛剛才天朗氣晴了兩天，便又陰晦起來。嗚嗚的刮著大風，帶著沙土把滿天攪得像一渾黃水。鉛色的天沉著臉，像重患的病人，無一絲表情：僵死、灰白。左近的山也像睡死了一樣，默默地立著，朦在一層不定的昏霧的羅網中。

只有自由的鳥好像不甘於春天的逃遁，兀自的嘰嘰喳喳地鳴叫歡躍，好使人們不至忘卻——雖然鳥噪中又唰唰地飄起了雪——可春天卻到底在悄悄中來臨了。雖然我們卻還不得不為這殘冬初春的雪披上餘溫未脫的冬衣，以抵禦這春寒料峭的寒意。

我還是第一次遇到這樣的天氣，以往無論在北國還是在南方，都不曾有過。而這又似乎非獨山西如此，全國亦然。因而我雖不信什麼上帝、天王、玉皇、雷公，卻也懷疑，莫不是天亦有情地有魂，也陪同人間落下它的悲泣憂傷的淚。因為天是目睹一切的，沒有什麼能逃過它的眼睛。而天若真有情的話，自然也就有喜怒悲哀了。何怪乎天有風雨雷電，月有陰晴圓缺了。」（第五八至五九頁）

還打人家，喪良心啊！

到了李家溝，我沒有按上面的要求去「訪貧問苦」，也沒有去瞭解村裡的階級鬥爭情況。只是會偶爾地不經意地問，「咱村有沒有地主啊？」，一個叫「大臭」的指著一個倭屈著蹣跚而行的老婦人，告訴我，那就是咱村的地主婆。我又隨口問，我怎麼沒看見鬥爭她呀？他的回答令人震驚：以前我們給她做長工時，好面饅頭管夠吃，不能吃的她還不要呢。現在我們受苦人吃的是什麼，不餓死就算阿彌陀佛了，再鬥人家，喪良心啊。

我到是見到過一回打人的，是一次隊委會，我作為知青代表也參加，在嗆人的土煙的煙霧繚繞中，議論了幾個小小的問題。忽然，油燈不知被誰吹滅了，然後就聽到一陣胡亂的毆打聲，時間不長，燈又亮了，一切複歸正常。蒙頭蒙腦的我，不明所以，當然也很知趣地沒有去打聽。第二天，才知道被打的是一個叫張金元的村民。這個人其實不壞，更不是五類分子，他還最喜歡與知青聊天，毛病就是嘴賤，可能得罪了什麼人，就教訓了他一下。他也像沒事人一樣，照樣說說笑笑地和大家一起「動彈」。他的瘸腿閨女是個很善良能幹的女子，嫁給了我前面提到的劉和睦。二〇〇九年，重回李家溝時又見到了她，已蓋起來新房，滿面透出幸福。

送公糧路上

在和鄉親們「動彈」時，一邊隨意地拉著家常，有時也特意地談談現在的生活現狀，一般都是歎氣，埋怨命不好，受苦人只有受苦，還能怎樣呢？給我印象最深的一次，是和大隊主任王忠堂一起去縣城送公糧，那是個很聰明的人，平時不言不語，總是微笑著，善良而又和藹。我試探著和他談起了目前的文革運動和社會狀況，沒想到他是有自己的看法和見解的。我在一九六九年三月二十一日的日記中記載了那天的過程和感想：

「今日與大隊去送公糧，一早便裝車、套馬，爬山越坡。到了糧庫卸車、檢斤、倒糧，一時不曾得歇。重累活都不讓我幹，說是我不懂，其實是怕我累著。歇下時他們掏出自備的窩頭就著水吃起來。我則羞而自愧，感受到什麼叫吃的是草，擠出的是奶的老黃牛。而我們知青中的不少人來到農村就以為天下太不公平。其實我們給過國家什麼貢獻，給過人民什麼？我們為社會創造了多少財富？因而有什麼權利認為應當有更好的待遇呢？和這些一輩子與黃土疙瘩為伴的農人一比，就覺得受苦也算不了什麼了，反覺得應當為這些無怨無助的人作些什麼才對。

回來的路上與村主任同車，車悠悠地慢行著，邊享受著陽光的撫摸邊隨意地聊天，我就有意地涉及到運動且意外地知道了一些東西並悟出一些道理。……」

「從忠堂的談話中可以察覺他們對中央這麼多老幹部倒臺是不理解的尤其是劉（少奇）、朱（德）、賀（龍）等在農村中是廣有威望的人，但「俺們管不了也省不下，有毛主席呢」是農民們的唯一解釋。而我想此運動及其結果已在或必將廣泛涉及農民的利益，而迫使占百分之九十以上的農民回過頭來想這些問題。…所以現在的農民中的大部分對於此運動還處於蒙昧和糊塗狀態，也是對歷次運動的麻木的必然，而正是這成了他們保持其統治的基礎。因為在這個時候任何反抗是只會百分之百的失敗。這不但因為上層是強大的，軍事、政治機構幾乎延伸到每一個角落，而更重要的是你還沒有人民（的支持）人民還不瞭解他所看到和糊塗的東西，因而也不可能瞭解你。……我還和他談起陳毅，沒想到他居然知道陳的「黑話」是甚得一般農村幹部和群眾歡迎的。他就還引了毛「陳毅是個好同志」，使我驚異於閉塞如李家溝亦曉此事。反映出人民的一部分情緒，因為現在人民的情緒只有通過笑話傳聞才能最真實最安全最廣泛地得以抒泄。……通過今天一路談話使我體會到，不僅應當向勞動人民學習勤勞、樸實，培養勞動人民的感情、立場，而且以前以為只有知識份子才能想到的問題，人民有時比我們看得更尖銳明瞭。所以應當從各個方面去學習、去接觸、去瞭解，把自己永遠放在一個小學生的位置上。」（第五二至五三頁）

億萬農民就是這樣，臉朝黃土頭頂天地「受苦」、「動彈」，沒有怨言也沒有希望。他們才是真正的「沉默的大多數」。而我如果也像他們一樣，終日無所思無所想地耕耘勞作，那麼不僅愧對自己也愧對這片土地愧對生我養我的父老鄉親。我有責任為了改變他們幾千年不曾改變的命運，為了他們有朝一日能生活得更好而讀書而思考，盡我的微薄的努力，弄清楚這個世界這個社會為什麼竟會是這樣？所謂的「翻身」、「解放」、「從此站起來了」，卻為什麼廣大的農民的生活越來越苦，精神越來越麻木。

一豆油燈下

這些強烈的現實的疑問，加重了自文革運動以來我的逐漸加深的疑慮。為此，勞動之餘我開始像背負著重擔的老牛一樣，頑強地不懈地投入到讀書、思考與書寫中去。並也像牛馬一樣邊讀書邊思考、「反芻」。正如我在《劫灰殘編》的自序中所講：「我抓緊點滴時間讀書。那時讀書真是很苦很苦的，一天繁重的勞動、一日缺油少菜的三餐，使人疲憊困乏不堪，但我仍在只有三條腿的歪斜的桌子上，伴著一豆油燈讀至深夜。當時只號召讀毛著，我偏偏要讀馬列、讀能搜尋到的一切有關政治、經濟、哲學、文學、外語方面的書，還有得以倖免於灰燼的魯迅的書，一本偶得的古文觀止，其中韓、柳、蘇等對歷史事件人物的駁議臧論，也引起我極大的興趣。尤其是魯迅，他是我平生唯一敬重的人。讀他的小說、散文、雜文、詩歌，就彷佛他所痛陳的一切、他所憤怒的一切、他所蔑視的一切、他所悲憐的一切、他所熱切的一切，都直指著我們都直斥著當世的非人的一切。我常常邊讀邊感到心靈的震顫。就是現在，在這太平興盛之世，魯迅仍是我們不可或缺的思想的導師。他的解剖刀，如果我們丟失了，或讓它成為一把裝飾刀、水果刀，那我們思想界就丟失了最犀利的武器，這將是我們的悲哀。」（第三頁）

斗膽評說

文革到底是一場怎樣的運動？為什麼全國人民都被發動起來參加了這樣一場「史無前例」的「革命」？真是如倆報一刊所言，是「天然合理」的群眾運動嗎？是群眾為了自身利益而出生入死的鬥爭嗎？對此我是懷疑的。我認為：「文化大革命是一次血的沒血的從宮廷內到全國各重要機關的大規模政變，是一次政權的徹底清洗和更換，是一場複雜交錯的政治大運動。……」。（第六二至六五頁，下同）而且「是有一條黑線黑手貫竄操縱的。使車輪始終從左駛往泥潭，把中國人民引入深淵，而人們並不自覺還以為在駛向共產主義駛向光明坦道，因為車的駕駛者和宣傳員正是這樣大喊大叫，喧囂震聾著人耳、汙塵遮蒙了雙眼、經咒麻木了神經。」

我日思的起點是從對林彪的懷疑開始的，對他的目的、手段、階段性戰果及演變都作了較準確的分析和預測。記得陳伯達倒臺後和插友談起，他們對我「鬥爭遠沒有結束，下一個是軍人」的話甚感驚訝。

文革開始以後沒有多久，我對林彪、中央文革小組就產生了懷疑。並對周總理及文革小組的成員作了分析評論。對總理我懷著深切的熱愛，我在六十七年十月三日寫道：「我們的總理是太累了，每一個中國人對我們的總理都有那麼一股特殊的、難以言述的感情：是熱愛、是尊敬，都不足以表達我們對總理的心。總理的威信和人們對他的熱愛已經深入到每人的心的底層，那樣根深那樣牢固，那樣真摯，那樣深切，那樣不可動搖，人們以複雜的心情感激總理對中國人民不休的操勞，同對又擔憂著——深切地發自內心的怕因勞累而損壞總理的身體。」（第七頁）但同時又認為一方面，「總理是被人民所共同擁戴的對人民鞠躬盡瘁的忠臣，是一個極有能力的大管家。但是通過運動使人失望，沒有鬥爭性缺乏原則性，當然也許是他的地位決定了他的不得不作「二無」人物的歷史悲劇。這是我們所痛心的——痛心是因為我們愛戴他真正的愛戴他。」（此段及以下《殘編》中沒有收錄）而對文革小組的成員則取完全否認的態度：「陳（伯達）只是個不很高明的理論家，在激鬥的政治舞臺上只顯出他的迂腐懦弱；康（生）則以整人為專長，手腕是有一點的，但整人從來不是無產階級革命家應有的，一般地只是資產階級政客的習性，而這一特長正符合林的對劉鄧大規模作戰的利益，於是被看中起用是不奇怪的，但一旦成功恐怕就會出現貝利亞的結局了；江青，說是政治家革命家簡直是可笑，只不過是以毛的夫人的身份被有意拉上來作為一個在某種意義上勝於毛的一面擋箭牌而矣，而其本身沒有政治家應有的冷靜與理智，只是狂熱逞能，而這也是在這運動中所必需要的。他（毛）必須適時地充分利用人民中和中央中某些人的狂熱，她就正好是中央裡一個因其特殊地位的特殊代表；姚（文元）更不足論，靠文章起家，純粹的一個被雇用的文人。這些人大部分也許是擁毛的，但沒有經驗能力，作一個普通革命者在適宜的崗位上也許會有更大的貢獻，但放在這麼大的一個黨一個國家的領導地位上是不合適的，完全不合適的。而（毛）林正好利用了他們為自己服務，並為將來打倒他們打下伏根，這樣大權必將逐步地落入軍人之手」後來在一九七一年一月二日又對文革小組的所有成員作了更詳細的分析，而且運動的進展與最後的收場證明了那時的預見性。

質疑「九大」

一九六九年四月九大召開後，我是和全村人一起在場院裡站在長凳上看開幕、閉幕式的紀錄片的。只看了一小段，就憤然離開，回到破陋的屋子裡，並記下我的看法和感受。為了安全（其實，我的這些日思一旦被發現，何償會有任何安全可言）讀者可以發現，我是以當日的氣候來隱寓我的憤與憂的。

在當天的日記中是這樣寫道：「人們早就猜測和盼望的九大是在這樣一天開幕的：這天早上，天微明微暗欲雨非雨似晴非晴，太陽也好像不願意露面，只把一點斜輝撒在人們身上。中午的時候天氣好了一些，開始明朗起來。但這明朗又似乎含著羞而總不敢放開，像害怕什麼。或許是它看到了烏雲在窺竊，預感了雷電的即將震響。於是也就只敢把這光芒抖著投給大地，以證明它對人間的關懷和愛切，同樣也使春困的人們不忘記它，並因陽光的存在而振奮。

待到下午的時候，那起於青萍之末的細風偷偷地不知不覺地吹起來，太陽也不知何時被隱約可見的烏雲遮蔽住，終於只能收了那餘輝。天於是變得陰沉沉淒慘慘的，不禁使我們也有些陰鬱，好像天底下要發生什麼。而且也忽然感到四周是那麼寂靜，沉默著像等待著什麼東西的到來。

接著在近六點的時候，天淅淅瀝瀝地下起了雨，像是有多少人在天上低低地哭——卻沒有雷也沒有閃，靜靜的靜靜的，甚至連風也不知何時停住了，躲到什麼角落裡去了。

四周的萬物都蒙在淡淡的霧色中，朦朧、模糊。唯隱約可聞的悲抑的歌聲使昏木的神經略略感到振奮，天空的盡頭好像微微地泛白，不知是太陽在掙扎欲起呢，還是我的幻感？但無論如何也給人添了一點興頭，欣自安慰著這陰鬱的天是暫時的，明天必將是春光明媚、旭日再升。」（第六五至六六頁）

三天後，我又直斥：這「是一個吹捧肉麻的大會，一個虛偽的大會，……鼓吹團結，要求同心協力是一語泄天機，不同心也要協力。為什麼是秘密的？一個外國代表也沒有，就是國內代表亦如同囚於軟牢。據說有五禁，不許寫信、不得打電話、不得單人睡、不得外出等這實在是千古奇談。就連在資本主義社會（在野）的黨代會也比這自由，而為什麼一個已取得政權並自稱文革已獲得偉大勝利的黨要這麼害怕呢？會前三月份的碰頭會上已經把一切都決定了，大會只不過是個虛偽的幌子一個形式上表決的機器而矣：集中有餘，民主何在？」（第七十頁）

前面是墳！

當時，我看到主席臺上明顯地分為兩派：一邊是得意洋洋的江、張、康、姚等，一邊是垂頭喪氣的老一輩革命家。我憤怒而又無奈，不知道中國這條大船將駛向何方。有一種直覺，那就是駛向墳墓。而我、我們、人民與祖國的命運、前路又將如何呢？這讓我想起魯迅所寫的《墳》，於是在六十九年四月四日寫下來以下幾句：

「前面是墳！墳之後是什麼，我不知道，卻有也許是虛幻但卻閃著光的旭日，後面是空無，卻有好的吃食、溫的床炕、有安逸與舒適，但也有沒面皮的笑、有沒聲響的淚、有寂寞、有苦悶、有死亡……

是前行？是後退？

前行，能不能走完這不知遠近的墳地？

後退，等待我的是安逸、寂寞還是死亡？

沒有人能回答我，我也不知怎樣回答。

但是我憎惡那沒面皮的笑，我悲哀那眶邊的淚。我不願寂寞，更厭棄苦悶而寧可死亡。

我看到了墓前閃爍的光，可望而不可及的死的、希望的光。

我向墳和死亡抬起了腳，

我向希望和光明邁出了第一步……」（第六七至六八頁）

這其實也是在拷問自己，是後退還是前行？是滿足於個人的安逸，還是在寂寞的追求中走向死亡？最終的結論是「向墳和死亡抬起了腳」同時也就是「向希望和光明邁出了第一步……」。

這樣我的思想就從單純的對野心家的懷疑，進入到從歷史、經濟、文化等各個方面的更深入的角度來思考。

〈更漏子〉山居憂思

思考有了出發點，就會隨著文革的發展不停地思考下去。那個時侯，除了勞動，我的大腦就一直處於思索的興奮之中。看到的、聽到的都會引發我去想去寫。以各種文字形式表達我的思想。比如，一九六九年四月七日至九日，去樊村開「沁縣農業科技工作會議」（記得丁東也去了），歷時三天。作為在農業上一無所知的我，只不過學得一些零星的農業科技知識，因沒有多少實踐不可能有什麼大的收穫，但也許對今後的工作會起一定的作用。與會其間因厭於聽一些使人神經麻木的說教，便趁閑流覽了一些古詩詞，並隨心填了幾首詞，自娛自解中抒發我對當時社會的憂慮。

〈更漏子〉三首　山居憂思

一、楚天長，春心淒，赤子之心誰寄？望北雁，飛無際，吾身山村棲。 惜流年，淒風雨，惆悵毛動林績。山寂寞，水漣漪，狂瀾潛於底。

二、餘日落，星月稀，蝠遊山間暮裡。地欲摧，天欲逼，此身何足立？ 空亭台，無憑依，更覺風侵寒襲。夜迷迷，路歧歧，上下求索急。

三、頹牆壁，狐狼跡，鳥噤人語息。孤燈弱，影搖弋，冷映蹙眉亂籍。 簷下雨，聲聲淒，滴盡百姓疾。困欲臥，複又起，憂思凝於筆。

以上成於八、九兩日，十一日補記於上（第七一頁）

這樣的思索其實是很痛苦的，眼見得山河破碎，人民塗炭，不知何時冬盡春來？我在一九六九年三月十日的一首五言的《盼春》小詩中表達了我的苦悶和期盼：國破社稷存，／枯木笑寒春。／望山山垂首／見河河低吟。／飛雪接三月，／家書牽人心。／誰道嚴冬短，／亂花何時臨？（第四五頁）

意外的夜談

九大召開以後沒有幾天的一個傍晚，忽然公社的黨委秘書陳傳捷來村裡，他說是來找我聊天的，我有些莫名其妙。漳源公社的幹部如書記高水清、粟鑿等我大多都認識，而且印象都不錯。他們樸實誠懇沒有一點官架子，反到有一點書生氣，尤其是陳傳捷，給我印象更深。他是山西晉南人，中等偏低的個子，三十來歲，國子臉，談吐中可以看出是個有文化的人，至少高中以上的學歷。吃完飯，他提出晚上不走了和我搭鋪，於是兩人就睡在用麥秸鋪起的地下。沒寒暄幾句，他就直奔主題，問起我對文革運動和九大的看法。這在當時是一個非常忌諱的題目，不知為什麼，我相信了他而且毫不隱諱地直抒己見。而他居然沒有顯出絲毫的吃驚。不僅完全同意我的見解，還從他的角度，主要是就農村的長期的極端的貧困、落後、閉塞談了他的看法，還有幹部的普遍不滿和不敢怒也不敢言，有想法卻沒有人敢說，正直的說真話的人受打擊遭批判，那些巧言令色緊跟形勢，欺騙、謊報、殘酷迫害他人的幹部卻得到提升和重用。給我印象最深的是，他提到「反右」，對正直的有思想有抱負的知識份子的無情摧殘，提到一九五八年的「大躍進」餓死人以及一九五九年反彭德懷的一些看法，這都是我聞所未聞的，也是完全沒有想到的。這對我今後的思考和對文革產生的原因的分析產生了重大的影響。我還向他談了我的父親和家庭情況，他直白地告訴我，像你這種出身，入黨是絕對沒有希望的，離開農村參加工作也會很困難。我說，這我有充分的思想準備，而且現在也根本不是談個人前途的時候。這一夜兩人一直談至黎明雞叫才戀戀不捨地打住。臨別時互相囑咐「不得與外人道也」。後來，我想他為什麼那樣相信我？同樣也反問自己為什麼會那樣相信他呢？我的一生的經歷證明，人是有心靈感應的。人不僅可以「一見生情」也同樣可以「一見生信」的。這次「夜談」後不久，他就離開沁縣，回到了家鄉晉南。我常常的想起他，他的音容談吐至今仍如在目前。這也是我一生中唯一的一次與一個在職幹部傾吐胸臆。

第一幕謝幕以後

與陳傳捷的「一夜深談」，引起了我對九大更深入的思考。在一九六九年四月二十六日我在日記中寫道：「九大終算完滿勝利地閉幕了，一場歷史劇也演完了它的第一幕。在第一幕到第二幕開場的間歇將是死的沉默、無聲的準備、演員的化裝、劇情的調整。觀眾兼群眾演員們也在目睹了第一幕的悲壯陰殘變化多端後，稍微地動一動過度緊張的身軀，鬆懈一下崩得過緊的神經，使身心得以輕鬆，神經得以清醒，大腦得以思索，然後屏氣凝神再冷看和親歷那下一幕劇。」（第八一頁），然後我在日記中詳細分析了九大的現實與歷史「意義」及今後的可能性發展動向。可見，我沒有把九大的召開與閉幕看為運動的結束，而只是第二幕的開始。我更加冷靜地觀察、思索、分析。並從「想像與本質」的內在聯繫上指出：「從中央到基層的人，面和心不和，同床異夢，既想壓別人以高升又怕被別人踩下去。說是一個中心，實則各自為政，誰也不服從誰。只在表面上唯唯諾諾、唯命是從，實則無政府主義在每個人心中都滋長著，一方面是近乎專制的集中，一方面是極度的鬆懈渙散。人們的精神面貌，可能是全化成了物質了吧，所以幾乎沒有了。可是物質又何在呢？生產下降物質匱乏，也許是物質全化成了精神了吧，但精神又何在？激情變成了麻木的冷靜，敢想、敢說、敢做變成了小心、畏懼；高尚的理想變成了庸俗的追求，如饑似渴的求知代之以空泛的說教，現實的生活被口號所充斥，形式主義成了生活的主要外衣與必需品。」（第八五頁）

醉慶「五一」

農村生活的艱苦還是比較能夠忍受的，但閉塞與單調卻容易讓人麻木。想一想文革之所以得以進行，與數十年來文化生活、精神生活的單調枯燥是息息相關的，是一個不可回避的重要因素。麻木後的亢奮瘋狂，往往更加歇斯底里更難以控制。因為人們的思想精神總是要求有一個出泄口，因為人類與其他動物在本質上的區別，就是追求獨立與自由、追求快樂、追求個人生活與精神世界的發展。在李家溝我們沒有辦法得到各種各樣的能滿足各自獨特需求的娛樂，就只有自設名目來聊以自醉自樂。

我們首先「較大」規模地慶祝了來到農村後的第一個五一勞動節，因為它已經名副其實地是我們自己的節日了。所以我們決定要好好地慶祝一番。沒有飄揚的紅旗、沒有喧天的鑼鼓、更沒有長長的遊行的隊伍，就只有我們自己，在這偏僻的山溝裡自慶自祝著，自然「別有一番滋味在心頭」。請看我們到底是如何慶祝的吧：

「……農村的『五一』大抵都是不過的，他們仍如千百年來一樣只信奉那些神節鬼日，其餘的什麼幾一幾一雖然也提起卻生疏隔遠得很。

我們知青隨時間的推逝也在謀食謀生中漸與農村化為一體，但學生時代的一些習慣卻還被我們所珍留，不敢遺棄，就像對未來的渺茫的希望不敢決然割斷一樣。這大概也就是不少人能夠忍受地生活的唯一支撐。

我們也彷惶，但還不甘於因彷惶而頹廢，還不願讓愁苦滿占我們的心懷，使兩眉緊皺笑容斂收。因為我們還年輕——熱血尚沸朝氣尚存。我們還有希望雖然它如此渺茫，我們還要歌唱雖然它充滿憂傷，我們還要痛飲雖然酒後更覺惆悵，我們還要狂吟雖然早失往日的激昂，我們要在渺茫中振作，在暗夜中尋覓希望。於是我們三人決定在『五一』之夜在這僻遠的小山村裡舉行一次小小的宴會。

……

像勞動的歡樂不只在收穫而是在整個勞動過程中一樣，我們的欣悅首先充滿在離『五一』多日的準備中：備柴、修爐、買雞、沽酒，次後又是洗、剁、炒、烹……，全是自己動手，三人分工合作互相配合可謂忙矣亦可謂樂矣。

這一天午夜十點的時候，三盞油燈明照，桌子上盆擁碗擠，滿屋子香熏煙繞。在半導體播送的舞劇聲中我們三人整冠入座，在這深深的山溝裡，在遠離京城的陋室中，我們舉起了杯……祝福養育我們的祖國，祝福和我們一樣的青年，更祝福未來和希望象徵的兒童們。

酒盡肴殘碗撤盆端，接著是瓜子糖果和煙茶，我們就這樣吃著談著笑著，記起了一切也忘卻了一切。

《青年近衛軍》的歌聲使我們遁入沉思又激起熱血；《貝加爾湖》令我們聲悲心切，每次噙著淚吟詠它時，我彷彿就化為那個流浪者，精神的流浪者；《共青團之歌》把我們帶回到母親身邊；《畢業歌》激發著我們對多難祖國的熱愛，喚沸起我們青春的熱血。還有《喀秋莎》、《老人河》、《三套車》……

月光偷偷從紙糊的視窗鑽進來，小心而羞卻地落在我們身上，被吵醒的嫦娥從夢中驚醒，飛袖起舞陪伴我們度過這一個不眠的夜。

「假如現在我們還不曾在人世上出生……假如讓我們再一次開始我們生命的航程…，面對整個世界我在注視，從過去到未來我在傾聽……」（賀敬之的《雷鋒之歌》）；……古詩詞的吟誦聲中那「窮年憂黎元，歎息腸內熱」的憂國憂民的杜甫；「停杯投箸不能食，拔劍四顧心茫然」「棄我去者昨日之日不可留，亂我心者今日之日多煩憂」——激情如銀河落九天，浩然之氣有如洶湧澎湃的黃河浪般的李白也在溟溟中走到我們面前；「靈台無計」、「風雨如磐」、「橫眉冷對」、「冷看朋輩」魯迅的拳拳之心凜凜傲骨使我們不敢愧對和自棄，……

月在移、歌將盡、雞已鳴。佳宴千日終將盡，人生百年奮可期。

眼前杯盤狼籍，不禁悲從中來，只有那一豆油燈雖弱而似與日爭光，使我在微茫中看到了希望。

同歡人：盧叔寧、俞瑚（惜已「托體同山阿」了）錢宏遠。」（第八七至九〇頁）

愁問「兒童節」

一九七〇年的六一兒童節那天，雖然我們已經不再是兒童，但也想借此回返童年時那快樂的時光。於是我們自己給自己放了一天假，自己給自己慶祝一下已不屬於我們的節日。在次日的日記中我這樣寫道：「兒童節到了，這是世界上人類的花朵的節日，是人類將來命運的主宰者的節日，是人類道德中天真善良純樸所集中依附者的節日，是希望的節日。

但是我卻沒有看到活潑的輕舞，沒有聽到天真的歡笑，沒有飄動的紅領巾，沒有雪白的隊服，沒有頭上欲飛的蝴蝶結，沒有載滿歡快歌聲的遊艇。孩子們為什麼不來祝賀自己的節日——是父母不讓外出？還是老師強迫背著難會其意的經書？你們為什麼不張開笑臉卻有著成年人才有的愁容，難道你們幼小的心靈就已經被扭曲？或者是什麼把你們過早的刺痛？請告訴我，你們學習了什麼，為祖國又掌握了什麼本領？你們的生活是不是還是那樣豐富多彩像春天盛開的百花絢麗奪目？你們還有沒有隊日活動——聽革命故事作遊戲學雷鋒？你們還善不善於幻想，到月亮上去到大海裡去駕著飛機直上天空？你們可想過未來是什麼，共產主義是不是天堂？還是只知道呆念教條卻一懂不懂？……我願你們生活得更好，比我們的過去更幸福更生動，我願你們像朝陽生機勃勃而非暮氣沉沉，我願你們永如隊服之潔白永葆紅領巾的鮮紅，願你們不要拘於小小的斗室而要像廣野的大樹直聳雲空，我願你們從小就敢於思索勇於作為，中國將來的希望才有可能。……《為「六一」兒童節作》七十年六月二日」（第九五至九七頁）

對人性的疑慮

有人可能會感到奇怪與不解，我既沒有什麼內部消息，更不瞭解宮廷權力角逐的黑幕，為什麼能作出如此超前的預見和如此深刻的思考呢？

最初，我對文革只是反感和厭惡，這首先是由我的性格決定的。我的父親從小教育他的子女要正直，撒謊是父親最不可饒恕的。所以我自小就最厭惡虛偽，討厭極端的誇張的言行。而文革初始，就是喧囂、瘋狂甚至歇斯底里地殘忍，這是我不能接受的。我在一九六七年十月十日的日記中寫道：「不知為什麼，現凡聽到看到激烈的言詞行動就感到一種無名的厭惡，並由厭惡變為不自覺的抵制。大抵因感到在華麗的詞藻後面有一種浮誇和虛假隱藏著，更主要的是往往愈是激烈的實現的就愈少，只有那腳踏實地勤懇為人民，從不誇耀、吹噓的人，才得以引為楷模。」（第七至八頁）第二，從起碼的人性出發，我不能理解運動初期就開始的對人的殘暴的毆打、折磨、孽殺。這使我懷疑運動的正當性。比如一九六六年「八·一八」毛澤東接見全國各地的紅衛兵，和「慶祝文化大革命大會」以後，在林彪講話的煽動下，從北京並進而蔓延至全國，掀起了瘋狂的「破四舊」的狂潮，以所謂「向舊世界宣戰」展開了毫無理性毫無人性的打、砸、搶、燒、抄的毀滅文化、草菅人命的「紅潮風暴」。我就眼見著我們學校的校長劉超以及副校長陶衛，主任王耀宗、盧鮮明等被殘酷地毆打。這是稍有良心的人完全不能理解的。無奈地憤怒之餘，不能不問一個為什麼。自此我開始產生最初的疑慮，也只能冷眼相向。

龍種、跳蚤

但它促使我思索，我開始有意識有目的地讀書，讓書解開心中的謎團。這時我開始向辯證法求救，到李家溝以後，我如饑似渴地讀了《馬、恩、列、斯、毛論辯證法》、《反杜林論》、《自然辯證法》和艾思奇的有關辯證法的書，後來買了四卷本馬恩選集、四卷本列寧選集。馬克思的書，對我的影響是很深的，他的語言文字生動極了：犀利、風趣、辛辣、妙趣橫生，一針見血的挖苦也往往含著俏皮。如對封建共產主義的諷刺「每當人民跟著他們走的時候，發現他們的臀部帶有舊的封建紋章，於是哈哈大笑，一哄而散。」在對我們的所謂「無產階級」革命是多麼絕妙的諷刺啊！我讀到這裡也不禁哈哈大笑起來。

對馬克思的認識在當時是在絕對封閉的狀況下，又經過數十年的宣傳灌輸形成的。現在讀了更多看了更多，就有了一些新的感受與看法。馬克思的階級鬥爭、無產階級專政、共產主義理論，是在資產階級形成、成長初期思考得出的結論。嚴格講也只對資本主義的前期有效。然而資本主義社會的發展進程卻沒有按馬克思所預言地那樣「崩潰」。反而經過列寧、史達林、毛澤東，以至波爾布特、霍查以及金家王朝等，在專制制度根深蒂固的不發達的東方成了一面「偉大的主義和旗幟」，馬克思主義在東方幻化成了一個魔咒，在這些國度，打著馬的旗號，沒有民主沒有人權沒有法制沒有自由沒有對政府的監督，「共產帝王又給人們留下了那麼多不可思議的殘暴和恐怖。難道在人類的良心之上，長出的結果只能是魔鬼？難道挺進天堂的征途，最終到達的必定是地獄？」。而幾乎所有的專制獨裁者都是以人民的代表者做這些事的，所以人們不禁要問「但他們憑什麼可以代表人民呢——如同毛說「中國人好鬥」，或當今中共說中國人有不同的人權？人民難道給過他們授權嗎？他們又有什麼權力把國家機器據為己有，強加全社會接受他們個人的理想和價值呢？」（王立雄：毛澤東主義與人間天堂）這是發人深思深省的。難道真像馬克思所說「我播種的是龍種，收穫的卻是跳蚤」嗎？更何況它何曾是真正的「龍種」呢！不過是純理論的探索之一而已。

偶然與必然

我邊讀邊和運動的過程、發展聯繫起來，從中理出頭緒。在一九七一年五月十一日的日記中就記錄了這樣思考的心得：「事物的本質不僅表現在事物內部矛盾的鬥爭上，而且表現於事物之間的聯繫中。只從單個事物中是抓不住事物的根本的。一個總的事物的本質總是寓於各個事物之中，而通過其間的聯繫表現出來。當我們說，事物與事物之間的聯繫時，正是從它們在本質上有共同之處來講的。任何有聯繫的事物，我們總可以從本質上找到其共同之處。同樣，事物之間所以有聯繫，正是以其本質上的關聯為基礎的。所以，如果我們在探求事物的核心的時候，光從事物本身找是不夠的，光從單個或幾個事物的內部矛盾中尋找也是不夠的，因為這樣尋找的本質是不完全的，甚至會把你引入迷途。而應當不僅從各個事物中且從各個事物的聯繫中尋求才可能找到事物的本質所在。從邏輯上講，這從各個事物中尋求聯繫的方法便是分析，而從事物的聯繫中尋找本質的方法便是綜合。……偶然與必然的關係實際上也體現了這一點。如果事物的發生、出現是單個的、孤立的、突發的，它與其它事物很少聯繫，或者沒有本質的必然的聯繫，那麼我們稱這個事物是偶然的。如果事物不是單個的而是為數眾多的、普遍的、經常的發生、出現，且其相互間有一根線貫穿，人們可以通過分析洞察其聯繫，並能預言事物的進一步的產生、發展。那麼，我們說這些事物是必然的。

一般來說，偶然是不容易認識的。有時容易把偶然的事情看成必然的具有普遍意義的事物。而對必然的認識則一定要依求對許多事物的瞭解和分析，並對其相互之間的關係進行綜合才可以達到。如果將必然當成偶然來看待、認識，那麼我們就抓不住事物的本質。就可能錯誤認識事物，從而使自己走向歧途。當然，偶然與必然亦不是孤立的、絕對的。就好像個別與全體、現象與本質並不是孤立的、絕對的一樣。個別是全體的一部分，全體是眾多個別的集合。現象裡面寓有本質的分子，而本質則是現象的抽象。它們是互為依存的。離開一方研究另一方都是不可能得出正確結論的。偶然與必然的關係亦如是。偶然裡面含有必然的因素，而必然則也可成是一個個偶然的綜合。如果我們在生活中，尤其在社會的政治生活中，到處見到看來是偶然的事情，而且這樣的偶然（與應有的必然所矛盾的，和人們的預想所矛盾的）經常出現，那麼，偶然就一定不是偶然而是必然。是一個必然通過眾多的偶然達到另一個在本質上業已不同的必然了。」（第一五四至一五六頁）

大膽預言

基於這些分析思考，我在一九六九年四月十六日用較大篇幅分析了「文革」的現狀，認為「中央現在實際是兩個派系：一個是以毛主席為首的文革派，一個是以林彪為首的軍人集團……」（第七五頁）而且大膽地做出了預言式地判斷「……而可能性大的，幾乎可以肯定的結果是以文革派的失敗而告終」（第七五頁）」。我在較詳盡地分析了運動的複雜性和殘酷性後還與蘇聯進行了比較：「……以喜劇開始的悲劇——在中國在蘇聯看似敵對卻一個從左崖一個從右崖，一個借史達林之屍，一個靠毛主席之偶像同時叫罵著駛向同一個目標。歷史就這樣一胎同胞地生下了兩個畸形兒，開了一個沉痛的玩笑。」但我沒有悲觀：「但請相信這是不會長久的，歷史的航線還會分明，地球的大腦已在思索，天上的雲月開始疑問，大地上的人們、車上的乘客在逐漸清醒，暗流已在地底下運行，火已在人心深處吐亮……鬥爭會爆發的！革命會前進的！億萬人用血和生命鑄成的路所取得的勝利決不允許被篡奪！相信這一點、堅信這一點而且投身進去證實和爭取這一點。」（第六五頁）

瑣事與白眼

當時，我既要參加村裡的繁重的勞動，又身為組長，還要負責十一人的各種生活瑣事。從第二年開始，國家的成品糧供應已經停止，隊裡分得的都是原糧，常常是我用借來的自行車馱著糧食去十裡外的南園村去加工。一次下一個大坡時，老鄉借給我的破陋的車，閘失靈了，車速越來越快，眼看就要翻滾到井村水庫裡，我不得不硬衝向一個石土堆上，車傾人翻，好在上天佑我，沒有傷筋動骨。還有隊裡撥給我們的自留地，是解決餓肚的重要副食品來源，我們這裡女生多，僅有的幾個男生，只有我和俞瑚算強勞力了，需要花很多時間來刨、種、鋤、上肥、除草，有時累得飯也不想吃。秋天，收穫了數十擔的山藥蛋即土豆，一段時間裡每天吃的都是它，以至後來見到土豆就想吐。吃剩下的，就推了車去縣城裡賣，也根本賣不出幾個錢。燒也是個大問題，沁縣沒有煤，買煤最近要去沁源或武鄉，村子離公路遠，全是山路，所以買不起也買不到。只能燒柴，好在村裡每次砍樹都把枝枝杈杈給了我們，但村裡不會總砍樹的，我們必須自己想方設法滿山地去拾柴割柴。

就是這樣，剛到時的新鮮感慢慢被生活的磨難消磨掉了。最初的「共產」式的和諧開始充滿瑣碎的矛盾，甚至有一段時間還分過灶。個別人對我的一到晚上就讀書、寫作不理解，甚至風言風語說我「別有用心」。我自然不理睬，更不去解釋，「知我者謂我心憂，不知我者謂我何求」。在一九六九年三月九日的日記中舒泄我的感慨：「這幾天，也就是他們走後不久，就悚身一抖幾乎全部擺脫了那纏繞了我近半月的瑣事，不顧一切地投進那知識的海洋中去。我寧肯淹死在這海裡，也不願活在這瑣事的忙碌中。也許這會引起有些人的竊語、嘀咕、白眼以至謾罵，我是顧不了這許多了。我知道，我的信念、我的人生觀、我的性格以至我的親人同志，都不允許我有絲毫的懈怠，不允許我只為個人的生活勞碌。我好像看到了弟弟那幼稚的直望著我的大眼，好像聽到了哥哥在冤獄中呻吟的呼叫，好像有無數雙麻木痛苦的眼在盯著我。我感到祖國的河山就屹立在我身邊，烈士、冤魂和導師的靈魂也在我身邊焦慮地遊蕩。它們刺痛著我、激勵著我、推動著我，使我忘掉一切和不顧一切。

我同樣看到了前面是高山急流、是漩渦深淵、是豺狼虎豹、是蟲豸白眼……但是在這些的再前面是祖國的興盛是人民的快樂是人類的自由的曙光。前面那可怕的鍛煉著我的意志，再前的喜悅增強著我的信念。

默默地堅持不懈地前進，不管路遠泥濘，沉默是不會久長的，死亡和爆發終會來臨。」

（第四一至四二頁）

「爬著也要回去！」

那個時侯，為數不少的知青是極端寂寞和苦悶的，他們沒有任何希望沒有任何寄託。我印象最深的一次是，城關紅坡的幾個知青到我們這裡來，晚上大家聚在一起，唱歌、喝酒，其中的一個個子很高的小夥子，喝得酩酊大醉，躺在地下哭著大喊：「我要回去，爬著也要回去！」一些人的精神已近於崩潰，我愕然、木然。由此便開始了對青年現狀的思索和分析。

我在給一個朋友皮鴻燕的信中分析了目前的狀況：「……對於我們現在和以後所處的環境，包括物質條件、人事關係以及精神生活，應當有一個初步而全面切實的分析，來決定自己的言行、態度。我們還年輕，又剛剛從學校邁進社會，可以說還是很幼稚的，生活才向我們展開。以往的天真、遐想、夢幻已不能適應，尤其是文化革命後的今天，一切都震盪著、動搖著、變化著。過去聞所未聞的事，活生生演了出來，過去所不能設想的任務，嚴酷地擺在我們面前，使我們不能不深思。不是生活戰勝自己，就是我們戰勝生活，不是習慣勢力壓倒意志，就是意志克服習慣，…除非你忘掉一切，使自己變成無所思無所念無所望無所求無所愛無所憎的麻木的闖土。」（第四三至四四頁）

對青年現狀的分析

我還由自己和身邊的知青的處境，想到全國的青年的狀況和今後的發展趨勢。提出：「目前，青年人最關心的問題是前途問題。這裡的前途是指狹意的職業即謀食之道而言的，這是一個普遍的問題。「革命」以後的今天，這一問題就像其它許多問題一樣，變得更普遍、更複雜、更尖銳、更棘手，大家都在苦悶著。從六六屆到七〇屆，整整五屆的初、高中學生，人數是相當多的。他們的分配情況怎樣，思想狀況如何，前途是什麼？都需要研究和分析。」

「……大致可以分為這樣四類：第一類是最佳者：參軍、留城，是學生中的少數，也是學生中的幸運兒。…第二類是稍次者：他們被分配到軍墾、農場或外地廠礦，基本可以拿到薪水，算是國家正式編制者。對這些人而言，『湊合』、『將就』、『比上不足，比下有餘』是他們的口頭禪、安慰劑。他們的所謂滿足像阿Q得不到龍床能在土穀寺裡躺躺也就足矣。……第三類是最劣者：上山下鄉，接受再教育的知識青年。他們的人數最多，所居地最廣，思想也最複雜。這些人的前途，只是對未來而言，現今是沒有的……

但插隊者中亦有極少一部分人的看法是不同的。他們沒有牢騷，沒有頹廢，並不以為這就是地獄，反而認為，農村是鍛煉人的最好地方。這裡有多少美金也買不來的自由，這裡有什麼也換不來的勞動的快樂，這裡有自己的最好的老師——貧下中農，這裡是最安全的習修地。這裡沒有污穢，沒有約束，沒有訓斥，沒有頌經，沒有虛偽，沒有無臉皮的笑，沒有無良心的勾心鬥角。他們看到，插隊並非是個人的悲劇，也並非純然就是什麼壞事。就知識份子、知識青年講，在農村得到鍛煉是必要的。從現今的形勢、歷史的需要上講也是必要的。未來（從現在已開始）的鬥爭正需要我們拿農村作為隱蔽所、防空壕，拿農村作為課堂、作為練兵場。在這裡研究問題集蓄力量。這是目前中國唯一可以突破的地方，黑手唯一無法觸及的地方。唯一的弱勢之地，也正是將來進攻的最佳起點。所以，這些人從未因插隊而覺不幸，這是一般人不可理解的。因為他們想到的不只是個人微不足道的職業、前途，而是國家的、祖國的命運。他們才居困苦而不怨，處勞頓而樂天。這些人雖不多，但卻是中國的希望，他們所能起的作用是不能用人數所可比量的。

第四類人是個複雜的混合體。他們的處境、地位有如自由的遊民，是最自由的也是最不安定的。這些人就是老四屆的餘剩者和尚未分配的七〇屆的學生。有因病未走的，有插隊後病返的，有以各種理由不服從分配的。這些人人數最少，差異卻最大。他們的最大特點是：無聊。」

我對這四類人都做了細緻深入的分析。最後提出了我的想法和結論：「上面分析的青年們，只有他們不再為自己的前途、職業而苦惱；不是成日鑽在自製的愁容中；不是只貪求個人的榮祿；不是只滿足於自己的苟且偷安；不是只憂歎個人的不幸遭遇；不是只渴求於自己的可憐安康；而是想一想自己的國家、想一想由複雜鬥爭決定的革命在向何處發展、想一想中國是在向何處前進、想一想找一找造成個人不幸的原因、想一想祖國的命運是什麼，從而奮力而起、團結一致，為祖國的光明前途而奮鬥。只有這樣，你才會在鬥爭中找到幸福。否則國家倒退了、革命被引上了斜路，那時候，在黑暗中，到哪裡去尋找你個人的光明呢?!」

（第一二一至一三〇頁）

「清教徒」、「苦行僧」

雖然如此，我仍然理解其他知青的苦悶。他們大部分是初中生，尤以女生居多，理應在溫暖的家中受到父母的嬌慣，在學校接受知識的薰陶，而現在上學無望，前途渺茫。還是那麼稚嫩的肩膀卻要獨自挑起生活的重負，怎麼能不憂心忡忡牢騷滿腹呢？好在隊裡的幹部能理解她們，從不強迫她們去「動彈」。我也從不因為她們不去或少去參加勞動就予以批評指責。她們常常以打牌、算卦來打發苦悶消磨時間，還時常到村裡買雞蛋瓜子或進城買點心來充補饑腸。這些我一概不參與，不完全是經濟上的窘迫，而是沒有時間也沒有興趣來分散自己的精力。所以他們戲稱我為「清教徒」、「苦行僧」。無非是「淡泊以明志，寧靜以致遠」而已。

雖然被他們戲稱為「清教徒」、「苦行僧」，其實在讀書思想書寫之餘，我仍然會找機會甚至創造條件和其他們聚會聊天。使我們在共同的嚴酷的冬天裡感到溫暖，青春的快樂青春的熱情是沒有什麼東西可以扼殺可以阻擋的。我就和俞瑚、白無瑕、皮鴻燕、邢永紅等經常在一起聚會暢談，給我印象最深的是，皮鴻燕談到鄧小平的小兒子鄧志方時說，鄧志方和她同桌，隨意而又調皮，在桌子中間劃一條線，不許越過。他常常不帶橡皮，就向皮借，然後用小刀切下一小塊留下自用了。後來聽說他也去山西插隊了，而且受到了監管批判，是一個羊戶（放羊的老人）收留保護了他。這讓我聯想起，在文革初期不少高幹子弟瘋狂抄家打人時，沒見到過他的身影，包括那次我目睹的校門口鞭毆校長事件。

白無瑕與我的老師

上文中所提到的白無瑕，白淨漂亮，父母是師大一、二附中的數學教師。她的母親李寶芬又正好是我的數學老師，對我很器重。因為我在高一時的一次重點中學數學競賽中獲獎，並因此獲得參加北京市數學小組的資格。還在高二時，李老師給了我當年的競賽試題，我居然做出了二試決賽中四道題裡的第一、四兩道題，其中的第四題，連學校的數學教研組都沒能夠做出。所以她就格外地喜歡我，但同時也對我特別嚴格。記得一次課堂練習，因為課本上的我早已自學完了，課堂上就一心做到處尋找來的的各種競賽題，對練習不予理會。她三次提醒我，我都沒有理睬。她突然把我叫起，非常嚴厲地當眾訓斥了我。這是我自上學以來從來沒有遇到過的嚴厲的責備，所以至今猶記。

每次春節回北京，我到每家去拜訪，她的父母盛情地款待我，那時豬肝是奇缺的，他們就買罐頭來招待我，令我感激莫名。白無瑕是獨女，自然嬌慣得很。她常常穿著漂亮的裙子，在李家溝成了一道特別的亮麗的風景。她也經常讀書，決不放棄今後讀大學的機會。為此我在她終於可以告別山村，回到北京時，特贈別詩一束，既為共苦數載的插友送別，也深切表達我難忘的師恩和對她的期望：《七絕》：荊棘漫漫山澗道／淒淒風雨送君行／願君此去成大業／莫忘舊時受苦人。《七律》：三載春秋彈指過／廿年歲月等風塵／莫戀舊夢尋慰籍／還須捨身覓刀叢／冰消雪化寒猶烈／桃李花時情更濃／匆匆來去雲移月／相別何必曾相逢。《五言》：空懷平生志／頻添一段愁／縱使才貌殊／隨嬉業何就／試看古今士／低徊沉吟久／勸君多努力／莫使悲白頭。《四言》：蓬萊路遠／泉台猶寒／問君何往／四顧茫然／蛙噪沉塘／蝦戲淺灘／金丹烈火／歲友三寒／仙閣勝境／雲蔽危岩。／擊楫高歌，心雄拳拳。

她回北京後仍然堅持自學，七七年恢復高考，她以初中的根底考上了北京師範大學。這是她不放棄不懈氣，終於通過自己努力實現了夢想。並成為北京有名的化學教師。我二〇〇九年重返李家溝，老鄉告訴我前兩年白無瑕也回來過，可見她對李家溝，對那些年的艱苦生活同樣充滿了難以忘懷的記憶與深情。

活得明白

每次春節期間回北京，大家相聚相會時，所流露出來的大多是對艱苦的生活處境的煩惱，對今後前途的無望與擔憂。他們都很奇怪，為什麼唯獨我從不訴苦從不牢騷，他們不知道也難以理解我的思想的精神的的巨大支撐。在一九六九年三月三十一日的日記中，我記述並說明了自己為什麼面對苦難而不哭泣不失望不牢騷滿腹，反顯得自信「快樂」的原因，是我比他們活得明白：

「……在千百萬人痛苦的時候，在國家動亂欲裂的時候，在天狗要吞日的時候，還汲汲於自己（的個人的得失痛苦）不僅是可憐的而且是可恥的。那永遠以不可磨滅的痕跡在我的心上打下烙印的幾個月，使我痛苦使我悲傷使我麻木使我瘋狂。但是痛定之後卻又借此使我擺脫了個人的痛苦與家庭的悲傷，我的人生來了一個根本的轉變。眼淚使我的眼更亮了，悲傷使我的心胸更開闊了，通過痛苦跳出了痛苦，因為我知道這不是個人的一家的悲劇，如果天下人都好而獨我一人死去，我甚至是高興的。但這是社會的悲劇，而且這悲劇還剛剛在開始，那些冤死的人們還只是首批的極微的犧牲品，人民和國家已面臨著災難，革命將複於旦夕，這才是我們所應以悲傷的。

而悲傷又沒有用，於是我從這悲傷中感到了振奮，看到了前面的路，感到了身上的重擔，而我也就從此選擇了自己的路：為著面臨多災多難的祖國，為著受到愚弄欺騙而將麻木的人民，為著死去的烈士們，為了活著的但卻被冤地扣以「右派」、「反革命」、「狗崽子」等帽子的幹部學生們，為著那些雖沒打倒卻受著更大屈辱的中央委員及幹部們，也為著我的剛直年輕冤死的親愛的二哥和一切含冤而死的人們，為著天底下一切善良正直的我所愛著的人們，我決定這樣活下去，頑強地生活、學習和鬥爭。讓自己的生命永遠有意義，讓我的靈魂時刻為人民而振動思索。……」（第五九至六〇頁）

我用思索驅散疲勞，我用學習填補空虛，我用對祖國的愛對人民的責任化解個人的痛苦。同時我又是極其小心謹慎的，我不能因自己的大意和莽撞踏入陷阱落入虎口，從而中斷自己的思索追求。

謹慎以求存

有一次回北京，大概是插隊後的第一年，楊志栓帶我還有丁東，去他的女朋友黃以萍家，參加一個「沙龍」，只記得有張木生，他在後來的農村體制改革中是發揮了重要作用的，而他目前的一些看法，我則不大認同。記得還有伊林、滌西，是曾給林彪貼過大字報而名聲大噪的。現在才知道他們是北京農業大學附中的高中學生劉握中和張立才。當時大家發言踴躍，激昂慷慨，我最後也說了幾句，大意是：現在的爭論是沒有什麼意義的，應該靜下心來多讀一點書。我還談到，我讀《古文觀止》的一些體會。比如歐陽修《五代史宦官者傳論》中的「勢，使之然也」，蘇洵《辯奸論》中的「唯天下之靜者，乃能見微而知著」，以及蘇軾的《留侯論》中的「天下有大勇者，卒然臨之而不驚，無故加之而不怒。此其所挾持著甚大、而其志甚遠也」等，得到大家的一致認同。甚至提出向我學習的口號，當時劉張二人，就要求我留下聯繫地址，我藉故未應。因為我不大贊成他們給林彪貼大字報的行動，認為是一種衝動魯莽，雖然我也曾和德龍兄這樣魯莽衝動過。再者，我並不瞭解他們，我對朋友的選擇是很慎重的，對人格、品性的要求尤其高。

我在一九六九年二月二十一日的日記上是這樣說明我對朋友的認定標準的：「並不是所有思想相同的人都可以引為同志和朋友，而首先要看這個人的政治道德是否正直、是否善良，並以此觀他的思想是建立在什麼基礎上的，是站在什麼高度上的。那些以家庭境遇、個人恩怨、自我得失為思想出發點的人，應當萬萬小心。這樣的人往往表現於牢騷、埋怨、訴苦或狹隘的激憤慷慨，以及諸如此類的過激的情感、行動或語言。他們以個人的失意或自認的懷才不遇以引起他人的同情的眼淚，這樣的人成事性簡直可憐，而壞事的往往是他們。……」（第三六頁）

與乙林談特權

每次回京，除了和沁縣的新知新友相聚外，還和在文革中建立起來的親如兄弟般感情的的牛德龍、俞瑚一起聚會遊玩，同時與郭乙林、楊克勤保持通信聯繫。

一九七二年四月三十日給郭乙林的信中，談了「特權階層」、「人民做主」及社會決定個人命運等問題：「……自去年後半年起，本來就並不平靜的湖水便愈加搖盪不定了。能飛的飛了，能走的走了，真是「三春已過諸芳盡，各自須尋各自門」了，留下的人則雙眉結成老大的疙瘩等待著，……我們這裡原十一人只剩一半了。心緒本不十分佳，現在就更抑鬱了。說實話，我也受到這一低潮的影響，到不僅僅因為謀食之業不定，而是一種精神的寂寞，所以我也就往往沉浸到書裡面，沉浸到思想裡面去。對於職業我以為到不是根本，因為國興則民興，國亡則民亡，國安則民安，國哀則民哀，離開社會的現實是尋求不到個人的任何所謂幸福的。所以我以為每當大家都為自己的境迂生活煩愁的時候，到正是該為社會多思多想的時候。如果說有命運的話，那麼我以為只能就社會決定個人而言，也就是說社會有什麼狀況人就有什麼命運。所謂個人的超現實的命運是不存在的。

比如說特權，個人的特權是由社會的階級的特權決定的，階級的特權消滅了，個人的特權也就不存在了。社會的進步是必定要消滅這一特權的。皇帝的特權較之奴隸主退了一步，資產階級較之皇帝又退了一步，到了共產主義，特權則應當是完全被消滅的。人與人只有在平等的發展中才能促進社會的進步。而特權會產生一系列不合理的阻礙社會前進的東西。人的積極性創造性將受到阻礙和扼殺。權利和義務應當是相當的，脫離了一定義務的權力便是特權是霸權，同樣脫離了權利的義務便是奴役。這一點我看也是衡量是無產階級路線還是資產階級路線的絕妙辦法。……所以孤立地看特權並從中得出「命運說」是唯心的。而且我深信，特權是不能夠長久的。歷史的創造者既然是人民，那麼歷史的主人，社會權利的享受者也必定是他們。（語有不通不順之嫌，信中如此，保留不改）

插隊數年和勞動人民有了實際的接觸，更感到他們是最可貴的，別看他們笨嘴拙舌，但比起那些妙筆生花口若懸河的人不知要高尚多少倍。雖然他們不會講什麼唯物唯心的字眼，但比起那些披著馬列外衣的冠冕堂皇者不知要誠實多少倍。只有他們是不會掩蓋真理的，愈是低下的人也就愈誠實、愈聰明。那些卑視這些粗手粗腳滿面塵灰的人實際上是最該受鄙視的。一個政權也如是，只有當他們瞭解人民體貼人民不斷為人民謀福利的時候才是人民的政權。我們只要稍微仔細研究一下世界史，中國的近代史，現代史和建國二十年以及文化革命史就可以證實這一點，而且今後的事實將永遠證實這一點。歷史長河的浪濤會不會把我們拋到浪頭上呢？我想我們這一代不會也不應當在安寧中度過，因為只有動才是生命的象徵，而靜與寂則是死的外衣。……」（第二六三至二六六頁）

我們家炒菜啦！

幾千萬上山下鄉的知識青年，不僅他們個人苦惱，而且對於他們的家庭也是沉重的負擔，首先是精神上的擔憂，其次是勞動、生活上的不放心和掛念。尤其是年齡小不識事的女孩子更是憂慮重重。所以我每次回京都要到各家走走，畢竟我年齡大一些，又是這個點的負責人。因為第一年是國家負擔我們的生活費用，吃飯是不成問題的。第二年以後，李家溝的每個工分值只有一毛多，一年幹下來，扣除糧食錢還要欠隊裡的。所以不少知青乾脆儘量逗留在北京。每次回村，也是大包小包地往回帶，平時還要寄生活費和零用錢。我深知，家裡因為父親和二哥相繼離世和弟弟的被專政，失去了主要的經濟來源，就儘量不要或少要家裡的幫助。但就是這樣，母親還是堅持要每月給我寄五塊錢。我一般是不去動用的，再苦我也能忍受，堅持勞動自己養活自己。每年我都是最後離開，最早歸來。為了把家裡省吃儉用給我寄來的錢，再返回給他們，我便在臨行前買各種農村的土特產品如小米、南瓜子、花生等帶回家。有一年，我跑遍附近的口頭、南園、井村、段莊，買了十幾隻雞。

那個時候，農村人不吃雞不吃魚，我原以為是習慣問題，後來一細想，是貧困造成的：他們只有一口大鐵鍋，沒有油、沒有作料，祖祖輩輩都是喝「和子飯」度日的。炒菜對他們而言是太奢侈了！給我印象最深的一次是，有一天，一個只有五歲大女孩子在進入「本村」（大部分村裡人居住的地方）大坡右側的高坡上，向下面人激動地大喊：今天我們家炒菜啦！原來這一天王福堂家來了親屬客人，所以炒菜以示敬。所謂的炒菜，可不是我們今天的山珍海味、雞鴨魚肉，不過就是粉條、豆腐。批林批孔期間，就有「受苦人」這樣批判林彪的：他每天吃粉條豆腐，為什麼還要搞「麩皮」（復辟）呢?!我以後就明白了這樣一個道理，生活習慣是由生活條件決定的，而生活條件又是由生產力決定的。我們中國人的吃苦耐勞並不是天生如此，而是幾千年專制的統治者對百姓的壓迫剝削，使廣大農民被迫成為不得不吃苦耐勞的「受苦人」。那麼已經解放了二十餘年的黎民，至今「舊習」難改的原因也就不言自明了。

因為村裡人不吃雞，所以雞的價格出奇地低，不論斤而論隻。一隻雞最多只要兩三毛錢，當然是公雞，母雞是村民的「小銀行」，油（燈油）鹽、（缺醬）醋全靠它當家了。我花了不足五元就買到了近十五只。回村以後，先燒滚了一大鍋水，然後殺、燙、退毛、開膛破肚，一直搞到深夜。累得我已直不起腰，草草地填飽了肚子，小睡了一會兒，第二天就起程回北京了。在火車上，為了怕雞化凍，我不敢坐在車廂裡，而是在兩車的連接處蹲了十幾個小時。

回到家，母親心疼自己的兒子如此辛苦，而又如此顧家，眼淚都要下來了。而我卻為自己的辛苦可以使今年的春節的飯桌上變得更豐盛而興奮不已。

我和母親給幾個鄰居送了一些，還特意分別給俞瑚、德龍送去了兩隻。

愧疚：一次誤導的「截車」

回山西都是從永定門車站（現已是堂皇壯觀的南站即高鐵站了）坐慢車到太原再換乘汽車。我為了省錢，只買到去榆次的票，換乘汽車就麻煩一些，而且有時會趕不上從太原發出的班車。那次和我同在一個車廂的是七八個嘰嘰喳喳的女生，就聊了起來，漸漸地便熟了，她們是在襄垣插隊的，與沁縣相鄰。我就動員她們也到榆次下，然後一起「截車」，就可以省下了汽車票錢。她們居然同意了這個「高見」。榆次一到，匆匆忙忙地往下走，剛氣喘吁吁地放下行李，突然一個女孩子大喊：我的臭豆腐！而此時車已緩緩地啟動了。我很遺憾地想，她的臭豆腐的損失是應當由我負責的，是我的臨時動議，使她們在急匆匆的慌亂中遺忘丟失了雖臭卻又那麼香的好東西，好在她們沒有追究我的責任。匆匆出了車站，來到長太公路上，以幾個女生為主開始「截車」，凡是當過知青的都有過截車的經歷，甚至出現過強行攔截等事故。可是不管幾個女生如何聲嘶力竭、嗲氣嬌聲，早已司空見慣的司機們就是不為所動，呼嘯而去。這下可急壞了我，我只有給她們鼓氣。老天爺保佑，總算有一輛車，已開過去一段後又慢慢停了下來，也許是他對這些女孩子動了惻隱之心了吧。我們喜出望外地奔過去，來不及道謝也來不及問清車開往何處，就慌忙上了車。前行未久，車突然停了，司機說，對不起，我要拐向去祁縣的路了，沒有辦法只能下車。這時，我才真的從心裡感到慌了，因為在這個三叉路口，前不著村，後不著店，而天又漸漸地暗了下來。可我卻強裝鎮定地給那幾個臉色都已變得灰黃的女孩子鼓氣：我們要肯定成績，不是離目標越來越近了嗎？後來是一輛卡車停下來，我們答應付費，才把我們這些幾乎失望而欲泣的幾個人，送到了要去的地方。自此我再也沒有見過她們，而且我再也不好意思去見她們了。寫到這裡，回憶起當時的情境，我不由得發出了笑聲，但更多的是發自內心的羞愧和懊悔，是我辜負了她們對我的信任，還是她們過於幼稚地輕信了我。進一步深想，如果一個有更大權力的人，有意地製造他人對自己的盲目的信任以至崇拜，而又不負責任地利用她們，來達到自己的目的，那將會有多少無辜的人為他做出犧牲呢?!後人是不能不深思之的。

窯洞醉酒

到了冬天，我就和村裡的一些比較活潑比較開放的青年，如王保國、建國、興國、愛國等，在窯洞裡喝酒聊天。聽他們對農村對自己前途的看法。他們的最大苦悶是，一輩子像牛羊一樣被圈在這個山圪砬裡，永遠沒有外出工作的機會，就連去一趟縣城也要請假。至於太原、北京，那是做夢也不敢想的。他們說，我們吃飯、拉屎，然後再把糞拉到地裡，收了莊稼，又是吃、拉，一輩輩一代代都是如此，有什麼意思呢？他們的話是顯得粗俗了些，卻那麼真實，是他們的父輩不曾想過的。他們還羨慕地說，你們是和我們不同的，你們早晚會走，我們呢？是一點希望也沒有的。他們的話深深觸動著我們的心靈，使我傷感的是，原來我們之間也是不平等的。我無言地默默地喝著悶酒，我這個「天生小酒人，微醉自沉淪」的書生，竟在一陣冷風中，大口地嘔吐起來。這是我到李家溝後的第一次大醉，在那個小小的窯洞裡。所幸的是，二〇〇九年我重返李家溝時，除了王興國已去世，王愛國因傷病仍趕著馬車在村裡務農外，其他幾個及其後代都已離開世世代代祖居的村莊，到外面打工謀生了，雖然他們仍然還會有別樣的苦楚，但畢竟離開了祖輩死守的貧瘠的土地，可以看看外面的世界了。

藏日記於山洞

對於自己以「另冊者」的身份，而又有著「離經叛道」的思想，我是深知其危險的。一旦被「小人」或愚昧者告發，那麼我的下場一定比遇羅克、張志新還要悲慘。那個時候還不知道在遼寧有一個比「秋風秋雨愁煞人」的秋瑾更勇敢的思想者張志新，自然也更不可能知道在一九五七年「反右」運動中殘遭迫害最後被槍殺的具有超越時代的偉大人格的思想先驅者北大學子林昭（原名彭令昭）。但對專制統治者的殘忍是有充分的思想準備的。我極其謹慎，每次回家，都把日記用牛皮紙包好，藏在一個我事先探尋好的平時無人問津的小山洞裡，並做了相應的只有我自己可以識別的記號。

但是我絕不放棄自己的獨立的思考，這種思考已成了我生命的一部分。一九七〇年五月三十號，我在日記中表達了我的這種想法：「……遷就愉快的謬誤也許要比堅持痛苦的真理付出更少的代價，但是他也就永遠得不到探求真理的快樂。真理的探索不僅是艱難的，要付出巨大的心力，而且往往是危險的。在它的面前可能有深淵和火海，有狼穴和鬼道，甚至有死亡和監牢。但是只要記住一點：一旦你踏上了這條道路，那麼就有如希臘神話中所說的『不許回頭』，無論後面有什麼聲音：是親人的勸導、是朋友的呼喚、是知己的告誡、是局外者的請求、是無知者的冷嘲、是庸迂者的說教還是敵人的恐嚇都一概不要去理，因為這雖

不至如神話的會化為石頭，但因此而在精神上遭到的失落與創傷是無法彌補的，所以仍不如前行。……」（第九五頁）

在文革的十年期間，我就是為我的思想而活著，痛苦著也快樂著。像一個探險者，一步步冒著不可知的危險走向不可知的深淵極地，那是一種怎樣的緊張而又是怎樣的興奮啊！連平庸的艱辛的生活也變得豐富起來變得有意義起來，生命也因此充滿了張力，顯出了它本應有的價值。

母親、兄長的憂憂勸誡

我知道，要做到這些很難，尤其在那個無法無天，抄家、批鬥、拘禁、殘殺、拷打……已成司空見慣，恐怖籠罩著全社會的年代裡，而這些又都是以「革命」的名義進行的時候。我就曾為此遭到母親兄長的訓斥和勸誡，我把它記錄了下來，並談了自己的看法：「前天又遭到兄長、母親的訓勸。這已經不知是第幾回了，而理由依然如舊。只因我不聽規勸，不去學習、研究技術，卻只管看那些無用的書，學些什麼可以涉險惹禍的東西，寫些可至殺身的文章，而引起全家極大的不滿和不安。「難道教訓還不夠嗎？」……「咱們家可再也承受不了。」「還是去學一點兒一技之長，最保險最安全。」「就是剃頭的，我看最好，不管什麼朝什麼代，頭髮總要長，剃頭的總不能不要。而文人呢，搞政治的呢……」等等等等……。

我是一句話也沒有，只管讓對方的話從我的左耳進去，再由右耳出來。這並不表示我已經被勸服，更不表示我已被駁潰而無辭可爭。而是因為，我要說的太多了，以至無法講清也無法使他們理解和接受。

其實，類似這種擔憂、害怕並非獨我一家。何家不是，何家不然呢？因為人們吃夠了苦，看夠了「戲」。不能不以此求得生存與安定。不得不對尚未完全領略世事的子女擔憂，並竭力將這一苦楚的教訓傳給他們。這是完全可以理解的。哪一個父母願意自己的子女遭到不幸呢？同樣，又有那一個兒女願自投禍海使自己的親人悲傷呢？但是，道理的關鍵並不在這兒，問題的根由也不在這兒。「罪」並不是任何子女願擔的，「憂」也不是任何一個父母所能消的。恰恰相反，如果每個人都因自己的苟活而不敢有所思、有所議、有所為；每個父母都因怕自己的子女遭到不幸而只讓他們安分守己，那麼結果是有更多的人獲「罪」，有更多的人添憂。而只有徹底根除「罪」之本、「憂」之根，天下方能太平。人民方能安居樂業。父母、子女方能同享天倫之樂。

……現今人們普遍的膽小怕事謹慎小心，不敢言、不敢怒的原因，完全是這數十年來階級鬥爭的結果，是運動的重要付產品之一，是運動的嚴重後遺症之一，也是黑手所欲達到的效果之一。

人們何以變得這樣「君子」起來了呢？這個問題是每個參加了這一場運動的人都不費力可以回答的。只要對方是絕對可靠者，是絕無告密可能的知心，那麼任何一個人都可以不停地向你述說整整三天而不盡：老幹部、老革命一一被鬥、打倒、撤職；中層幹部逐個清洗；下層百姓被矇騙利用；動輒是反革命、壞份子，……鬥類之多難以數計；今天在臺上，明日成階囚；今天是真理，明日變謬誤，今天說黑，明日成白，後天又不知將變成什麼；文藝界無論古今中外，無論書、畫、影、戲，一概砍盡毫不留情；作家寫檢查，詩人寫罪證；……有幾個幹部僥倖尚存，有幾個百姓幸逃厄運，有幾家人大小團聚，有幾個人心安氣平？更不知今後將怎樣，是陰？是晴？是吉？是凶？這便是百姓擔憂、害怕的根據和緣由。」（第一三〇至一三二頁）

沉重的《天問》

我一邊讀書一邊思考，為什麼屈原尚可以披髮長吟於江邊，可以和漁夫對話，可以向浩瀚宇宙發出沉重的《天問》；魯迅，我們中國幾千年的唯一的「異數」，也可以橫眉冷對，用他的短劍匕首直刺無星無光的暗夜，而作為國家的主人，作為「希望就在你們身上」的我們卻只能沉默沉默再沉默呢?!想到這些，於是在寫出《自問》的同一天，我又寫下了《恐懼》：無處不在的恐懼/使我學會了沉默/不再沉默的我/開始了對恐懼的思索。

恐懼是專制極權社會的專利和常態，中國幾千年的歷史就是這樣走過來的，所以中國人忍受力忍耐性是冠絕全球的，而於這十年尤烈。恐怖中的人們個個懷著畏懼，冷漠充斥在整個社會的空氣中。只有能夠製造恐怖甚至不斷加劇恐怖的少數人才得以自保以至升遷。良心、正義、誠信、親情、友誼、都毀滅消失殆盡。中國得以延續，得以雖慢尚能自然發展的優秀傳統的根被徹底摧毀了。它比可度量的已到崩潰的邊緣的經濟損失要嚴重得多，直到今天那麼多的貪官污吏，人們的信仰、信念、道德觀念的喪失都與此直接相關。中國的現今的問題已經不僅僅是啟蒙，而是人的基本品質、人的法制道德觀念的重建。沒有這一重建，我們的現代化的步履將越走越艱難。

「現在為什麼人們不敢起來鬥爭呢？原因有三：（一）執刀者手中有刀，而我們是手無寸鐵的，政權、槍桿子在極權者手裡。（二）人民尚未認清或尚未完全認清專制的面目。（三）人民還沒有有意識地在同一目標下團結起來，行動起來，因此，統治者得以零星地宰割人民，得以逐個地擊破單個人或少部分人的反抗。它得以利用人民的不清醒來欺騙人民，並利用人民不僅受其欺壓，還要為其服務。正因為這樣，人們才產生了害怕的自保的思想，這雖可悲卻又很自然。是不能怪罪於這些人的。這種現象還將隨統治者統治的加強而加強。但也將隨統治者統治的加強而日趨破裂。待到這一統治達到頂點，因而人們用以求存的躲避都不可能的時候，矛盾就會向相反的方向發展。人們一面在躲著，一面在看著、清醒著的結果是人民將會站起來。而且同著千千萬萬的人一道起而鬥爭。這時候，人民的畏懼化為人民清醒的認知，恐怖就會轉化。」（第一三二至一三三頁）

這個時刻什麼時候到來呢？這是不可以預料的。但是可以說，它將隨著專制統治的日益加強而日趨迫近，統治的螺絲釘擰得愈緊，這個日子也就愈易趨近。

人民的覺悟有時候是要對手來幫助和催化的。

大爭論的期待

為什麼我能在那種情況下堅持自己的想法而無所畏懼呢？一方面，我為我們的黨為我們的人民為我們的祖國遭受如此史無前例的摧毀而痛心疾首，一方面我又堅定地相信，我們的黨和人民是不會讓獨裁者野心家永遠這樣肆無忌憚地瘋狂下去的。一場由黨內正直的革命家和逐步覺悟的人民一定會掃除陰霾走向光明的未來。我在分析陳伯達為什麼倒臺的原因的日記中是這樣預言的：「……同志們，這將是一場有史以來最混亂最複雜的一場大爭論，這一天遲早會到來的。就是在他（毛）生前，因其壓制不能爆發的話，在其死後也必將爆發。這是對如今死一樣沉默的一個反動。今天這死一樣的沉默就正是明天火山爆發的準備，人民是不會永遠沉默下去的，歷史也不會答應這樣永遠地沉默下去。讓我們翹首迎接這一天的到來吧！只有在那一天，一切才會顯示出其本來的面目：騙子手的伎倆、強盜式的野蠻、兀賴的不要臉、野心家的陰險、獨夫的專權……才會統統訴諸出來。人們的積怨，人們的千百萬個疑慮和不解才會得到釋泄和解決。這時候，也只有這時候，目前的各種流派才會充分暴露在歷史的舞臺上進行公開的表演，讓人民讓歷史最後判斷其正確與否，決定其存在的權力。

只有這個時候，才是每個人的智力、每個人的勇氣、每個人的愛國心充分受到檢驗的時候，同時也是可以充分發揮的時候；是中國人民奴性壓抑要爆發而爭得自由的時候；是人民要說話、要憤怒、要自由的時候；這將是怎樣一個激動人心的時候啊！但又將是怎樣一個空前複雜、尖銳鬥爭的時候啊！

這場爭論將是歷史上任何一次大爭論所不可比擬的。其尖銳性、其複雜的程度、其面之廣闊、其問題爭論之深刻必將是空前絕後的。這一方面是文化革命本身的複雜尖銳，問題的複雜尖銳，也是人們在十幾、幾十年內醞釀準備的結果。……」（第一一一至一一二頁）

而這樣的日子不是終於在一九七六年四月五日人民以悼念周總理的名義在天安門廣場上爆發預演了嗎！並在八〇年代更廣泛深入地展開，可惜是不完全不徹底的，在「我不下地獄誰下地獄」的光明磊落的胡耀邦逝世，及隨後的1989年的「天安門事件」以後，這一場思想大解放運動便「有疾而終」了，再以後就被權力金錢所替代所淹沒，惜哉！悲也！但我堅信，思想之火是永不會熄滅的，大爭論的那一天遲早總會來臨。

吟罷低眉無訴處

正是這樣的信心，使我能面對眼前的苦難而不棄不餒，更能夠在巨大的險惡的陰影中產生勇氣和堅守的力量。但同時我萬分地謹慎與小心，畢竟我個人的力量是太渺小了，而專政的邪惡是無處不在的。更何況那個時侯，大部分人仍在被欺騙著，其中的一些奸佞「小人」一旦有機會，就會用他人的鮮血來求得解脫甚至塗紅自己的「頂戴」。對此我是有著清醒的認識和準備的。我不能去做張飛、魯智深那樣的蠻夫以呈匹夫之勇。在一九七一年三月二十一日的日記中我這樣告誡自己：「我無法向他們講明自己的觀點，尤其無法向他們闡述自己的全部的本質的觀點——雖然我自信我的觀點我的看法是正確的，是完全可以征服他們的——從而使我在爭論中往往不得不被迫處於尷尬地位：不能夠涉及到問題的實質，反而是竭力去回避它，在題外無謂地兜圈。因為在目前的情況、條件、高壓下，我的觀點會被無頭腦的過份天真的，以及假充極端「革命」者斥為邪說異端。在這種情勢下，我的觀點非但不能被理解、被接受。甚至我也許將連捍衛自己觀點的權力都沒有了，卻不得不首先去捍衛我的生命。而這是可悲的，是我所不願的。

當罪惡與善良、功與過、革命與反革命、真與假無法區分、顛倒攪混時，是真理還是邪說，又有誰能夠為你辯護呢？當一切因權力而轉移，當是非全隨你是掌權還是失權而定的時候，真理怎麼能不也被雙手反綁著當作邪說送上斷頭臺呢？尤其當有著強壯的體魄卻全是麻木的神經的觀眾、聽客，看著真理被絞死時還毫無表情，甚至感到痛快好玩時，真理又怎麼能夠馬上訴諸群眾呢？真是「吟罷低眉無訴處，月光如水照陋衣」啊！

因此，我除了沉默或在真理面前兜圈子外，便別無它法。但是，這只是暫時的現象。就象躲在地下室裡的地下工作者，蹲在戰壕裡躲避炮彈的戰士，總會從暗處走出來，端著槍向敵人衝鋒一樣，真理一定會走出來。

但是為了勝利地走出來，就必須委屈地先伏下去。

但是怎樣來批判目前流行的一系列觀點呢？怎樣進行批判之批判而達到發現真理、弘揚真理的目的呢？看來這個任務是目前難以徹底解決的。至少是目前難以以公開的批判所能實行和奏效的。只有事物按照它的辯證規律向前發展，從而將事物的各個方面都逐漸坦露在人們面前，將事物的表皮一層一層剝去，最後只剩下那個「筍心」的時候；當人們自己發現用他們的觀點已經無法解釋變化的事物，已經無法理解這變化發展，到是這事實、這發展將他們（的觀點）粉碎的時候；在如果繼續堅持自己的謬誤，只會導致走向迷途而不得出的時候；他們才會認識自己的錯誤。歷史將糾正他們的步調，辯證法將重洗他們的大腦。而這一過程的轉變將是長期的也將是痛苦的。至所以痛苦，不僅因為他們不得不改變自己的觀點，更重要的是，那可怕的不得不得出的結論將深深刺痛每個人的心。將掃去他們以前賴以自慰賴以興奮和支撐的紅色幻影，而代之以陰暗的羽翼。

這種刺痛，就我看要比現在的麻木、自欺、迷信好得多了。認識便是鬥爭的開始，這個時候，只有這個時候，考驗與抉擇才真正地擺到我們面前。革命與投機、小人與君子、忠誠與混蛋才會真正地分辨開來。人們才能從假像中解脫，從虛偽的囂叫的網羅中跳出。真正的革命激情才會放到它的真實的基礎上。而鬥爭——自覺的鬥爭就開始了。中國的曙光也就同時在與黑暗的掙鬥中抬起頭。

無怪乎我們要說：盲目的歡樂使人昏眩，沉思的痛苦給人力量。你沒看到醉後的狂言者醒時卻一無所知，痛定後的人的目光卻充滿著鎮靜與希望。」（第一四三至一四五頁）

給德龍兄的信

自文革以來，我的思想一直是圍繞著對林彪的懷疑進行的。讀馬列讀哲學讀政治經濟學讀歷史就是為了掌握批判的武器，然後進行武器的批判。有趣的是真應了林彪的「讀了就要用」、「立竿見影」，但目的不是如他所號召的「搞好思想革命化」，恰恰相反是以子之矛攻子之盾。是為揭露他批判他而用的。我在日記中對他的目的手段作了詳盡的分析，對運動的發展演進也作了比較準確的預言和判斷。在此不贅，可參看《劫灰殘編》一書。所以當我在小小的深山裡聽聞林彪葬身蒙古國溫都爾汗荒漠時，我的興奮是可想而知的。我馬上給在京的牛德龍寫了一封長信。在信中激動異常地表示：

「中國得救了，……這是我聽到這個驚人的消息後的第一個念頭。好像一下子在無邊的黑暗中看到了光明，在無邊的深淵中得到了拯救。那披在紅皮下的惡狼終於以最快人的形式被揭穿了，那籠罩在全中國上空的烏雲終於被驅滅了。想把強力暴政、貧困欺騙重新加在人民頭上的黨賊國奸終於遭到了最無情最嚴厲也是最公平的懲罰。這場古今中外最大的傳奇式的悲劇（副）主導者，終於以最大快人心的方式結束了他的表演。從而解放了全體演員和觀眾。這是有史以來在政治這個最錯綜複雜的舞臺上扮演得最巧妙狡猾最虛偽陰險最卑鄙毒辣的一個人，也是在這個舞臺上扮演得最得手成功的一個人，但也是以一個最想不到的結果以最無情最突兀最嚴厲最殘酷的下場而告終的一個人。（多麼可笑啊，這個「最」字曾是他從字典裡翻出來，用以進行政治吹噓的得力助手。而現在卻以新的內容以相反的面貌合適適地全部加到了他的頭上，這是一個怎樣的嘲諷啊）……」

然後又在信中，分析了為什麼林彪會以這樣的戲劇性的悲慘的結局結束了他的政治的與肉體的生命。更重要的是我對林後的形勢做了審慎的樂觀的分析，和我寄託著的殷切急迫的希望。信中這樣寫道：

「……他所主演的這場戲就全部被揭穿了。他的一切言行、文化革命的全部過程和每一事件就將重新受到審判、重新全部受到檢驗，只有這樣才可能使中國得救。如果不是這樣，如果他僅僅死去而並沒有得到揭穿，那麼因他的死造成的隱患將仍使中國在黑暗中摸索。他的死和被揭穿是有重大意義的。而現在我們的任務是：要徹底揭發查清野心家集團的組織、政綱；要徹底揭發清除他在各級領導崗位布下的人馬；要重新整頓權力機構，尤其是黨中央政治局；而這就必需對文化革命進行一次新的評價和估計；要重新研究文化革命的得失；要對被打倒的、吊起來的、新提拔的領導幹部進行一次重新的審查；要認真地分析文化革命運動中的兩條路線；要高度重視他及其路線在運動中的作用，從而徹底肅清之。」

在信的最後，我充滿喜悅滿懷信心地期待著：「…期待著我們的黨、國家進入一個嶄新階段，我們國家的各級領導我們的政策（工農業、文化、教育……）以及各項工作、人民的精神面貌都會起巨大的變化…，這也就是中國全盛之日的開始，我們引頸盼望著這個日子的來臨，而且相信它馬上就會來臨的。」（第二五七至二六一頁）

被擊碎的希望

我的希望、喜悅、興奮很快被現實的發展擊碎了，失望迫使我從歷史的政治的經濟的文化的黨內幾十年路線鬥爭史的，甚至制度的角度來思考這場史無前例的運動和浩劫。我在一九七二年四月以後連續地用大篇幅的文字對林彪事件的起因，運動的進一步發展，中國今後的前途作了詳盡的分析和說明：

「一聲轟響，結束了這悲劇的第一幕。舞臺上除了飛機的殘骸和骨灰外，一無所剩。麻木無言的觀眾也只是神經質地一驚，便又都複歸原樣了。

第二幕還沒有開始，幕後正緊張地收拾著、打掃著、準備著，一邊向下報告和解釋著第一幕的劇果。觀眾也就趁機竊語著、思索著，疲憊而麻木、惶惑而驚醒。

第一幕以這樣的結局告終，是有些在預料之外的。當我們細細地回味、追索劇情的時候，幾乎難以相信，這麼快地而且是這樣令人驚異地收了第一場。因為按照劇情的發展，似乎應當得到另一個結果。至少這一幕還應當再演下去。那麼是什麼原因造成了這一種結果呢？

我不是劇評家，但因為一直對這場戲是感興趣的，而且一直是注視和預見著這一幕的發展的，我是一個清醒的而不是麻木的觀眾。所以象一般看過戲的人總願意議論議論一樣，也願意評議一番。一方面是為自己的思想作一個小結，更主要是以此為看第二幕作好準備。因為不久後即將開始的第二幕也將是有趣而驚心動魄的。」

烏托邦的噩夢

在這篇長文中，對中國幾千年的歷史和一九四九年建國後的黨內不斷的鬥爭史進行了分析後，我提出：

「我以為，我們幾十年來的教訓、經驗，尤其是後十年的教訓，可歸納為以下幾點：（一）過份強調了上層領域內的鬥爭，從而相對忽視了產生這些鬥爭的基礎原因。（二）過份強調了政治與思想的作用，從而相對忽視了政治、思想不過是經濟、生產的一種反映。

（三）過份急於用所謂先進的思想一下子使中國來一個巨大的改變和革命。使中國得到快速的發展，使人的精神面貌出現一個根本的轉變，從而相對忽視了中國落後生產力的影響，忽視了落後生產力以及封建勢力根深蒂固的影響。也就是說，過份強調了阿Q要革命的積極因素的一面，而相對忽視了落後勢力以及封建奴役在他的身上打下的深刻的烙印。而如果忘記或忽視了後者，阿Q的革命是不會成功的。他也不可能成為一個徹底的好的革命者。

他必須在長期的革命過程中磨洗掉精神上的封建烙印才可能成為一個新的符合時代要求的革命者。否則，就會被假洋鬼子一樣的假革命所欺騙、所利用、所扼殺。六十年前阿Q的悲劇在六十年後並不是不會在新的更高階段上重演的。……」（第一九二頁）

在「文革」中，一個重要口號就是「鬥私批修」、批「私字一閃念」，要求全體人民在「靈魂深處鬧革命」。我是討厭而堅決反對的，我在一九七一年四月三十日的日記中大量篇幅（第一四六至一五四頁）分析了私的產生和發展，提出「…私有觀念同其它一切政治的歷史的範疇一樣，都是有它的發生、發展、滅亡史的。而這一歷史完全是以生產力即物質作為基礎的。而不單純是概念的歷史、是人的思想思維的歷史。相反，它一步也沒有離開物質即生產、生產力這個最基本也是最根本的東西。就算私是一個惡魔，它也離不開地球這個物質；就算私是一個幽靈，它也飛不出這個物質世界。離開了一定的生產力、一定的生產關係、一定的物質基礎，抽象的私是無所附麗的。…」，因此毛在大躍進徹底失敗以後，由經濟的大放「衛星」轉向精神的「原子彈」，與其說是烏托邦的噩夢，不如說是對民眾的進一步欺騙和愚弄。

憲法、普選與民主

而今後該怎麼辦？我是這樣表述的：「……首先，要有一個人民民主的憲法。這個憲法應當是由下而上制訂出來的。它應當反映人民的利益和要求，同時又根據中國自身的特點以及需要，再借鑒外國的經驗加以制訂。而更重要的是，即成的憲法應當成為全中國每個公民的「約法」，應當具有完全的法力和約束力，而不能使其成為一紙娓娓動聽的空諾。資產階級革命時期，在廣大人民的參與下、在革命風暴的急卷下制訂出來的民主憲法，就曾對革命起過極大的促進作用，就曾喚起人民進一步的覺醒。而當一個階級在恐懼中，在害怕動搖自己的基石的時候，就會首先踐踏與取締民主的憲法，而以法西斯恐怖的專制替代之。我們共產黨人是徹底的唯物主義者，是不應當有「恐民」症的。因此，我們所制訂的憲法就應當成為一個全國一切事、一切人行動的大綱。應當保證憲法得到切切實實的落實與貫徹。應當保證在憲法規定上的人民的權力。不同的憲法反映了不同階級、不同時代的要求，既然無產階級憲法是能代表最廣大人民利益的，那麼它就應當為廣大人民所接受、所執行、所服務。人民的權利和義務是矛盾而統一的對立體，它們是不能和無法割裂的。失去了權利的義務就不成其為義務，而成了奴役。同樣，脫離了義務的權利也就不再是一般的權利，而成了特權、霸權。……而如果公民盡了他的義務卻得不到應有的權利，那麼憲法就不再是人民的憲法，而成了皇帝的「詔書」。

那麼憲法應當包括那些重要方面呢？第一便是普選權，人民應當有選舉符合自己利益、能代表人民而又為人民擁戴、熟悉的代表的權力，同時又有罷免那些不稱職的代表的權力。這種普選應當得到切實的實行，防止幕後政治、宮廷政變。更要防止將普選變為一種表面的形式，當成一個單純的投票機關，否則，這樣的普選權就是虛假的。人民所要完成的只是給上面早就規定好的、不可更改的、而又未必為人民所熟悉、擁戴的代表畫個符、投個票。如果是這樣，這種選舉權又有什麼用呢？

其次，憲法應當保證人民有批評政府、監督政府的權力。一個好的人民的政府是不怕批評的，它只會在批評中變得更完美健全。這主要靠報紙、電臺、書籍、……即輿論界來完成，它們應當反映人民的聲音。」（待續）（第一六一至二〇五頁）

被焚的「待續」

為什麼說是被焚的「待續」呢？我在《劫灰殘編》的自序中寫道「…林彪折戟沉沙後，我的興奮是可想而知的。當時就疾書一信給已回京的牛德龍。（未想，德龍兄告訴了我的母親，也是想讓我臨淵勒馬。）這一信便成了〈殘編〉的殘字的由來。是年冬回京探親，全家因這封信引發了極大的恐慌。如同不少家庭一樣，文革使我原認為是「最幸福的家庭」遭至了「喪父失兄弟逢厄，老母忍辱倍酸辛」的劫難。如若我再因言罹禍，他們還怎麼能承受呢。平時我是很謹慎的，尤其在交友方面以政治品格為首要條件。對自己的思想除偶露隻言片語外，還將日記藏埋到山洞裡。這次回京，為防意外就把幾本重要日記隨身帶上，也不敢放在家中，而是藏到了院裡已壞的抽水馬桶裡。但母親兄長的淚水、哭訴，以至要跪在我面前的絕望的乞求，使我不得不將它化為灰燼了。但我提出了唯一的條件，就是要由我自己一頁頁地把日記投入無情的爐火，他們答應了。正是利用這一點，我事先將幾本日記中的一部分偷偷撕了下來，其餘的就化灰成仁了。這倖免於火的和未帶回京的便成了這一本殘編的主體。所以，讀者看到的斷處、待續而無後續處，以至時間上的不連續性等，成了缺肢斷臂的殘體，就是這樣造成的。而這又反過來證明了當年的恐怖何甚，人民的驚恐何甚！……」（第五頁）

與光奇的分歧

在給丁東的數封信中，我一再地多次地闡明了我的這些看法，並批判了丁東在給我的信中所附的魏光奇的觀點。（此信已在徐曉主編的《民間書信》中刊載，也可見《殘編》第二六六至二七四頁及第二八二至三〇〇頁，因篇幅計，不錄）當時我和魏光奇在對毛的階級鬥爭、繼續革命的理論和對毛的那幾個權勢熏天的寵臣的看法，是存在根本的分歧的。但我與他沒有直接交鋒，而是在給丁東的信中加以批判。在我看來，他們根本不是什麼新的革命左派，他們比被批判的所謂「走資派」更貪婪更殘酷更腐朽，他們是秉承毛的意志充當了政治上的打手，對廣大幹部、知識份子，和不順從他們人實行法西斯專政。他們如果得逞，中國不知會倒退多少年。而魏是認同毛的「繼續革命」的理論的。他和當時的不少的民間左派思想者是受到《新階級》的深刻影響。記得我曾開玩笑地問過他，如果有機會那幾個人（指王、張、江、姚等）要他去為其寫文章，你一定會答應的吧，他是默認了的。但即使如此我始終認為他是個正直的思想者，他的思想觀點就是現在也是有意義的。在社會主義國家，是否產生和存在新的資產階級，這是可以探討的。但用毛的「天下大亂」從而達到「天下大治」絕對是南轅北轍。對社會對民族對人民都將是一場難以承受的浩劫！

通過「蘇東」事件，更由於文革十年的教訓，人們愈來愈認識到，只有通過改革而且是不斷的深入的改革，經濟的市場化、政治體制的甚至是制度的民主化改革，才能逐步與世界融為一體，才能實現公認的普世價值。這將是非常艱難非常長久的任務，也許需要幾代人的不懈的努力。

「阿Q歪傳」——魯迅思想認知

魯迅的思想、魯迅的精神到底是什麼呢？我在那個時候是如何理解魯迅的呢？

一、魯迅用他黑色的冷峻的眼光穿透了專制的黑厚無涯的時空，毫不留情地揭露、鞭笞尤其用他那飽蘸「毒氣」的筆，剝開專制文化對人民尤其是他們中的知識份子士大夫的毒化和腐蝕。這就是為什麼在魯迅活著的年代裡，遭到那麼多文人攻擊的原因。也是為什麼在魯迅的身後，有那麼多的知識份子被迫扭曲心靈、拋棄尊嚴、唾面自乾、放棄獨立，受凌辱而不爭、被陷害而無言的緣由。魯迅如果不幸而活到今天，真不知該如何地「出離憤怒」。

魯迅是呼喚「狂人」的，而在專制社會裡「狂人」要麼被虐殺被投入監牢，而且這種虐殺往往是無需統治者親自動手的，他們會「喚起民眾」來完成（這是毛的有別於史達林的一個可獲「爾貝諾」大獎的「偉大」發明與創舉），從而可以保持自己高貴的雙手的「聖潔」；要麼就是被當做或不如說是被逼做「瘋子」、「精神病患者」。而在專制的高壓與欺騙下，絕大多數的民眾成了可以隨意驅使的奴才。說夏瑜「瘋了」的牢頭，殺了夏瑜並把蘸了人血的饅頭買給老栓的儈子手，趙七爺等等都是這樣的奴才。更可悲的是，作了奴才而不自知，反倒以為自己是什麼「主人」。既然是主人自然就可以拿非主人來尋開心來作樂來滿足自己的「精神性勝利」的野蠻欲望。阿Q就是專制社會中被扭曲的典型。我想如果魯迅能夠親歷史無前例的「文化大革命」，他一定會繼續撰寫阿Q後傳的，小說的題目應為《阿Q歪傳》。以我的臆想，內容大致如下：阿Q沒有等到來世就復活了，而且參加了「革命黨」，正如赴刑場前所料，成了令小D、王胡、吳媽、尼姑，甚至趙太爺、假洋鬼子都羨慕追崇的「英雄」。而此時的阿Q也眼界大開了，不再以「直走進去打開箱子來……」把「元寶，洋錢，……秀才娘子的一張寧式床先搬到土穀祠……」；也不再以摸一下尼姑和要求與吳媽「困覺」為滿足了，因為這實在有失身份，太顯農民式的小家子氣了。再後來，他又知道，「革命」並沒有完成，還需要「繼續革命」，除了早已被打翻在地的縣大老爺、趙太爺、舉人老爺…還要繼續專政，以防他們「人還在，心不死」妄圖復辟外，就連和他一同參加革命的小Ｄ、王胡，還有只會「之乎者也」的李秀才，以及中國人居然去學鑾子話的假洋鬼子，都要五花大綁地抓起來遊街，滿街人都朝我歡呼。那是何等的英雄！何等的氣派！誰還敢笑話我偷頭上的「疤」！而我們的可愛的阿Ｑ竟然沒有想到的是，他也在一天天做著美夢的時候，從絲錦的暖被裡，直送進了如今已作為「牛棚」的土穀祠。而且連圓圈也不讓他再畫了。雖然他的圈已經比過去畫得圓多了，這是阿Ｑ平生第二次的遺憾。

我在一九七二年十一月十一日給好友楊志栓的一封談啟蒙運動的信中寫道：「你提到啟蒙運動，細究起來中國何曾有過啟蒙運動呢？相反有的是蒙昧時代。自然啟蒙也是有過的，但一旦啟蒙者也坐上了以往自己所攻擊的王位寶座時，啟蒙者就變成了蒙昧者，啟蒙運動也就為蒙昧的教育所替代了。往日的市野上的革命者一變而成了王族、幸臣、侍從。所以在中國，啟蒙這個詞是生疏的，像中國的百姓看見高鼻樑的洋人，敬畏而隔膜。」（第二七五頁）

二、徹底地堅決地反對虛偽，魯迅對虛偽的憎惡是無以復加的。他不遺餘力地無情地地揭穿一切虛偽的花樣繁多的面紗。籲醒人們敢於直面慘澹的人生，敢於面對淋漓的鮮血。魯迅對虛偽的深惡痛絕，我尤其認同。不知為什麼，對虛偽我有一種似乎是與生俱來的甚至是生理上的厭惡與痛恨。所以文革初始的喧囂，那悖情逆理，違乎常理常識的語言行為，而且這些居然是由黨內的高級領導在代表國家尊嚴的天安門城樓上向千百萬不識事的狂熱的學生發出的，怎麼能不引起我的反感和深思呢?!

而虛偽又分兩種，那就是騙和瞞。專制統治者從來把他們的權力的合法性，說成是上天所賜的，因而是「神聖」的，是不可侵犯的。小民只有順從，否則就是「造反」。而「彼可取而代之」的新的王朝，亦如法炮製。天下是朕打下的，龍庭自然由朕來坐。此騙術之一也。其二是，學得文武術，售予帝王家。讓你十年苦讀，得以成為高級一點的奴才。而所學也離不開如何做好奴才這一套。對普通黎民百姓，則以生時為善，來世得報安撫之。騙術之三，乃騙之最也，那就是用所謂的「種族優越」、「天照大神」以及遙不可及的最高理想、信仰、主義，讓被禦者心甘情願地為其驅使，為其奮鬥。希特勒、日本天皇、史達林以及他們在東方的號稱「馬列主義」、「主體思想」的繼承者都是用這種騙術來騙得人民的信任崇拜，結果是國禍民殃，無數餓斃的被孽殺的冤魂成了這些獨裁者的陪葬品。而且不僅冤魂難瞑，甚至到現在還有人在崇信著。

而魯迅是對此認識最深刻的。我在如上的信中寫道：「魯迅對中國是太寶貴了。他是中國昏沉沉幾千年產生的第一個最無情最徹底深刻地對中國社會的揭露者、批判者。中國在昏睡狀態中渡過了幾千年，卻沒有一個人像他那樣瞭解他們所生活的社會，或者說沒有一個人能夠和敢於將中國的真面目揭示出來。總是欺騙著別人也矇騙自己，騙著也被騙著，在無數的禮節和假面中活著，喘息地生存著。統治者高興在假面具後面將自己扮成人民的救星，上帝的使臣，人們則甘於在假面具後面求得苟活。而一旦人們試圖揭露那假面，看穿那統治者的猙獰貪婪的真貌時，則遭到最殘酷的鎮壓。於是在被血裝飾的假面後又恢復了雙方的平靜，雖然是像在森嚴的大殿裡一樣可怕的平靜。是魯迅第一個不僅揭露了統治者的醜惡真貌而且第一個更深刻地將自己所深摯熱愛同情的人們的被愚弄被歪曲被壓抑而畸型化的精神心理揭示出來。前者的揭示不是由魯迅始的，而且那種揭露是自有了階級以來就一直存在的，這是被剝削壓迫者的本能。而後者的揭示卻是魯迅獨得的偉大。歷來統治者不僅想隱瞞自己的真相，更惡毒比隱瞞自己更壞千百倍的是，不讓人民認識自己，自己的缺陷自己的力量自己的信心自己的前途。這是最可怕的愚昧和奴化。一些統治者用來世的幸福叫他的臣民忍受今世的苦痛，以保證統治者今生的奢侈，而中國的統治者則用更簡單得多的辦法，即讓他的臣民無知無識，（甚至更進爾用虛無的精神鴉片使臣民們覺得已經非常的幸福和自由了），自然就可以免除妄動之憂了。而他們也就可以安心享用從愚者身上榨取的膏血了。所以我認為認識統治者的罪惡甚至不是最主要的，因為這是較明白的事，而讓人民認識自己，則更重要得多。啟蒙運動的意義目的，我看就在於讓人民認識自己，使人民成為一個自覺的社會成員，而不是一個盲目的人類生存者。從這裡我們可以找到一個識別一切統治者的標準：竭力掩住人民的耳目、混淆他們的視聽，卻將自己裝扮成人民的代表者的統治者是騙子強盜；不僅相信人民的力量而且竭力使人民認識自己的力量、缺陷，使人民成為自己的自覺的主人者才是人民的真正代表。」一（第二七四至二八二頁）

「愁坐正書空」

在農村除了勞動的繁重艱辛外，生活的不適應，資訊的閉塞，對親人的想念使不少人回京逗留的時間往往達到三個月以至半年，村裡一般是不管的，獲得了相對的生活的自由，對我而言則是讀書的自由、思想的自由、書寫的自由。我的到農村正是為了得到這樣的一個避險的自由的空間，同時可以在這裡得到身體意志的鍛煉。我每年都是最遲回家最早返回，可以有更多的時間不受干擾地獨自讀書思考。

一九七〇年以後，認識了丁東、文重萍、趙國楠、楊志栓、魏光奇等人，從他們那裡借到了很多夢寐以求的書籍。除了政治的歷史的哲學的有關書籍外，還有為數不少的文學書。比如巴爾扎克的《人間喜劇》托爾斯泰的《復活》、《安娜卡列尼娜》屠格涅夫的《貴族之家》、《父與子》、《羅亭》車爾尼雪夫斯基的《怎麼辦》羅曼羅蘭的《克裡斯多夫》傑克倫敦的《馬丁伊登》、《鐵蹄》以及《震撼世界的十天》等等。這些書我都是利用冬天，在一間屋頂破陋到可以見天，連毛巾、牙膏都被凍裂的房子裡，蓋了兩層厚厚的棉被，借著牆上掛著的小小的煤油燈的微軟的光線，走進文化思想與精神的世界。由於天氣實在太冷，我只能一隻手伸出來拿書，一隻手藏在被子裡。就是這樣我在這間「陋室」甚至可以說是「冰室」裡度過了一個又一個寒冷的冬夜。這讓我想起了一千二百年前的唐朝詩人劉禹錫的《陋室銘》，那是一篇僅有區區八十一個字的精美散文，使古往今來的無數寂寞者，甘居陋室而不餒不孤，於是我也寫了一首《居陋》：居漏何須悲／並非閑者言／小室豈寒孤／志高心自遠／陰晴尋常事／風雲須細辨／浮沉善惡分／坎坷勁弱現／四載曆霜雪／混屯一鏡鑒／世人隱悲苦／束手向淚泉／莫若蹈荊莽／豈惜血斑斑／（72.12.8）

不過，我的居陋是無法與劉禹錫相比的。我的陋室不僅「陋」，而且「漏」，漏雨漏風漏雪，是與杜甫的《茅屋為秋風所破歌》有得一比的。不止是「床頭屋漏無干處，雨腳如麻未斷絕」，而且是風寒侵入骨，「爐存火似紅」（杜甫《對雪》）的。何況我在其時其地又何來「談笑有鴻儒，往來無白丁」呢？更談不上「可以調素琴，閱金經」了。在那個時代，鴻儒都成了「牛鬼蛇神」到「牛棚」裡接受批鬥了，連命都難以自保，何來「談笑」！「白丁」倒是可以耀武揚威地到處整人害人，那也不過是奴才唯主子之命而已。其實他們才是那場「革命」的最大受害者，不自知罷了。

在這樣的冬夜，在寒風苦雪中，我也只能「愁坐正書空」了。聊以自慰的是還可以用幾首小詩「冬夜有感」，抒發我的感慨：一、風侵雪襲爐空存／交替執卷看小燈／潛心苦思人間事／只緣今夜月不明。（73.12.29）二、一人抖擻萬人哀／風雷運處葬人才／堯舜下作愚人癡／紙船明燭祭蒿萊。（73.12.30）

詩歌吟：天涯何處有芳草？

到鐵路民兵團

自一九七三年開春以後，我就由縣知青辦介紹，到正在新修長太鐵路的鐵三局民兵團宣傳組當臨時工。在閻錫山執政時期為了便於割據自治，太原至長治原建有一條窄軌鐵路，這條路因為軌道窄小與其他鐵軌無法對接，而且為省錢省工基本上是直道。這次重修除了軌道加寬為正常外，更重要的是改直為彎，使其路可經武鄉、沁縣等革命老區。武鄉在一九四〇年作為八路軍分區的駐紮地，朱德曾在此領導過抗日。當我來到鐵路民兵團時，已到了鐵路修建的後期，我的直接領導是一個姓田的沁縣幹部，他樸實而又風趣。我不參加修路勞動，負責寫一些通訊、通知、表揚稿之類的簡單文章，清閒得很。每月工資大約是二十五元，住在縣裡的一個新華書店裡，吃飯就在書店對面的小食堂，伙食比在村裡好多了。可以有大量的時間讀書，但無法像在村裡那樣專心，因為這是在工作期間，隨時可能被一些小事攪擾。

自療

這不足半年的時間內讓我最難忘的是，一次早上起床，忽然爬不起來了。肩椎、頸椎、腰椎疼痛不已，我嚇壞了。在別人的幫助下起床後，我馬上給北京的家裡寫了一封信，告知我的病狀，讓大哥火速尋藥火速寄來。可是還未等藥寄達，我已自療病消了。因為我找到了病因，如前文所述，我在李家溝時，住在一個漏室裡漏夜苦讀寒侵入骨而至。我就開始每天做肩臂的大回環運動，起初疼痛難忍，我就由輕到重由少到多，堅持始終，居然大有好轉，當我每天做到幾千下以後，竟然徹底治癒了。一直到現在再也沒有重犯過。這是我的又一場小小的勝利。自此，我很少得病，更很少看醫生。因為我認為，醫生絕不會比我更瞭解自己。自知之明，不止是在思想精神上的，在身體上同樣如此。

到鐵路民兵團不足半年，長太線就全線貫通了。在新修建的沁縣車站，舉行了盛大的通車典禮。那幾天是我最忙的，張貼標語，佈置會場，起草發言稿，忙但快樂著。以後回北京、返沁縣就可以方便多了。這一天是全沁縣人民的節日，那些一輩子沒有見過火車的沁縣鄉親們也終於有乘火車外出的機會了。會場上方的大字標語「人歡車鳴、舉縣同慶」是我草擬書寫的。得到了上下一致的好評。

兩則笑話

車通了，而我又該回李家溝了。沒想到的是，又是縣知青辦通知我去縣廣播站報到，擔任編輯兼播音員，但仍屬於臨時工，月薪二十五元。正是從這天起我徹底告別了李家溝，雖然戶口還在村裡，還是李家溝的村民。我的能夠來廣播站是因為在段柳公社長勝大隊插隊的知青繆力從廣播站升調至西湯公社擔任書記，知青辦照顧我補了這個缺。像我這樣的「出身」，招工、招生都是沒有任何希望的。後來我聽知青辦的一個人跟我說，兩年前，太原來招一個有書寫特長的省委研究室工作人員，他們第一個就推薦了我，但一翻看檔案，就被否決了，後來是丁東去了那裡。而能夠到廣播站，也是我完全沒有想到的，因為這裡畢竟是縣一級的「輿論宣傳」重地，是黨的喉舌。這也可以印證，越是在地方偏僻的不發達地區，人們的「政治觀念」、「階級鬥爭觀念」相對越薄弱。他們更看重人品和才能。當然，就我所知，知青中也有憑送禮、拉關係，甚至「獻身」，以求脫離農村獲得一份謀食之職的。

關於「送禮」，知青中傳著兩個「笑話」：一是某某把一個鬧鐘送給了某吏，待事成後又去其家，一邊自取了賄物一邊自語道，哎呀，把這忘放在你家了；二是我的一個朋友楊小平，他的父親楊伯箴曾是駐前南斯拉夫的大使，是個天真不曉世事的幹部子弟，也是一個總是嬉笑著的快樂的人，他還把簽有其父親大名的《哲學詞典》送給了我。記得一次去他所在的村裡，他居然慨歎我的會擀面，尤其讓我忍俊不禁的是，當鍋沸湯溢時，他竟驚叫，快拿東西來把鍋蓋壓住！而幾乎傳遍全縣知青的另一個笑話是，一次在知青辦，他打開一盒煙，一邊一人一根地發放，一邊還喃喃道，薄禮薄禮……讓人哭笑不得，不知是他有意調侃呢，還是無意中透現出了自己的可愛。但由我的一生的經歷也同樣證明，一個鄙夷抗拒那種非正常手段的人，同樣可以憑自己的人格、才能和始終若一的艱苦努力而獲得認可，因為世界上畢竟好人多。

「上有所好，下必甚焉」

廣播站的工作對於我是輕鬆而應付自如的。有一個好處是，可以經常跑到各公社、大隊去採訪、組稿。我也因此認識了許多公社和隊裡村裡的幹部百姓，並再次體驗到沁縣人們的樸實。最初的接觸是有隔閡陌生感的，但漸漸地就和他們熟絡起來，我也慢慢地學會了用他們的語言而不是知識份子的書本語言進行溝通交流。甚至可以談一些「違禁」的心裡話。從而瞭解他們的真實的看法想法。比如，漫水公社的書記田來儒，他在三級幹部會議就敢說「上有所好，下必甚焉」這樣的危言悚語而沒有受到批判，反而獲得包括知青在內的大多數人的認可和尊重。我還和城關的一個年輕的壯實微胖的王書記（其名已忘）交談了對形勢現狀的看法，不僅沒有被出賣反而建立了良好的朋友關係。離開沁縣以後，當我知曉了一九五九至一九六二年的全國大災荒，並在和平年代餓死了幾千萬人的時候，再回顧沁縣為什麼同樣受「三面紅旗」之害，而死人相對較少，恐怕是與這裡幹部的樸實善良密切相關的。

荒謬絕倫的口號

在播出的各類稿件中，是以大批判為主的，這是形勢使然。我利用手中的一點點權力，就採取儘量刪削稿件中的過激過左的語言文字，而又儘量不露痕跡。當時有一個口號，「大批促大幹」，我就儘量在「大幹」上做文章。在「批鄧反擊右傾翻案風」中，有一個重點是批「唯生產力論」，我私下認為這是一個反動的荒謬絕倫的口號。一次，已升任為縣委常委，縣宣傳部長的繆力代表縣委作批判發言，我告訴她，你什麼都可以批，但「唯生產力論」不能批。繆力同意了，我幫她刪去了文章中所有有關文字。至今我對已身處「高官」的繆力當時對我的支持深懷感激。為了彌補在播出稿件中的「政治」上的不足，我就在形式上加以「創新」和提高。那時縣廣播站的條件是極其簡陋的，只有一台笨重的錄播機，我就用自行車馱著它，到各公社、單位、隊村去現場錄音採訪。回來後再配上音樂，美其名曰：實況配音廣播。其實因條件所限，加之我的音樂細胞的缺乏，所配音樂往往牛頭不對馬嘴，但因為新鮮，居然大受歡迎。縣裡開大會，我就現場錄音，當晚就播出，縣裡的領導自然滿意。也因此，雖然廣播站領導幾度換人，而我這個編播組長巍然不動，不過仍然還是一個「臨時工」。

怎樣──就怎樣

為什麼我最堅決地反對「唯生產力論」呢？就我那幾年讀過的馬克思著作，從馬克思對有關經濟基礎與上層建築，生產力與生產關係，物質與精神的關係的論述，結合幾年來文革的唯心主義的猖獗和農村貧困落後的見聞感受，我樸素地把馬克思的理論，理解概括為：人怎樣生產就怎樣生活，怎樣生活就怎樣思想，怎樣思想就怎樣行動。我們這樣一個以農民為主體的國家，還在以幾千幾百年前的牛馬、犁耙為主要生產工具，還在進行以維持生存為主要目的的低效生產勞動，那裡談得上什麼「唯生產力論」呢？正如我在一九七三年七月的長篇政治抒情詩《我們生得並不晚》中所寫：「──林彪的幽魂／沒有隨／荒漠的大風／完全飄散／我們的人民／還在用／原始的犁鏵／耕耘饑寒／在這樣的時候／難道能說／我們生得太晚／五十年內外呵／任重而道遠！──」

因此我認為這是欺騙！而且是徹頭徹尾的彌天之騙。資本主義在我們國家不僅沒有得到充分的發展，而且早已「胎死腹中」，沒有資產階級那麼請問那裡來的無產階級？更那裡來的「無產階級」、「文化」大革命。這些觀點，我不止一次地與丁東等人談起過。而且在一九七二年的日記中作了反復的論述。那麼就只有一種解釋，像歷史上那些獨裁的皇帝一樣，為了自己的權力，可以以民眾的基本生命權生活權為代價，大亂宮廷大亂天下。可見，歷來的造反都是農民的造反，而造反成功後建立的政權仍然是專制的封建帝王之政權。而文革之所以能夠發生發展，其根本原因，也是因為我們仍然是一個農民的落後的國家，工人階級不僅人數少，而且他們與農民有著千絲萬縷的聯繫。各級幹部、知識份子中的一部甚至大部分，其農民意識並沒有根除，帝王意識，臣民意識還以顯性或潛在的形式保留著殘存著，就連我自己在許多意識、潛意識上也仍難免，啟蒙對於我們仍任重而道遠啊！

幾任站長

在廣播站的五年裡（一九七三—一九七八），領導更換頻乃。依次有魏承祖、晉瑞良、宋繼光、崔映堂，他們都有一定的文化，但仍然不失為一個農民。他們善良樸實甚至有些木訥粗陋，這裡要特別提到的是晉瑞良、魏承祖，這兩個人是我平生所見到的最善良的好人，和他們在一起，你會有絕對的安全感和親切感。但在紛繁複雜的社會裡，這樣的人是「無能的別稱」他們是不會有什麼發展的，只要一生平安，就是他們的最高願望和人們對他們的衷心祝福了。他們中的一些人，能夠從僻遠的公社轉進城內，已經很滿意了。因為沒有什麼專業知識，所以也就是維持，發展是談不上的。唯有宋繼光是個特例，文化程度較高，有想法有把事情幹好的強烈願望，做事勤奮幹練。他一到任，就和我商議，開始整頓站內的歪風邪氣，立下了各種條例規範。我配合他對站裡的一個專門挑撥離間幹盡壞事的小人，進行了揭露，打擊了他的氣焰，樹立了正氣正風。這一段是我工作最舒心暢意的。可惜，沒多久他就調到沁縣師範作了校長。還有一個人要提一下，他是個駝背殘疾。按理應得到人們的同情，但其人體殘心更殘，滿肚子壞水，可能是想以此彌補他天生的殘缺吧，但得到的卻是人們的側目與鄙視。他的能夠來到廣播站完全是因為縣委裡有一個不大不小的人的支撐。他也想方設法整我，但正如播音員李小英所說，盧叔寧天生有一副鎮人的硬骨。所以他不敢也不可能對我做些什麼。

與愛情不期而遇

到了縣裡，和各點的知青，和同為師大附中以及外語附中的朋友有了更廣泛的接觸，消減了許多寂寞，但也失去了些許沉思。所以我的日記自七五年以後，對社會對文革的思考文字顯著減少。這一方面與家中的「焚稿」事件有關聯，另一方面也是因為環境的變換，但我以為更多的是感情的迸發取代了理智的書寫。

縣檔案館來了個李琨，我是知道的。她是新店公社小王大隊的知青，也是師大附中的校友，初中生。此前，我在一次與丁東等人去小王時見過，漂亮，身材修長，談吐得體，戴一付眼鏡，與她的膚色一樣白白淨淨。在李家溝因「出身」之累，數次情場失意之後，我已把感情的大閘基本封閉了。因有此自知之明，我雖心略有所動，但不存任何它想。更何況她是如此出色，又何必自尋煩惱呢？所以對她的來到縣城，我是不以為意的。期間也和他人一起與她見過幾次面，談笑風生，如此而已。但沒有想到的是愛情居然不期而遇地敲響了門。

狗叫與鬧鐘

一天晚上，正在自己的斗室裡孤自讀書，忽然聽到狗的狂叫，一定是有什麼陌生人來了。過了一會兒，有敲門聲：是她！我有些驚愕，接著是坦然和莫名的喜悅。於是坐下聊起來，談了什麼如今全忘記了。第二天她又來了，只是狗已不再叫了。這一次，她還特意帶來了一個精緻小巧的鬧鐘，原來在昨晚的聊天中，我隨意提到，每天要很早起床，開機播音，而我因為讀書睡得很晚，怕起晚誤事，未天明就睡不安生了。沒想到言者無心，聽者有意，她居然把自用的可愛的鬧鐘帶來了。

那個年代，那個時候的年輕人的戀愛恐怕就都是這樣的吧，在不意中相見，在無言中孕育，感情像山中小溪默默地流淌：輕輕的、淨淨的，映著那山、那樹、那月、那小草、那藏在綠叢中的羞澀地鳴叫的蟋蟀，但就是沒有自己，連對方似乎也不存在了。雙方躲在薄薄的雲層裡，傾聽著對方的心跳，感受著那隱秘的快樂。

後來，兩人每晚的一見，就成了我們必不可少的感情的「作業」。這樣的「作業」人生得遇一次也就不枉此生了。

小小的「惡作劇」

有的時候，她也會在白天到廣播站來，談笑聊天，歡洽愉快。使孤獨寂寞的小屋裡充滿了青春的生氣。其他的知青朋友只要進縣城，也會到我的小屋裡一坐。記得有一天，她和文重萍幾乎同時來了，文平時寡言少語，但不乏誠摯的笑意和幽默。事有蹊蹺，正巧在那天，收到了一封某雜誌社的退稿函，是同在段柳公社長勝大隊插隊落戶的韓旺辰的，他那時也在這裡做臨時編輯。三人便冒昧地把退稿信打開，原來是韓寄去的一篇名為《王小明護渠》的稿件，內容大致是：一個老地主，趁夜色昏暗，把隊裡的一條引水渠扒開了一個口，被王小明看到就與之搏鬥⋯⋯。三個人忍俊不禁，噴口大笑，直笑得腰彎背折，直笑得窗外的小鳥也莫名其妙地驚嚇著倉皇而去。這幾年來，我們多的是冷笑、冷眼、冷噤、冷漠，已忘記了什麼是開懷大笑了。在那個以階級鬥爭為綱的年代裡，除了天天「如雷貫耳」的八個樣板戲，僅剩的為數極少的幾個雜誌刊物，也全部充斥著與所謂地主、富農、反革命、右派、走資派的鬥爭，滿紙是虛偽和血腥，我們早已嘔吐不已，厭惡不及。今天居然在我們身邊發現了這樣的「奇文」，而且居然出自也是師大附中高三的知青之手，怎不讓我們三人驚愕和噴飯呢？笑止而忽發奇想，決定開個不大不小的玩笑，讓這場「護渠」的「笑劇」繼續下去。趁他外出還沒有回來，我們分工合作：我臨時作了這個某雜誌的編輯，寫了一紙回函，大意是，來稿收閱，很好！我刊準備發用，只是還需做一點修改，把地主的兇惡嘴臉寫得更形象一些，同時要更突出王小明捨身護渠是學習毛澤東思想的結果，是階級鬥爭在目前新形勢下的新的反映，我們期待著你修改後的大作；重萍，因為書法繪畫俱佳，就由他負責繪製該刊物的信箋；李琨的字像她的人一樣漂亮，所以就由她把我這個「編輯」的回函抄寫在重萍繪製得惟妙惟肖的信箋上。三人仔細地欣賞了一番我們的「傑作」後，小心翼翼地不漏破綻地封好口，靜等著韓的歸來。而果真，他居然毫無所察，興奮異常。以後的事，當然無需我多言贅語了。自此，他雖沒有懷恨在心，但再不理睬我們。只是其他知青朋友聽聞此事後，莫不拍手大快。

今日思之，卻有一種難言的愧意，畢竟他也是那個時代的受害者，而且私自拆看他人信件總不能算做是一件光明正大的事情。聊以自解的是在那個連最高領袖都公然宣稱「和尚打傘，無法無天」的年代裡，人們的生命、尊嚴、財產、遷徙、言論，通信自由⋯都得不到尊重保障，我們的這一點非暴力非圖財的小小「玩笑」也就算不得什麼了吧。後來聽說，韓的出身也有問題，幾次推薦他上「工農兵大學」均因此未果。不久他轉回了北京，並於一九七七年如願地考上了大學。

明月、漣漪、長堤

不知是從哪天起，我們開始將斗室之坐改換為月下散步了。而我的封閉已久的愛的詩的大閘也就轟然大開：

TELL ME GIRL（告訴我吧，姑娘）

（那是一個迷一樣的夜晚，水波漣漪、明月高照、清風吹拂）

這是一條走不盡的長堤，
這是一層打不破的沉默，
在如銀的月光下，
並肩走著你和我。

親愛的，你可曉得，
是誰掀起了我感情的巨波？
是誰打開了我理智的鐵鎖？
是誰點燃了我青春的火？

為什麼你突然轉身離去，
像夜風在我身邊匆匆掠過？
只讓冷冷的月光，
忠實而默默地伴隨著我？

呵，我怎能不愛，
這神聖的權利誰能剝奪！
是什麼使你眼中閃現火花？
又是什麼使你臉上佈滿迷惑？

真正的愛情，
不是無卷的交易，庸俗的快樂。
她是生命的絢麗之花呵，
是心靈的燦爛之果。

只有真正的愛，
能承受痛苦的折磨；
只有真正的愛呵，
能迎接戰鬥的雷火。

可是，姑娘啊，你為什麼沉默，
是什麼使你猶豫使你怯弱？
Tell me, girl
Tell me! Tell me!

也許，是語言包容不下
那樣深沉的愛，
像浩浩大海
深情總伴隨著酷烈的沉默。

可是我，寧願接受狂濤的衝激
在你的面前化作閃爍的一滴水沫，

而絕不願在死的寂靜裡
慢慢地熄滅了我心中的火！

潮去、浪息、火起

這是我一九七三年六月七日寫下的第一首愛情詩。正如詩中所說，那一晚，明月清輝下沁縣的西湖，波光瀲灩，二郎山上清風徐徐地吹拂著，那真是一個詩一樣的夜晚。我和她坐在一塊石頭上，默然無語。我壯著膽把一隻手輕輕地放在她的膝蓋上，那是心靈震顫的一放，便再不敢動了。而且似乎有一種冒犯的負罪感，那時的年輕人把愛看得太神聖了。我們的整個的戀愛中，我甚至連她的手也沒有摸過一下。現在想來，簡直是不可思議的。不知什麼時候，我把那有如「罪惡」的手悄悄地縮了回來，不要小看這一放一縮，它將在很長時間裡對我產生深刻的影響。使本來就害羞膽怯的我，在女孩子面前，無論內心熱情如火，也再不敢「造次」了。

而她確乎是不那麼高興的，眼睛凝然地盯著遠方，雙唇緊閉著。我恍惚而不知所措，心中縱然有萬般柔情，胸中有千言萬語，也不知何以傾瀉何以言說。正如人們所說，少女的心是天上的雲，而且是漂浮不定的謎一樣的雲。我們又返回到大堤上，仍然是無語地默默地走著，好像是在用步子測量大堤的長度，又好像是在享受那夜色下的清風明月，生怕打破了那天籟寧靜的妙曼。我知道在沉靜的外衣下，兩人的胸中都心潮起伏波濤洶湧，但都被腳下這條大堤和那緊閉的閘門阻塞著，找不到出口。抑鬱像那無邊的夜色籠罩著兩個初戀的年輕人。

回去後，我難以入睡。那沉默，酷烈的沉默堵在我的心口，使我艱於呼吸。只有披衣而起，寫下了我平生第一首詩，不，是第一首愛情詩。那是從我的胸中溢出，又經過理智的洗滌，像噴湧的火，又像純淨的水迸流而出。我的心才漸趨平靜。潮去了，浪息了，火還在燃燒。但我慢慢地恢復了理智，恢復了我慣常的理智的思考。

冷靜與坦白

我把詩寄給了她，她很快就回復了，比我還要冷靜與理智。她在信中寫道：「……我何嘗沒有讀過愛情的悲劇？而且不止一次為之感動。但我也清醒地知道，現實和理想之間存在著什麼樣的差距。也許你會嘲笑我沒有勇氣去與生活鬥爭，失掉了熱情，或是變成了一個庸碌的俗人，……隨別人怎麼說吧。

……我不能回敬你一首那樣迷人的詩篇。但我認為無需隱瞞自己的本來面目。我現在只想學習，作一個獨立於社會的人。將來無需依賴任何人而生活。我固執地認為，只有讀書高，對那遙遠的事，我無精力去考慮它們。我更不願為自己和別人增加痛苦。希望你能理解

我的這一想法……。」（此信和下面的書信都沒有在《殘編》中在刊錄）

理智是可以使人清醒的，我雖不甘願承認，但已清楚是什麼橫亙在我們之間，那難道真是一道永遠不可逾越的牆嗎？

愛情與理智

很快，她回到了新店小王村。我沒有勇氣去看她，不如說，我沒有勇氣去面對那死一般的沉默。我只有在書寫時，才是勇敢的激奮的，我只有在筆下，才有「雖千萬人，吾往矣」的膽量和昂揚。只有在這個時候，一切都不存在了，我就是一個世界。在給她的一封信中寫道：

LK：「……我的心無法平靜，對你的愛和痛苦的疑問像條蛇時時咬噬著我的心。……LK啊，MY，DEAR，你還有什麼顧慮或矛盾使你不能向我坦開你的心胸。當然我們的面前不只是坦道和花園，這應當算是我們這一代的「幸運」。而愛情如同一個人的意志正是在艱阻面前獲得考驗，有人向我說過如果我得以考上大學或者有了比如今更好的運遇，那麼我的周圍會有一群蜂蝶嗡嗡。於是我常常自問：難道現在的我就不是我自身，難道我們具有的一切只有環以福祿名利才有價值，難道只有這些才能贏得愛情？我們都是鄙視這些的，雖然它是那麼風靡。LOVE這兩個字，說實話我很不願去想，並非我已老於世故，而是我看到她所遭到的境遇時，就好像看到一個純潔美麗的少女淪入煙花巷而有一種說不出的感慨。自然，生活不是小說更不是詩歌，然而小說、詩歌卻是以生活為基底的，它們是我們追求和憧憬的生活。生活如果沒有了追求和嚮往還有什麼意義呢？我們如果不用自己的努力使生活更趨近於詩歌，又談得上什麼理想進步呢？

……也許用世俗的的眼光看，現在的我是當今社會被遺棄的「另類」，可我自信我不餒，因為我有正直的心、蓬勃的朝氣和也許直到死才逝竭的熱情。那強加於我的天然的遺恨，是無法將我擊倒的，反使我比別人更樂觀。人活在世上是應當對祖國對人民對人類社會有所貢獻的，我要用我的一生的行動向世人證明，人的命運是不應當受束於他人的，這種束縛對一個人越小（應當說一個人對這種束縛力的抗力越大）那麼他也就越進入自由境地，就越獨立而自由。人類的整個發展史正是一部從大自然的束縛中和人類自身的束縛中解放的歷史。

……人生的花環是要靠自己去爭取的，只有這樣才能使美更完善。……親愛的，你觀察吧深思吧判斷吧，不妨在你的額頭皺起幾道波紋——用你的心你的眼睛，不用怕不用猶豫不用顧慮。生命對於人只有一次，真正的愛情於人也只有一回，你認為什麼是一輩子要走的路，什麼是真正的幸福，你願意把你的生命和什麼樣的人結合在一起，這些都無須掩飾也無法掩飾。裴多菲說過：「生為美酒和愛情，死為祖國而犧牲」我把它改兩個字「生為理想和愛情，死為自由而犧牲」。ＬＫ啊：生活是多麼美好！太陽是那樣的亮，天空是那樣的晴，花是那樣的香，路是那樣的廣。可有多少人像水塘裡的泥鰍只會尋找腐爛的水草。

如果你拒絕我的愛，默默地像掀不起波瀾的海。……我還會那樣樂觀，我要使自己在告別這個世界的時候能夠這樣說：我是這樣一個人，在精神上沒有任何東西可以把我打倒。……人的心本來是最簡單的，愛情也本不該如人們所想像的那麼複雜，可是要人們認識這樣一個最簡單的真理是多麼的不易啊。！」（一九七三年十月十日）

銀鬚冉冉的時候

以後，我們之間就一直是以書信的形式相聯繫的。而我在信中也大多拋開了兩人之間的關係，更多的談我對美、愛情、事業、人生、社會，甚至世界發展的看法。在一九七三年十一月二十日的信中，這樣表述：「愛情和生活是密切相關的，正因為這樣它是不獨立的，我深深懂得這一點。所以也就能用冷靜的眼光來看待這一切。而我也就更趨於追求一顆真正的心，一顆能瞭解我理解我從而能安慰我的心，形體的美到在其次了。當我看到並不美麗的簡愛和並不英俊的羅契斯特爾的愛情（《簡愛》中的主人公），那真正高尚純潔的愛情時我更深信了這一點。」

我還在信中希望，當我們年老了的時候，年輕的一代會有更好的生活，而我們也應當無愧於自己無法選擇的今天：「……當我們銀鬚冉冉的時候回憶起這些定會啞然失笑吧，那個時候的年輕人但願不再有我們這時的煩惱，他們定會有新的生活和愛情。時間總是拋棄舊的，把新的更美好的東西呈現在我們面前，它無私地記下我們的懊惱和失敗，同時也記下我們的奮鬥和勝利。雖然它同樣無情地在我們的額頭犁下深溝，在我們的頭上灑下霜雪，而我們的一生也全部是在那上面記載著的，那是沒有語言的文字，當我們讀著它的時候已昏花的眼睛裡如果沒有悔色而敢於正視，則證明我們今天是無愧於自己的。……」

對未來的預想、期盼

那個時候，我並沒有完全沉溺於個人的感情而不能自拔。而且堅定地相信中國必將融入到世界中去：「……生活像路一樣總是曲曲彎彎，像水一樣總是時急時緩，但總是向前的是奔騰的。看不到前者就會在困難面前盲然失色，看不到後者就失去了信心，也就同時會關閉了我們身心內部轉動的馬達。我們所處的時代不會是平靜的，看一看歷史就知道：人類越往前走步子就越急，往古是億萬年計算的，有了人類就以萬、千來計算了，到了十七、十八世紀則以百、十為其為其日曆了。中國過去是以千至少是以世紀來衡量其變化的，所以像一個老人步履蹣跚而艱難。當別人在以十幾甚至幾年的速度前進的時候，我們也就再不能那樣老成持重了。看一看鴉片戰爭後的中國，自從外界的狂潮衝激著中國陳朽的大門時，也不能不被裹脅著前進了。今天世界上的千江萬河將歸為一洋，沒有什麼東西可以阻礙各國的必然漸趨於融為一體。一切都流動著變化著前進著，可惜中國這個可敬的龐然大物醒得太晚，但終究是要醒的。不是她睡得過多而是被摧醒驚醒的。在初期是不自覺的，所以許多積習在初醒的朦朧中還滯礙束縛著自己。應當承認目今的中國到了拋棄這些的時候了，中國要由自為而進入自覺的時代了，我們正處於這樣一個轉變時期。……」

無法擺脫的「無奈」

在信中我坦承：「我這是把你當作我所愛的人敘說我的感情，更重要的是像對知心者一樣談我的思想。這樣我就把自己置於一個無拘無束的地位，在這樣一個地位上就可以無所不言了。……！」

我是完全能理解她的處境與心情的。在那樣的一個年代裡，沒有什麼比政治身份更重要的了。這使我想起大約半年前的某一天，在縣檔案館的門前，我，她，還有知青辦的張效良，他是我們所有的知青都喜歡信任的如父一樣的長者。三人隨意地談起我們的前途去向，張先對李琨說，你上大學還是有些希望的，對我卻說，小盧，上大學你是沒有什麼希望了，你有什麼打算呢？清楚地記得，我表示，能作一個中學教師就心滿意足了。（天隨我願，我果真作了我快樂，學生也快樂的中學教師。）也就在這個時候，我無意中發現，她的表情癡癡的，臉也飛來一片紅雲。我當時沒有來得及多想，現在想起，是不是……？

在我發出信不久，她給我回了第二封信。那已是一九七三年的十二月份了。信中坦承了她心中的矛盾和激烈的鬥爭：「……很抱歉，我這麼長時間沒回信給你。但並非我沒有寫，沒有想。我塗抹了好幾張信紙，也不知道如何才能表明我的全部思想。

……這次你所談到的許多問題，我是能夠理解的。生活中的大多數人，都是理智的俘虜，儘管他們都有著熾烈的感情。……也許你會輕視我的這篇貌似正派的辨白，可我的的確確是這樣想的。這是我看到，經歷到一些事情之後才得出的結論。…

我並不懷疑或輕視你的感情。你談到的許多思想，我是完全可以理解並與你同感的。我們接觸的時間是那樣短暫，然而我還是以我自己的思想理解了你的許多思想，並得以瞭解了你是如何將充滿荊棘的現實和美麗的理想盡力結合在一起。對你的學習和奮鬥精神，我是由衷的欽佩的。這點不管是在結識的最初，還是現在，以至將來，在我都是不會改變的。……這條路上，你走得要遠。有一本書講過「一個人的精神越豐富，愛情留在他身上的痕跡就越明顯」，我是相信這句話的。。所以要擺脫它，還要經過一段相當的痛苦……。」

我是從心底裡感謝她的赤城，感謝她對我的認可和理解。這是比愛情更可貴的，我還有什麼可以要抱怨的呢？

「柏拉圖」式的戀愛

在這期間，我並沒有完全沉溺在愛的林間小路上，更沒有到花前月下尋求情感的依託。我甚至沒有到新店小王去見她。所以我的朋友知己笑話我，說我是「柏拉圖」式的戀愛，是純精神上的，而且告誡我，純精神的戀愛是虛無縹緲的，只能使對方在思想上、才能上欽佩你，在精神上敬重你。如果你不去找她親近她，沒有接觸沒有言笑沒有交流，也就沒有了愛的愉悅與快樂，就失去了男女相戀的物質前提，她就會漸漸地疏離。這樣的愛是難以持久的。我自然也認可他們對我好意的勸誡。丁東還在給我的一首詩中勸慰我「天下何處無芳草，何必傾心戀一株」。但我認為高尚的愛是應當超越這些的，這就是我難改的「書生之見」了。那時，我還沉浸在對「九一三」事件後的思索中，在與丁東、楊志栓等人通信中交流我的思想。在給李琨的信中也較隱諱地談著我的看法：「……七三年隨著瑟瑟的北風過去了，在生命的路上我們又走了一程。我是懷著愉快自信的心情回顧這一年的，雖然我也嘗受了孤獨和痛苦，但畢竟歡樂還是占了上風。這歡樂有外界給的也有你給予的，但更多的是我天生的性格中所自有和在探索努力中獲得的。我眼前朦朧的霧在這一年被驅散了，我用不懈的思想的求索、表達思想的寫作和愛情所激發的熱情代替了它。而且我想它還將同時間與空間一樣延展下去，充彌於我整個的生命中。

……我曾經迷茫過，那是在七一年（林彪葬身荒漠）以後的一段時間，我以為社會的安定與進步會隨著荒漠的轟響而到來，但我失望了……」

此情可待成追憶

我還在給她的一封信中特別談了魯迅，是與我給楊志栓那封談啟蒙問題的信是一脈相承的：「……魯迅是將中國看透研深的第一人。但可以說魯迅的思想還沒有為中國人所完全徹底理解和接受，所以我們可悲地看到魯迅幾十年前所痛斥的許多陋習惡症仍以新的形式顯示著它的頑劣不化。魯迅曾以最偉大的胸懷表示過自己沉痛的願望：寧願身後他的思想過時了、他的文章失去作用而不願以其思想的不朽襯出他的高明。但看來魯迅的在天之靈是失望的，他所遺下的使命應當由我們這一代來完成或許還要再交給我們的下一代。現在人們的思想是混亂的很少有清醒者，通過我的接觸，通過人們精神面貌的反映，通過報紙的批判可以清楚地看到這一點。而這種混亂是思想得以澄清的先兆，接著而來的必然是百家爭鳴，這是沒有任何東西可以壓抑得住的，文藝在這裡將起先鋒的作用。這樣的一場爭論是伴隨社會的變革和鬥爭產生的，它的激烈程度以社會鬥爭的激烈程度而定，以國內外形勢的轉變而定，但它必然爆發，必然相當的激烈是可以肯定的。我激烈地反對那些不可知論者，這些人不是膽小鬼就是糊塗蟲。我們青年一代應當成為善於思索和清醒的人，不僅要看到過去，目睹現在，更要能預示未來，看不到將來的發展，怎麼能調整今天的步伐呢？那些灰心頹廢茫然無措的人，其致命之傷就是心中沒有未來的光。我的許多思想不知道你是否理解和同意，我自己在探索，也想和你和別的朋友探討，真理是在爭論中找到的。愉快的謬論比痛苦的真理的接受看似容易，但它卻永遠得不到真理。……」

但我畢竟是有血有肉有滿腹激情的，尋求知己更尋求愛的年輕人。由愛而引發的如潮水般的激情又使我用詩來抒發來傾瀉。一九七四年七月，我連續寫了兩首長詩。既表達我對她的真摯的愛，更以詩的形式直白了我對世事、生活、理想、前途的看法。因為兩詩太長在此不贅。

不久，她招工去了長治北站，也曾有一次書信來往，然後就音訊皆無了。後來聽說她經過始終如一的不懈努力終於實現了自己的夢想，成了北大的博導。面對長天遙寄我衷心的祝賀。

如今寫這些，實在是感慨系之。正如李賀《七律》所說「此情可待成追憶，只是當時已惘然」了。

排雲一鶴

愛情無論是甜蜜還是痛苦，所產生的激情總會尋找到它的突破口。而我的突破口仍然是我的思想，但卻不再是議論性的文章，而是更富激情，有節奏有韻律的詩歌了。人們說，愛情總是與詩相伴的，詩只有在愛情的孕育與激發下，才會更美。正如劉禹錫的「晴空一鶴排雲上，便引詩情到碧霄」，而她就是我的「一鶴」，雖「黃鶴一去不復返」，但仍使我感念終生。我也正是從一九七三年以後，從寫成第一首情詩以後，開始了大量的詩歌創作。其中，於一九七三年7月寫就的，在當時影響較大流傳較廣的長詩《我們生得並不晚——給我的同時代的青年》，一出手，就獲得了朋友們的認同和歡迎，之所以會受到那麼多年輕人尤其是知青的歡迎，是因為我用詩的語言表達了他們的想法和心中的疑慮，也激發了他們關心國事的熱情。

此詩曾流傳至北京以及其它各地，受到過公安部門的注意和追查。詩的傳播只有兩個途徑，一是當時正走紅的王願堅的兩個女兒，（具體情況下文會專門提及）二就是楊志栓的朋友黃以平。當追索到以平那裡的時候，她推諉說，是在火車上偶然拾到的，這才虛驚一場倖免於難。這也是以平一九七六年以後告訴我的。否則，我也就沒有機會在此追憶與感慨了，因為一查到詩歌的作者，必然會順藤摸瓜地追出我的日記，那就是驚天之案禍罪滔天了。1998年中國文學出版社出版的《中國知青詩選》中收錄了此詩的節選。為篇幅計也就不冗錄了，望予見諒。

除了這一首外，還寫了長篇抒情詩《尋夢》——一代人的苦難與求索。是表現我們這一代人從對理想的熱烈追求到疑惑、迷茫，然後開始艱難不懈地探尋的過程。節選片段如下：

「……我不能容忍／千百萬人的艱辛／只為滿足權勢者的奢求／太陽應當照耀／每一棵小草

／自由應當屬於／每一條溪流／每一隻小鳥都應當／用自己的聲音歌唱／每一朵鮮花都應／展示她自己的嬌柔……」詩的結尾為：我期待／我渴望著那一天／那怕我已化作了片片雲煙／我也要變成一棵小草／一朵野花／享受永久的和諧、自由。（一九七五.3.11-12）

現在的青年們讀這些詩，一定有隔膜之感，他們無法理解我們當時的思想和感情，更無法瞭解那時和他們現今一般年紀的青年的生活處境。文化大革命對於他們而言是比《一千零一夜》還要遙遠的古怪的童話。這是現在年輕人的幸運，但也是一種悲哀。歷史不是可以隨意甩脫遺忘的，尤其是這樣重要，這樣「史無前例」的給整個國家民族造成巨創深痛的「浩劫」，它對我們民族的影響必將是深遠的，現在它就深刻地影響著我們，不過是不自知而已。

籠鶯難鳴

當時在官方的報刊上，大肆推崇和宣揚由北京大學中文系部分工農兵學員一九七四年集體創作的政治抒情詩《理想之歌》。號召年輕人用青春的熱血投入到那場以階級鬥爭為綱的「偉大革命」中去。而且只有在火熱的一次次路線鬥爭中，才能實現自己的理想。全詩竭力美化上山下鄉運動，要求青年一代把上山下鄉當做防修反修，把文化大革命進行到底的鬥爭陣地。詩中充滿了那個年代的激情和豪言壯語。在激情洋溢上與我的《我們生得並不晚》

是有相同之處的，但就是缺少和根本沒有也不可能有對現實的冷靜的思考。丁東看到我的那首詩以後，是很讚賞的。所以邀請我去山西省委政策研究室，想讓我也仿此寫一首類似的長詩。到了省委大院後，先與那裡的年輕人見了面，並邀我朗誦了《我們生得並不晚》，場面是很熱烈的，我的那首詩顯然對他們更有感召力，更可以引發他們的思考。如果讀者感興趣，可以把這兩首詩加以比較，就一目了然了。丁東給我找了一個房間住下，我苦坐數日，連續拿出數稿，都不理想，也不可能理想。俗話說，籠子裡的鳥，教唱的歌，沒有真情何以動聽？我向丁東和其他人表白，讓我用《理想之歌》的立意，寫一首宣揚階級鬥爭宣揚文化大革命的詩，我是不能也不願寫的。我還說，《我們生得並不晚》就是最好的了，但那是在與《理想之歌》唱對臺戲。不要說發表，恐怕先要維護我的生命權了。他們認可了我的看法，於是，我從那閉坐數日的小屋裡解放了出來，丁東陪我參觀遊覽了晉祠，還去山西財經學院看了在那裡讀書的文重萍和他未來的愛人郭勤。

「橋」——清江河的傳說

自一九七三年以後，之所以不再用文章表達我的思想，其中一個很重要的原因是，我深知我的那些文章是無法面世的，雖然我同樣深信大部分人一定能夠接受我的思想，但我更毫不懷疑，等待我的將是什麼。所以，我決定用詩歌來表達我的思想，它更容易為人們接受，在那個文化藝術的沙漠裡更為大家喜聞樂見，多少可以稍解人們心靈的乾渴。

正是在這種想法的驅使下，針對當時的閉關鎖國，自離於世界之外，像明朝的「禁海」和自以為「天朝煌煌」，他國皆為夷邦的清帝國一樣，今日的「主體思想」統治下的朝鮮也不過是新版舊抄而已。為此我就在一九七四年寫下了長篇抒情故事詩《橋——清江河的傳說》，用一個美麗而淒切的愛情故事，告訴人們，只有民族的通融交流，社會才可能正常的發展。當今世界是必然也一定要融為一體的。像滿清一樣自大而封閉就一定會像一堆土牆不堪一擊，轟然倒塌。

這一首詩，拿出來給朋友們看以後，沒想到他們的喜歡程度比那首《我們生的並不晚》還強烈。大家誦讀傳抄，樂此不疲。以至只要知青聚會，由我朗誦此詩，成了必不可少的節目。為什麼大家如此喜歡這首詩呢？不是它的文字多麼優美，更不是它的情節多麼曲折複雜。而是因為這首詩的外在主體是「愛情」，是可以觸動每一個年輕人心靈的情與愛的。而在那個畸形的年代裡，只允許有「階級鬥爭」的豪氣，只允許有「繼續革命」的激情，凡是與情有關的人情、親情、友情，愛情都被批判為是資產階級的，因而是腐朽的沒落的，其中尤以愛情為甚。我實在難以理解，若無產階級不講愛情，而把人的感情中最珍貴最純真的愛情，拱手奉送給了他們所最痛恨的資產階級，那無產階級莫非就是冰冷的石頭、鋼鐵？所以那只是一種欺騙，一種只有在中世紀才有的，有如《十日談》中揭露的宗教性的禁欲。這也是為什麼一九七六年，「偉人」謝世後，小說《班主任》、《愛情遺忘的角落》能受到如此轟動效應的原因。我那首詩，名曰《橋》，其實就是溝通，國家與國家，民族與民族之間的溝通。愛情也是一種溝通，一種男女之間的本能的更深層次的溝通。可見，那個年代，真是愚昧、愚蠢、荒唐到了極致。我的這一首詩，受到大家的如此青睞，與其說是我之幸，不如說是社會的時代的悲哀。而一個悖常情逆天理的統治，是絕不可能長久的。

一次聚餐

一九七五年的春節，大家都回了北京。文重萍提議，到他家聚餐。他的父親是有名的廚師，曾在中南海給高級幹部掌過勺。而更重要的是，那時的「市場」上什麼都奇缺。那些憑各種票證購買的只是少得可憐的基本用品，只能讓你餓不死而已，唯一的好處是，沒有一個人是需要減肥的，肥肉、豬油成了每一個人的最愛。而他的父親卻可以在內部搞到商店裡早已消失了不知何許年的各類讓人聽起來就口水漣漣的食品。我們這些對個人崇拜深惡痛絕的人，飽享口福之餘居然高呼起「萬歲」來。看來，當人們饑餓的時候，無論是戰無不勝的「思想」還是高尚的「主義」偉大的「理想」，都抵不過那「低級趣味」的食物，戰勝不了美味對人的誘惑性和難以抗拒的感召力。怪不得我們的偉大領袖一直始終不渝地要全國人民「鬥私批修」，要我們狠批資產階級思想了。可惜，我們的肚皮還學習得不夠，我們的胃口還沒有「無產」階級化。

在重萍家，我們十幾個人，盡情享受了口欲之福，一個個紅光滿面，興高采烈，不是過年勝似過年。酒足肴盡以後，該來點精神的了，所謂，衣食足而思娛樂也。當然，我是躲不掉的，可是，我事先沒有準備，大家齊喊：去取！去取！我這個不勝酒力者，自然已無法承領諸位的好意，這時，早已醺醺然的楊志栓，主動提出到我家去取。文重萍家在宣武門附近，而我家在永安路，距離大約有七八裡。他騎了輛破舊的自行車，醉然而去。我們耐心地等了有一個多小時，他才珊珊歸來。後來聽母親講，楊志栓一到家就吐了，而且吐得很厲害。她老人家不放心，讓他喝了水休息了一會，才找出詩的複印稿（不是現在的那種複印，而是用拓藍紙，每次只能複印三四張），他便揣著詩稿，搖搖晃晃地騎車返回。一進門就忙道歉：讓各位久等了，卻閉口不說，醉酒嘔吐之事。也由此可知他的為人。也許是長久的等待使大家的心情更趨急迫吧，《橋——清江河的傳說》的朗誦，令在場的人遁入一種更淒美也更惘然的思緒中。

看來，無論是在什麼年代，人們對真的善的美的精神渴求是絕不亞於對物質的索取的，因為我們畢竟是人，是追求獨立追求自由的現代文明人！

小詩一束

在這期間，還寫了一些小詩。是忽然想起，便隨手記在片紙小本中，有詩歌有寓言有物語，謹摘數首於下：

一九七五年以後是我最苦悶的一年，大部分朋友都雲散各地，國家前途仍是一片迷茫。雖然自一九七三年鄧小平複出後形勢有所改觀，但祖國的天空上仍然是烏雲密佈，處處刀光劍影、風聲鶴唳。在那樣的黑雲壓城城欲摧中，小平也是一木難撐啊！我雖然還能保持頭腦的清醒，在給丁東的信中談了我對當時複雜多變的社會的看法，但環顧左右到處是死氣沉沉。愛情的失望，加重了我精神上的壓抑。仰望天空，浩然長歎，而又不知所以，只能用詩的表達來紓解。

一九七五年一月，我在《尋找》的小詩中，道出尋找開解人生鑰匙之難：人們總是尋找／開解人生的鑰匙／卻不去想／為什麼會有／這樣那樣的鎖／誰悟出這個道理／就叩解了生活的奧秘。

還有在專制極權的社會裡，像空氣像風雨一樣無處不在的恐懼，也引發了我的思索《自問》：我恨自己／那麼軟弱／不該沉默的／卻學會了沉默／沉默中又在自問：／這軟弱，／是誰給了我？（75.2.5）

我為什麼那麼軟弱？而軟弱的又豈止我一個人！我為什麼學會了沉默？而沉默的又豈止是我一個人！從響應「陽謀」的號召而不再沉默的一九五七年的幾十上百萬的落難知識份子、到廬山會議上為民「鼓與呼」的剛正的彭大將軍、還有「二月逆流」的怒髮衝冠的元帥們，他們可有一個人逃脫了被鎮壓被打倒的命運？而我不是也只能躲在小小的窮僻的李家溝裡，時時提心吊膽地進行獨立的危險的思考嗎？所以我要質問，「這軟弱，是誰給了我?!」。

當時，我就此認為，我們還都是孩子，是被踐踏被污染甚至是在精神上被強姦的孩子。為此，我寫道：我們還都是孩子／卻失去了孩子的天真／於是我們只能／倒回去往前走／只有這樣，我們才能／健康地長成人。（75.1）

詩中的所謂「倒過去」不只是指要恢復已被徹底顛覆了的人心，還因為社會發展是不能「揠苗助長」的，中國社會不該從一九四九年開始，而應「倒過去」從辛亥革命起步，這是我有異於正史的近現代歷史觀。這光靠口號是沒有多少作用的，而需要對那一段歷史加以清洗清算，讓我們的人民知道是怎麼走過來的。把歷史的恥辱柱高高立在那裡，立在每一個人的心中，作為永遠的警示。

人身上長了瘡，總是要去治癒的，社會的歷史的瘡疤難道可以遠觀如桃花近看似腐乳嗎？甚至繼續用欺騙來遮蓋嗎？我在一九七五年二月五日的一首名為《瘡》的小詩中，揭示諷刺了這一點：身上長滿了瘡／於是把衣服穿上／人們說：／呵，你真漂亮！

雖然文革十年浩劫，黨、國家和人民遭到了「史無前例」的難以估量的巨創深痛，我們青年一代也經受了極大的苦難，但我仍然深深地愛著我的祖國。為祖國的遼闊疆域、壯麗河山、古老深邃的人文傳統而由衷地驕傲；我愛承受苦難而無怨的樸實勤勞的人民，尤其是我們的農民；我愛在苦難中關心愛護我的每一個好人；我愛生我養我教我如何作人的父母；我愛我的相濡以沫的哥哥弟弟姐姐；我愛我的那些有情有義的知己朋友們；我愛從小學到高中的每一個諄諄教誨我的老師；我愛給我帶來快樂的天真純樸可愛的學生，是他們使我在任何艱難險阻中勇敢地昂著頭堅強地活著思索著。這份愛是任何東西難以湮滅、割斷的。在人類世界上是只有愛是永恆的，只有愛使這個多災多難的世界永遠生氣勃勃。為此，我以《愛》為題寫了一首詩：我愛你，連你腳下的小草／我愛你，連你嘴邊的苦笑／可是，你為什麼冰樣的冷漠／是誰熄滅了你心中的情潮？／是暴徒凌辱了你的玉體？／是騙子騙去了你的貞操？／你真的什麼也不再相信了嗎？／這世界不過是個淒苦的問號／我默默地望著你的愁容／遲疑地不敢向前擁抱／可是，我心中愛的火種／卻因此更強烈地燃燒！（75.4.）

一九七六年是個大悲大喜之年，先是周總理、朱德先後逝世，然後是大地的憤怒（唐山大地震），人民的覺醒（四五事件）。期間一九七六年三月十一日在吉林又有隕石墜落，我想是不是天降凶兆和警示呢。於是於當日寫了一首《隕星》的小詩：那是億萬年前／開始的／一次拜訪／劃破沉沉夜空／以它的毀滅／以它的一閃／給昏暗的人類／送來瞬間的光明。

對祖國對人民對親人對朋友的愛是沒有也不應當有任何前提的。那些製造仇恨，視他人的生命為塵芥的人，不管他有什麼所謂的「豐功偉績」，都是不可能長久的，歷史必將無情地把他釘在恥辱柱上。

《物語》

《物語》是我一九七六年前後借禽獸之口用短句表達我的思想與感受，權剪貼於此：

物語

大雁：連我也懂得人的尊嚴

籠中鳥：不要再稱我為鳥，我已失去了天空。

馴獸：去向麵包和鞭子道賀吧！

羊：我們死於牧人之手的要比狼多。

魚：去問一問網，我真是自由的嗎？

獸：怪不得人是我的遠親。

虎：如果我不殘暴，誰來作王呢？

狗：狼曾是我的兄弟，所以它才更怕我。

牛：老實是無用的別名，只有我理解最深。

狐狸對雞：別叫了，這只會增加你的痛苦。

雞對狐狸：你是那樣慈善，我怎能不高歌?!

友誼天久地長

同是天涯淪落人

一九七四年前後，知青開始雲散。招工、上大學（工農兵大學）、病退、參軍，各顯神通各尋其路。丁東去了山西省委政策研究室，李琨去了長治北站鐵路中學，楊志栓上了中專，然後分配到長治市的一個技術學校，魏光奇去了長治鋼鐵廠，文重萍到太原的山西財經學院學習。好在還有一些人是在沁縣城工作：丁振剛在沁縣師範任音樂教師，趙國楠在縣郵電局當了預製水泥杆的工人，劉文利到城南的機修廠，韓佳瑋、席小紅到了縣汽車站，作了職員，……。還有潘鐵、王守國等熟悉的或僅僅是一面之交的人，但因為都是知青，同是天涯淪落人，也就都成了不同層次的朋友。

高山流水

而這些人中，丁振剛、趙國楠是我到沁縣後熟識的，而且很快成為最要好的朋友，至今如是。丁振剛柔弱而剛，瘦瘦的，面目清秀，一頭黑黑的微卷的絲發，身體雖顯單薄，卻聲音洪亮，有一股內在的底氣，時刻欲從儒弱的胸腔衝薄而出。他是我們師大附中的樂團指揮，所以從內而外透出一股帥氣，是個可欺而不可辱的人。但吸引我的還不是這些，而是他天生的善良和任何條件下都難以泯滅的純真。和這樣的人在一起，你永遠不需防範，你永遠覺得坦然爽暢，你會從他身上感受人的美好，而你也會因此而美好起來。我常想，如果這個世界上，這樣的人多了，那該有多好。

他所在沁縣師範離廣播站是很近的，所以我便成了他的常客。心靈可以在他那裡得到休息，胸中的鬱結可以在他那裡得到發散。我每有新詩，總是第一時間跑到他那裡，朗誦給他聽，與他一起享受探討，而他總會給我更多的欣許，從而激勵我不敢有所懈怠。記得，我的《雪》、《冬天頌》、《尋夢》等都是寫完就急匆匆去他那裡，使他成為我詩的第一個讀者。因為他是從事音樂的，我可以在這裡欣賞到許多外面早已被封殺的中外古典音樂，如貝多芬、莫札特、柴可夫斯基的交響樂，雖然音樂於我是門外漢，但仍聽得如醉如癡，因為不管是文學、美術、還是音樂，凡藝術的本質是共同的，那就是真、善、美，就是任何思想的情感的藝術表達的充分獨立與自由。那些連全人類的藝術瑰寶都批判糟蹋褻瀆的所謂「革命」，那些不允許人學習接受人類的共同精神財富，卻要在文化的沙漠中，在反文明的倒行逆施中，揚言要把溫飽尚不能維持的幾億在「受苦受難」中掙扎的人，帶入「共產主義」的天堂，不是欺騙又是什麼呢?!丁振剛就是通過音樂的感悟，來認識批判那個時代的荒謬的。他對我的詩的理解，也是由此而來的。後來，我也在廣播站封存的老式唱片裡，翻找到了貝多芬等世界大師的交響樂，每天晚上，可以輕聲地偷偷地獨自欣賞了。思寫至此，不僅感慨系之，已遠離那個荒謬時代的孩子，學生，他們是多麼幸福啊！我更希望，全國甚至全世界的孩子們都能在這雄渾美妙的音樂聲中快樂地自由地生活。

他最擅長二胡，胡聲一起，他便像陶醉了一樣，渾身都在顫動，一縷縷頭髮隨著音樂的節奏跳躍著，如醉如癡。他最愛拉的是《二泉映月》，如泣如訴，不絕於耳。我是既欣賞又羨慕的，同時又略帶著一點嫉妒。因為那種瘋狂那種迷癡般的投入是全身心的，和我寫文章寫詩時的感受是相同而異，我那時的激奮主要是大腦的亢奮，血的奮張和心的激揚。在讀我的詩時，他總可以在節奏、聲韻上，給我以懇切的修改意見。兩人在一起是無所不談的，就是我的戀愛、苦悶也都會傾訴於他。他那時也在暗戀著一個女孩子，是在一起插隊的。和我一樣終不過是「水中月，鏡中花」。可惜，不久以後，他就調往長治師範了。雖然，我會去長治看他，但畢竟不那麼方便了。自此，我在沁縣失去了一個可以時時促膝談心的知己、兄弟。

「嬉皮士」式的反抗

幾乎與丁振剛同時，認識了我一生的另一個朋友趙國楠。他和丁振剛是師大附中高二實驗班的同班同學。初次相識，幾乎沒有留下任何印象。後來到長勝去得多了，開始有了接觸。他話不多，邋裡邋遢的，白淨淨的臉，很少感情的流露。煙卻抽得很凶，所以手指總是黃黃的，還會自己捲煙，麻利得很，喝酒也非我可比。

後來，才發現，人不可相貌，海水不可鬥量。透過外表的邋遢，你會發現，他的內心蘊藏之豐，是內秀而外痞。有意無意地在語言和行動上挑戰「正統」挑戰「規範」，是對當時政治社會的的一種嬉皮士式的反抗。對「不須放屁」，他卻故意地在公開場合把屁放得山響。也許人們無法理解這種低俗的不雅行為，但從王朔後來的「我是流氓我怕誰」的意義上，就可以付之一笑了。他在插科打諢式的滑稽詼諧中調侃社會和在那個社會中生活的人們的假正經。他的衣著打扮從不修飾，甚至有如乞丐。他不僅對當時在臺上的頤指氣使不可一世的新貴們冷嘲熱諷，就是對身邊的趨炎附勢者，也戲謔反諷。也許人們會以為他一定是出身寒門，其實不然，他的父親是二十年代的老革命，和康生、江青都是山東諸城人，可是資歷比他們還要早，他還是金日成的入黨介紹人。一九四九年共產黨建國以後，就是郵電部副部長。他的母親也是在二十年代就參加了革命的。他的舅舅王力（文革初曾是文革小組成員，後被打倒）、王願堅都是有名的學界文化界的「大佬」。像他這樣的高幹子弟，完全消解了人們對高幹子弟的「定式性」演繹。他的這種獨特的個性，除了天生的性格所致外，也是與家庭的教育有關的。自小起，他父母就反對特權，尤其對子女要求非常嚴格。不僅提倡艱苦樸素，而且在生活中處處實行之。他曾對我說，做飯時，切一根黃瓜都要一直切到最尾部，哪怕根部是苦的。

對此，我有切身的深刻的體會。他那時還在縣裡的郵電局屬下工廠做水泥電線杆，每次去看他，隆隆的機器轟鳴聲震耳欲聾，以至無法說話。他和其他工人同在一個簡陋的宿舍裡，沒有床，就一個連一個地睡在水泥地裡。他的所謂被褥，真是不堪入目，又黑又破，棉絮都無奈地掙扎著露出了頭，像是在向主人昭示著求乞著什麼。此地此境，連我這個因家庭遭難而陷入困苦的人，都完全沒有想到，一個響噹噹的高幹子弟竟至一貧如斯。有一次，我要回京，他同樣用他那低沉的嬉笑式的語氣，讓我去他家，向他的母親求取一床被褥，還特別囑咐我，要低調小心。

撿拾瓜子的老人

我在阜成門外的一個高幹樓裡，見到了他的母親。我是懷著敬畏的心情踏入門裡的，這是我平生所見的最高級別的幹部了。他的母親個子不高，正坐在桌邊的一張椅子上嗑瓜子，老人家沒有馬上搭話，我靜靜地等待，忽然看到她離開座椅，彎下腰在滿地瓜子皮中尋找著什麼，好一會兒，她把一顆瓜子仁放進了嘴裡，才又慢慢地坐下，我一愣，更不禁肅然起敬。這樣的老幹部難道就是毛澤東要打倒的「走資派」嗎？這對我後來思想上反對「新貴」，而對老一輩懷著同情以至認同是起著很大影響的。

後來我才知道，這個樸實矮小其貌不揚的老人王辯，一九〇六年出生於諸城一個地主家庭，是山東早期共產黨員王翔千之女，是王盡美（中共第一次代表大會代表）長子王乃征的入黨介紹人。一九二五年被派往蘇聯莫斯科中山大學學習深造，與鄧小平、左權是同班同學。

先向她老人家問好後，我竭力敘述了趙國楠在沁縣是如何艱苦樸素，是如何認真接受貧下中農「再教育」，如何獲得大家的一致好評，等等，然後小心翼翼地向她老人家表明，山西是如何冷，為了國楠的健康，是否可以給他添換一床厚一點的被褥，趁我回沁時順便帶回去。沒想到，她沒有回應我的請求，只是一再強調青年人要能吃苦，再苦再窮不是比農民要好得多嗎？她還提到，回去告訴國楠，要找一個貧下中農的姑娘作對象。我只能諾諾，然後默然而退。看來，這次是有辱使命了。更讓我沒有想到的是，後來國楠告訴我，她的母親對我評價是「有資產階級思想」。這真是從何說起。但我至今仍然對她老人家懷著深深的敬重之情。我也由此對國楠有了更深切的瞭解和理解，我們的兄弟般的情誼也更始終難逾了。

薦詩於王願堅

國楠對我的詩是很欣賞甚至推崇的，還記得林彪葬身荒漠以後，他曾特意去李家溝看了我，我也給他讀了我的一部分日記。他聽後說，你的思想五十年以後才能被人接受。當時我回答，如果五十年後我的思想才能為人接受，那麼中國就沒有在世界民族之林存在的資格了。大約在一九七四年冬天，他竭力勸說我一起去見他舅舅王願堅。其時，王願堅正因為編導了電影《閃閃的紅星》而走紅於文化藝術界（時隔四十餘年，現在這部電影已又開始放映了）。這在當時，只有極少數如反映農村階級鬥爭的《金光大道》的浩然，和刻畫了解放軍戰士歐陽海英雄形象的長篇小說《歐陽海》的金敬邁等外，絕大多數的文藝工作者都或自殺或被批判、鬥爭或下放五七幹校，惶惶度日。王願堅也是軍隊作家，曾寫出過如《三根火柴》等膾炙人口的小說，還收入了文革前的語文課本。當其他同道難以自保之時，他能獲得大紅大紫氣焰正盛不可一世的江青等人的青睞，自然感到莫大的慶倖。我礙不過國楠的一片真摯之情，最終勉強答應了。因為我天生不喜社交，更厭惡於權貴。何況，我的文章也好詩歌也好，是絕不可能為當時的社會主流所接受的，不因此受累受害就阿彌陀佛了。但王願堅畢竟是國楠的親舅舅，總不至於為禍於我。就在一天的晚上，懷著忐忑不安和一點敬意來到了王願堅家。他的家比國楠的母親的住處要寬大敞亮，室內的佈置雅致而不落俗氣，畢竟是讀書的文人。一番相認寒暄，就進入主題。首先是對目前文藝界的看法，國楠激烈地直言抨擊文學藝術的現狀，沒有好小說沒有好詩歌沒有好電影，已有的除個別作品外，都非人們所喜聞樂見，因為沒有真情，沒有思想的內涵，千篇一律。我驚異於國楠的大膽，甚至還有一點放肆。而王願堅聽任其外甥的發作，既沒有惱火也沒有反駁。只是一再地用毛澤東反復強調的「九個指頭與一個指頭」來維護目前的社會現狀，這於他目前的地位是可以理解的。在整個過程中，我基本是默然少語的，我有什麼好說的呢？國楠的對社會的批駁完全代表了我的思想與看法。

一番激烈而又不失平和的以小對老的「喧賓奪主」式的爭執後，國楠就開門見山地提出，在他看來，我的這個同學的詩才是真正的好詩，希望舅舅看看，如果可能就加以推薦以至發表。他還特意提出我那首小詩《無題》：夜幕／是貝的軀殼／揭開它／裡面／就是明珠。說起來可能讓人覺得可笑，甚至難以置信。這首詩是我在一九七三年的一天傍晚，我一邊洗腳，一邊思索，忽然腦子裡冒出這麼幾句。於是匆忙把它記錄下來。這於我已成了一種習慣，無論是在做什麼，大腦總是在運轉在思考著，所以有時會突發奇思怪想。所以晚上，我是儘量克制自己，以免過於興奮而徹夜難眠。這恐怕與我常常迷醉於數學難題有關，有的時候，一道難解的數學題，我是可以在吃飯、散步時甚至在夢中解出來的。

這首小詩，無非是表達了黑暗的邪惡的勢力就像是貝殼的軀殼，它看似「固若金湯」其實不堪一擊。我們的任務就是揭開它戳穿它，那麼真理的「明珠」就會燦爛閃耀於世人面前。給王願堅留下的還有《我們生得並不晚》、《橋——清江河的傳說》等。到底是幾首已記不得了。他舅舅答應，他會好好地看看，過些日子再答覆我們。

被「偷走」的詩歌

過了將近一周，國楠又執著地要我再去他舅舅家，希望能有一點「希望」，而我是不抱任何「奢望」的。我深知，因為利益所系，王願堅是不可能在那樣強大的政治壓力下，公然認同甚至推薦這些含著危險因素的民間思想民間詩歌的。但我感念朋友的這一份誠摯熱切之心，所以還是跟著他去了。這時我不禁感慨，我們其實還不如千年前的古人，「生不用萬戶侯，但願一識韓荊州」，如果李白、杜甫生在今天，那裡還可能產生千古「詩聖」、「詩仙」呢？更不用說魯迅了。在專制極權者眼中，是不存在「人」這個概念的，更何論自由。

果真，王願堅委婉地表示歉意說，上次留下的詩作，他還沒來得及看，就都讓他的兩個女兒偷偷拿走「搶跑」了。此時，我沒有一點懊惱，反而聞之欣然。「偷走」也好「搶跑」也好，正說明，作為年輕人，他們對真正有思想有感召力的作品的認同。也由此可以看出，就連正走紅的王的子女對那時的現狀也是不滿的，起碼感到了精神上的極度饑渴。而王的二個女兒的傳抄也成了我的詩在北京城內傳播的一個重要途徑，這是我們事先沒有想到的，而這樣的結果，是比能夠發表更令我高興興奮。自一九七三年以後，用詩來表達我的思想，用詩來獲得更多人的認可，從而達到廣泛地促使更多青年人的思考的目的，已然露出了比我預想得還要好的一線光明，真是「野火燒不盡」啊。

遺憾

一九七六年以後，王願堅理所當然地受到了審查，並在以後的軍銜、工資級別等方面受到影響。聽國楠講，他舅舅就此鬱鬱不歡，不久就去世了，聽後唯有難言的慨歎而已。其實他並不算是個壞人，還是個受人尊敬的作家。但人在權力、名利面前，是不能用人格、尊嚴來換取的，一旦跨過那個底線，就悔之不及了。正如景凱旋的文章裡所說，經過集權時代的人，註定成為時代犧牲品。雖然也有一部分人是或自覺或身不由己地燈蛾撲火自投羅網的。只有專制制度被民主替代了，所有的人才能成為真正意義上的獨立自由的人，成為一個現代公民。我之所以衷心擁護鄧小平的改革開放，不只是因為人人痛恨的「四人幫」垮臺了，也不只是因為黨和政府拋棄了毛的那一套，而是在如何對待「四人幫」的問題上，沒有以其人之道，還制其人之身。專制制度行的是獸道，現代社會行的是人道。在這一點上，對「四人幫」的公開審判是有劃時代意義的，雖然離真正的法制獨立、公開還有很長的路要走。只有這樣我們才有可能融入到現代民主的世界中去。可惜的是，對獨裁者的清算，還「猶抱琵琶半遮面」，寄望甚深的「政改」也還只能遺憾地期盼與等待。

與「刑餘」者的交往

國楠的為人，不止在對知己好友的誠摯熱情上，就是對弱勢的甚至遭人鄙視冷遇的人也充滿仗義：也是在一九七四年左右，縣裡來了一個遲到的知青關志前，他是八年刑期期滿釋放的刑事犯，如果讀過王山的《血色青春》系列《天傷》、《天祭》、《天爵》、《天罡》的人一定知道，文革初期，北京大亂，完全處於無政府狀態。於是，南城的一撥出身低微的所謂流氓地痞和以西城為主的高幹子弟發生了衝突，打架鬥毆，板磚刀具地進行血拼。這是社會上兩類截然不同的青少年在無書讀無事幹無人管束的情況下，隔閡、仇恨、空虛、絕望心理的大爆發。深刻反映了當時社會的另一個層面。關就是南城的所謂流氓團夥之一。他那個時侯還很小，也不過才十四五歲。為此，他被公安局抓獲，並判刑八年。這是無產階級專政威力的又一次體現。八年後，他從監獄出來，被帶到沁縣，繼續接受再教育和勞動改造。這樣的人，一般人是避之唯恐不及的。自四九年以來，地富反壞右走資派臭老九不斷遭到批評鬥爭，更重要的是被社會完全拋棄，得不到一點溫情關懷，必欲置之死地而後快的一種非人的極其殘酷的現象，是專制極權的又一喪盡人心的罪惡。而作為高幹子弟的國楠非但沒有絲毫的歧視，而且很快與他結為朋友，還把他介紹於我。在與他的接觸中，我發現他其實是個愛恨分明，豪爽仗義的人。他向我們詳細介紹了那幾年血雨腥風的少年歲月。聽得我有如天方夜譚，也給我們這些只知讀書，卻完全不瞭解社會底層黑暗污濁的白面書生，上了一堂別開生面的生動奇詭的課。同時我還發現，他並不是個人們印象中粗暴魯莽無知無識的「流氓」，他雖然沒有上過幾年學，卻是讀過不少書的。蘇軾、陸游等大詩人的名篇，他背起來比我還要熟練，讓我不得不另眼相看。而他也並沒有因為自己的「刑餘」的身份，在與我們的接觸中，顯出低人一等的自輕自賤和自卑，這比那些因為成為了「階級敵人」，甚至僅僅因為出身問題淪為「異類」、「另冊」就自甘「墮落」，低頭彎腰低眉順眼地苟活的人，更令人尊重。不自賤然後人不敢賤，不自輕然後人難以輕，是我讚賞並堅守的做人行事的基本準則。

不卑不餒

一九七五年以後，國楠由沁縣郵電局調往長治郵電局，不過仍然是個做水泥杆的工人。每天還是那樣一身泥漿滿臉灰，但他從無埋怨，也沒有因此就覺得丟人。見了面還是那副似冷似熱似笑非笑的樣子，唯有調侃如舊。其實他的這個水泥工，也並非是他的父母安排的，而是他父親的老部下，在其他幹部紛紛為自己的子女謀出路，而且是一般人所難以企及的好工作好職位時，實在看不過眼，便私下裡為國楠安排當了這份沒有多少人願意去做的水泥工。一直到一九七八年，考上了山西大學，從而以自己的努力改變了自己的命運。後來，被分配到郵電部出版社，以他的內秀才華，做一個編輯是綽綽有餘的，但卻當了信件報紙的分發工。每次回京，我都要去那裡看他，沒想到出版社要進行自由組合，他連分發工也做不成了。於是又不能不去隸屬出版社的印刷廠繼續做他的老本行工人了。他依然固我，不卑不亢，不氣不餒。這期間他寫了多篇論文，題目是《「內宇宙具有無限創造力」質疑》、《美、美學及其他》、《傳統世界觀大碰撞》，文章中，他遠遠早於人們對資訊的認識，提出信息也是生產力以及論述美的美學文章，終因投遞無門而不了了之。他把這些文章的列印稿都寄給了我，至今我仍然收藏著。

驚異莫名的夢

二〇〇六年一月三十一日，農曆狗年的初三晚上，做了一個非常奇怪，讓我驚異莫名的夢。那就是我夢到了韓佳瑋：她那輕靈的身材，幽怨的眼神，是那樣清晰地出現在我的面前。已經二十九年了，她的靈魂為什麼忽然不遠萬里之遙，來到這南國的夜空，進入到我的夢中呢？我一下子從夢中驚醒，癡癡地坐起，那幾十年前的情境，便又閃電般如此鮮活地映現在我的面前。

那是在一九七五年前後，我的朋友們大都離開沁縣了，孤寂鬱悶的我便不時地去還留在縣城的知青處坐坐，聊聊，畢竟有更多的共同語言。我去得較多的是在縣汽修廠的劉文利，這是一個精幹的沉靜而又活潑的小女子，是籃球隊裡全縣城有名的「小八號」，後來與國楠結為連理，而且是國楠讓我代為「魚雁」傳的情書，還有就是韓佳瑋處了，其時她在縣汽運中心，我的初次印象是在和丁東一起「南國之行」的那次，她跑前跑後為我們兩人找到了也是由知青開的車，一直到兩人上了車，還在揮手向我們致意。她的誠摯熱情，給我以深刻的印象。以至至今，她揮手致意的形象，還如在眼前，讓人想起前蘇聯（吉爾吉斯斯坦）作家艾特瑪托夫在《戴著紅頭巾的小白楊》中的「小白楊」。她和李琨、席小紅是知青中公認的女中「三傑」。她的父親韓滿儒是我們師大附中的有名的數學教師，可惜我沒有聽過他的課，只聽班裡的同學講，他的課是如何生動嚴謹，有一種穿透力，會像磁場吸引著學生們。還聽說，他上課是從來不帶書不帶教案的。「一支粉筆走天下」是他的宣言。所以作為詩書之家的她，處處顯出大家閨秀的教養，清秀文靜還略帶著一種含蓄靦腆。在那個以粗陋為美，以男士化的豪壯為秀的年代裡，這樣的女子已是如羚羊掛角般難以尋覓了。正是這樣的氣質，這樣的一種別樣的美，使我在她那裡感到格外的親近。而她也對我的到來，露出難得的笑容。並一再向我說，只有你來了，我才會笑一笑。我見她如此淒苦便把馬克吐溫、傑克倫敦等所寫小說借給她，以期填補寂寞。我心中想，像她這樣的人，沒有書讀，沒有學上，又是在那樣一個沒有多少文化的人群裡，在沒有希望沒有詩書思想的交流，也就沒有溫暖沒有期盼的環境中，熬煎苟且該是多麼痛苦。我是完全理解她的處境的，在那樣的歲月裡，她們是比男孩子更苦悶更脆弱的。

基於這樣的想法，我在和她的的交談中，自揣，畢竟是初識，所以無論是在思想上還是感情上都沒有更深入。她其實是似弱而剛的，是可以不顧世俗的羅網，敢於衝破敢於追求的。然而誰能想到，不久就傳來她竟絕望地自棄於世了。今天大年初三的晚上，她的無處棲身的靈魂一定是遊蕩得累了，於是想到了我，想到了曾在極端的苦悶抑鬱的日子裡，帶給過她笑容的我。也好在這萬民慶賀爆竹聲聲的年夜裡，再給她一些慰安與祈禱。是夜，我作了一首長詩以應之悼之，但至今未忍整飾。

一生諸友簡評

牛德龍——奇人奇貌，有思想有見地而不彰，瀟灑不守俗規，我視之如兄，無不可語者；俞瑚——老實本分，內斂而不失詼諧，早逝吾痛絕，失一至親至友矣；楊克勤——典型的文質彬彬的書生，性格平和，常持中道之論，喜歡文學，還不時地寫一些詩，我也偶爾與之唱和；郭乙林——納於言而敏於行，究物之理有見地而不張揚，父早逝而孝母悌弟，為可信可恃之友也；國楠——中國最早出現的嬉皮士，面無生動之色而熱情、真摯，出身高貴卻三教九流無不相諧相洽，少神采飛揚而不乏獨到之見；丁振剛——絕對的好人，超級的善良、重親重義，敏感而不失執拗，高山流水，不亦君子乎；丁東——如其貌，憨厚無心機，熱情而稚真，不懈地探尋，稚漸失而日臻成熟，重情義好交友，一旦為友，終生不逾，不矣君子乎；重萍——不苟言笑而又笑意滿面，重友不言於外，助友卻在在於行，是以內熱溫於人之范，紳士之風存矣。

有此諸友，吾一生之大幸，不然，一生無趣無味矣！

浩劫以後的十年點滴

冷拒潛規則

如前所述，一九七五年縣委、知青辦就把我這個政治上的「困難戶」安置到廣播站作臨時工，具體負責編輯兼播音員。一九七六年轉正為幹部編制的正式員工，在轉正過程中，還有一件趣事。事情是這樣的：當縣委縣政府決定給我轉正以後，是要到縣計畫委員會辦理相關手續的。第一次去，那個姓姚的辦事員（為尊重計，隱其名）說，要等一等，上面還沒有正式批文，一個禮拜後再來吧。於是我乖乖地在7天以後又去了，還是這個辦事員，卻又說，事情還未妥，再過三天來看看吧，我仍然沒有說什麼，答應一聲「好」。但我心中產生了疑惑，於是馬上到縣委找到了縣委常委分管這項工作的田來儒，他直截了當地告訴我，縣委早就討論通過了，你去計委辦就可以了，我沒有向田來儒提起那個辦事員從中作梗拖延之事，也沒有馬上就去找那個故意刁難的人。三天以後，我準時去了計委辦事處，還是那個人，這次他好像仍面顯難色，囁嚅猶豫再三，吞吞吐吐地說，再等一等吧，但已不說明理由了。這次我不再那麼乖順了，口氣略有提高地問，還要等到什麼時候？他顯出一種少有的尷尬，又像是賜恩於我似地說，那就下午來吧。我輕輕地嗯了一聲，就坐下來，一言不發地等。在沉默中好像考驗著兩個人的忍耐力，最後他耐不住了，到里間給我開具了相關的證明，並第一次面帶笑容地說，小盧，本來上午我是有其它事情要辦的，看你也著急，就提前給你辦了，我用「謝謝」兩字，結束了這一場不對稱的「冷戰」。

「意思意思」

事後，其它知青和廣播站的同事告訴我，其實所謂「等」、「再等等」無非就是要你「意思意思」，那就是我們中國社會慣常的「夏敬冰炭」。這，我是知道的，而且在知青中也已是司空見慣的了，為了能上學為了能順利招工為了能回到北京，有人不是連身體也可以奉獻嗎？這是弱者的無奈，是有權者的枉法。而人們一旦送慣了，有權者接受慣了，在整個社會就形成了一種風氣，一種潛規則。而且接受者的胃口會越來越大，直至送者苦不堪言罵聲連天，有權者漸漸地無所不受、貪婪無厭。其實，我們做老百姓的，只要所辦事是順規順理順法的，就堅守底線，與之軟磨死抗，像魯迅所說，你今天送了金鼠，明天就會讓你送金牛，如果我連個死老鼠也不送（大意如是），他就沒有辦法了。這只是對付貪腐者的辦法之一，但前提是，你必須堅守自己的欲望底線，無欲則剛是說來輕巧，要做到而且是一輩子做到是很難很難的。因為我深深地知道，在權力管控一切的還沒有進入完全民主的社會裡，一個人的權利、權益甚至基本的訴求往往都不容易得到保障。而且由此我認為，吏治不彰對社會的腐蝕絕不亞於官員的腐敗，因為對百姓而言，吏猶如細胞更貼近底層，所以他們的感受更直接，也最容易引發不滿和抗爭。

守住底線

要守住底線就要抵抗誘惑就要學會淡泊，就要把金錢看做不過是賴以生活的基本需要，而不是匍匐在它的腳下，由對神的迷信崇拜轉化為對金錢的膜拜。所以在職稱、工資、獎金等問題上我是從不在意的。記得剛剛到深圳育才不久，分管財務後勤的陳士蘇付校長就跟我說，有人反映你的工資比別人高一級。我說那是縣裡根據知青的有關政策，臨走時給調高了一級，你看該怎麼辦就怎麼辦吧。沒想到下個月領工資時果真下調了一級，我沒有與之爭，淡然而過。因為我自信「知足者富，強行者志」（老子語），而每年的評優評先，我是幾乎年年都被評上的，我便把獎金交到年級組裡，大家一起吃頓飯。後來我的這一作法得到全校人的回應，為此而引起的矛盾不快甚至爭鬥也就自然化解了。再後來我乾脆主動放棄被評上的權利，利用自己做年級組長的小小權力要求大家儘量選那些默默無聞的幾乎與評優無緣的人，即使我仍然被選上了，我也放棄而是把其他人報到校長辦公室。在評職稱問題上，我也淡然以對。一次學校領導給了我一張高級職稱申請表，我卻轉讓給了另一個老師。大概是在二十世紀九十年代後期，要求全深圳所有的老師參加「繼續再教育」，而且與評職稱掛鉤，我就斷然拒絕去，因為我發現那完全是一種形式，去了，點個卯，不上課也無人問津，考試可以互相抄。我向校長說，如果不參加就停止我教學的權利，我就只能被迫去，否則我是堅決不會去參加的，校長是瞭解我的性格的，只是笑了笑。此後許多同事為我感到惋惜，兩年後我在大家的催勸下遞交了高級職稱申請，負責此事的厲老師告訴我，你一沒有繼續教育證書，二沒有繼續教育成績，恐怕很難通過。在申請表上，我在關於繼續教育一欄裡是這樣陳述的：我曾經是可以「再教育好」的子女，我又在農村接受了貧下中農的「再教育」，而且我一生以讀書為最大樂趣，不斷提高完善自己，所以就不再參加繼續教育了，如果你們認可，那麼…，如果不認可，那麼…。沒想到我居然一次性地就通過了，高興之餘，我想這是為什麼，不是一票否決嗎？

共同性認可

後來，這個姓姚的每次見到我都格外客氣，都熱情地主動與我打招呼。我也因此而重拾了對他的應有的尊重。可見，人們之間的關係不完全都是利益的，人們對他人的認識是存在著某種共同之處的，你送了禮他得了利，雙方之間是一種不平等的物質交換，而這種物質的交換，好像是皆大歡喜，其實是各自對對方的人格人品產生了否定性的認識，而他之所以沒有因此而怨憤於我，說明他還是懂得人格的尊嚴的。就像人們對「叛徒」的看法，不只是我方對叛徒深惡痛絕，就是因此而得利的敵方也蔑視甚至痛恨這種叛變行徑，在這一點上，有一個對人格高貴與卑劣的共同性認可。

通過此事，我也搞明白了為什麼我幾乎從不去知青辦，而知青辦的仍然喜歡我，主動地要見我，並不管我的「出身」是如此的「黑」，仍幫助我解決了就業問題。原來我以為是我的才能出眾，現在想來不完全如此，而是我的不諳俗世的正直的人格感動了他們。所以為什麼我始終認為天下是好人多的，我這個一輩子不求人的「寡合」之人也總是能遇到好人，總是能得到好人之助的原因。

談一談性

隨著文革大動盪的高潮已露頹勢，但餘波餘震此起彼伏，運動仍一個接一個。插隊知青彷彿是被遺忘被丟棄了，成了農村欲甩不能的包袱，成了家長心頭難以消解的痛。我們的年齡也日見增長，初來時的熱情與浪漫也已退潮，對個人前途出路，以至「男大當婚女大當嫁」的純自然渴求，成了每個人不能不考慮的問題。幾次的愛情的經歷，雖然激起我精神的一朵朵浪花，但一次次的失敗，已使我感到無名的疲憊。加之朋友知己一個個的離去，使我感到極度的孤寂與苦悶。正如我給丁東信中所說：「不知為什麼，近期來總覺得煩躁和孤悶，看著生活中的虛偽和醜惡，憤慨而無奈。我想，我已不只是如你所說是躲進了彼得堡，簡直是被鎖進了木籠而感到不可名狀的壓抑和窒息。沒有言笑者、沒有暢談者因此只能不言不笑。」（第二九七頁）

另一方面，對性的渴求也在生理上折磨著我。快三十歲的人了，除了幾次「柏拉圖」式的戀愛外，還不知女人是什麼滋味。肉體在有些方面是不能用精神代替的。就像一個極度饑餓的人，吃成了他第一也是唯一的需要一樣，此時的我，性與女人糾纏如夢魘。我是不怕道德學家恥笑的，凡如此恥笑於我的，要麼是性無能者，要麼就是已經有了家室，甚至三妻四妾。那個時候我對性的認識已處於本能本性的無意識階段。

而讓我沒有想到的是，婚姻卻是一顆極其苦澀的令我精神幾近崩潰的果。那時的我精神恍惚，不知是日是夜，對一切都喪失了興趣。我第一次嘗到了精神分裂的痛苦，而且是無法治癒的。如果不是後來上了大學，我不知會如何度過今後的歲月。現在再回想那些日子，我常常自問，為什麼「文革」中，父死兄亡，國破家頽，前途渺茫，我都挺了過來，卻在這件事上幾乎被徹底轟毀了呢？懇求心理學大家，社會學大家，性學大家能給我一個答案。我是不是一個中國式的舊倫理道德學的自我犧牲者呢？還是當時那個禁錮人性的社會，在政治的迫壓下所另賜予我的枷鎖，而且我自願地把肉體與靈魂放進去，自領其苦呢？

後來我慢慢想通了，那就是她比我們這些所謂有文化的人快樂，因為她沒有什麼煩惱。想幹什麼就去幹了，只要能得到快樂就行，只要自己高興就行。她不會在做一件事時，翻來覆去地想，何況她也沒什麼可想的，那不是自尋煩惱嗎？在她那裡不讀書，也不愛讀書到成了天然的優勢。比如，我向她提出離婚，告訴她，我們兩人在一起，對我是一種痛苦，同樣對你也是一種恥辱。她為此憤憤不平地說，你的痛苦怎麼成了我的恥辱呢？從這個意義上講，我到羡慕她起來。她是憑直覺直感來生活的。知識份子學了那麼多，往往不自覺地給自己套上了許多枷鎖。進入新時代以後，性不是也隨之開放了嗎？她不過是先行幾步而已。我們中國的傳統文化，對女人的貞操如此看重，不過是男權對女人的佔有欲的表現罷了。在我們這些人的心中，性是低下鄙俗的，唯有愛才崇高而且偉大，誰不想追求崇高呢？所以後來知識界對「崇高」對「革命」的消解是有深刻的社會意義的。

祖國幸甚！何複它求！

不久毛澤東總算以他的死，不得不放棄了他的權位，而他的代理人的覆亡，使人們看到了希望，而中國也得以掀開歷史新的一頁。在這漫長而又短暫的十年裡，我曾設想，要麼是天下大亂，軍閥混戰，人民塗炭；要麼就是我曾預見的那樣「文革派」的覆滅。我在一九六九年四月十六日的日記中這樣寫道：「因為有毛在，因為對劉鄧（包括一切被打倒的上層人物）的共同利害使他們暫時能坐在一個主席臺上。可以予料，這是不能長久的，這不是這場運動的最終目的和結果。不少人還會在今後成為一個個犧牲品替罪羊。而可能性大的，幾乎可以肯定的結果是以文革派的失敗而告終。現在是有毛在支撐著他們，一旦毛百年，中國政界必將又發生一次震動，那就是對運動與歷史的重新估價。」（第七五至七六頁）說實話，連我自己都驚歎於那時預言的高度準確。我那時還想，如果天下大亂，也許我會有所用武之地，所以無論在思想是上精神上以至體力上，我是都作了充分準備，但從內心裡講，我不希望是這種結果，因為我們的人民我們的國家又將陷入萬劫不復的血污之中。而如果能兵不血刃地結束這場亙古未有的浩劫，則祖國幸甚！人民幸甚！到那時我就做一個普普通通的快樂自由的數學教師，何複它求。

大學——淒然的餘夢

自一九六六年起十一年以後，終於盼來了大學招生，不再是推薦，不再是把無窮大∞讀作是倒寫的8的需要掃盲的人居然可以上清華大學的扭曲的時代了。我聞訊是又喜又憂，喜的是機會終於來臨，憂的是我那時的精神抑鬱症已令我無法專注地學習，記憶力極度減弱。不知情的朋友們都對我寄以極高的期望，甚至有人說，你應當直接報考研究生。但我仍淒然地抱著僥倖報了名。記得考試是在一九七七年的冬天，考場在沁縣一中，我裹著厚厚的大衣先去離一中很近的縣醫院打了針，然後進入考場，考後又服藥。除了數學、語文尚可外，其它幾門都在中上下。那時出身的陰影，政治考慮的餘悸，仍未消散。記得填好政審表以後，廣播站站長崔映堂把我叫去，念了他寫的鑒定表，其中有那麼幾句「雖然出身地主，父親又是歷史反革命分子，但能劃清界限，表現也⋯⋯」，我一聲不吭，默默地轉身走了。所以在填寫專業志願時，我沒有報考中文，而是數學。後來我知道，那年，對像我們這些年齡已上三十的老齡知青是比較嚴格的。而在第二屆一九七八年的招生中，就寬容得多了。事後丁東也曾埋怨我，為什麼不和他打個招呼，因為他那時在山西省委，完全有可能把我錄取到山西大學的。

不能接受的條件

考後，我心緒不甚好，但尚能安然以對。不久，晉東南師專來人，想錄取我，這個學校是剛剛恢復成立的，我並沒有報考。我稍加猶豫就答應了，很快就收到了錄取通知書。一天沁縣一中的校長桂雲峰突然來找我，問我願不願意來一中當教師，而且是高中數學教師。我有些愕然，不明何所由來，原來他只知我的文學文字功底，作為校長，他也是廣播站常常邀請來作直線廣播的，他寫的稿件往往長而冗贅，我可以在很短的時間內就給它刪改得簡潔而又不露痕跡，他對此是很欽佩的。他告訴我，沒想到這次高考，你的數學還這麼優秀，大學就不要去上了，直接到一中，而且按大專待遇。我沒有馬上答應，說，可以考慮。沒有上過大學，卻按大專待遇，這是沒有先例的，需要縣委常委會通過才行。就在我靜等之時，早已在沁縣一中任教而且已被提拔為副校長的知青姜秋萍悄悄告訴我，如果你留下，那麼必須供職十五年，然後才可以申請外調。我對此附加的帶著某種有違自由而又不公開明示於我的條件，是不那麼舒服甚至不能接受的。於是當天上午，我就辦理了去師專的相關手續。下午，縣委常委，知青的老朋友田來儒就通知我，上午的常委會已經通過了給你大專待遇的決定，我說我已決定去師專上學了，他沒有一點惱怒或不滿，反而高興地表示，那就去上學吧，畢了業歡迎你再回來。

師專長短

我這個人，常常耽於自己的思想和精神世界中，對外界人、物、景是既乏觀察更談不上記憶。關於師專的三年，我就借助於當時的同學和朋友，甚至曾有過說不清道不明的感情糾葛的武躍速在《大學人文叢刊四》上發表的「生活在別處」一文中的回憶了。下面凡帶引號的就都是截取於她的這篇文章，特此說明。

我所被錄取的學校「相比那些很大很有名的高校，我的大學有點小，在當年甚至是寒磣的，寒磣到人們也常常不把她當大學。她叫晉東南師專，座落在山西長治。一九七八年三月下旬，當一群身著土灰色、藍色、草綠色中山裝和軍裝的男女，手持入學通知書，從工廠、農村、農場、街道走進校門時，事實上她還沒有真正地存在。於一九六二年下馬的師專尚在恢復之中，她和自己的兒女們一樣，要在一個特殊的時段開始新的生命。

師專舊址被一所海軍學校佔用，聽說正在談判要回，我們暫時借住在一所中學（後來成了師專附中）；大多教師還在調動之中；師專的舊圖書散落在長治的各個學校，新圖書還不知在哪裡……於是，我望著我的「大學」，將一種夢想擱在落差很大的「遠方」和「現在」之間的一塊綠草地上，在那裡紛亂地唱歌跳舞和半睡半醒。」

轉到中文系

到了師專數學系，第一個任務不是學習，而是健康，是身體和精神的復原與康復。我計畫第一學期基本不上課不看書，每天早起先做八段錦，然後繞操場跑步，晚上洗涼水澡，冬天則用雪水擦身。偶爾去聽聽課，和宿舍的同學聊天談笑，紓解放鬆自己的精神。結果比我想像的要好要快，不到兩個月，無論是身體還是精神都重新回到了以往朝氣蓬勃活力四濺的我，其中多方面持久的鍛煉，是起到了一定的作用，但根本原因還是環境改變了，所以說人能改變環境，但環境更能改變一個人。因為剛到李家溝時，我是自學了一年之久的高等數學的，所以我不怕功課跟不上。微積分不過就是一些公式，記住了就行。然而沒想到的是，中文系的老師找到我，動員我改轉中文系，理由是很充分的：剛到校時，所有新生都要作一篇作文，題目好像是「說實話，做實事」，我寫的那篇，獲得中文系全體老師的好評；第二個理由是，那時我已屆三十，如果學數學是不可能所有發展的，至多當個中學教師，而如果學中文，還可以在某些研究領域有所發展甚至創新。我雖然無可無不可，但最終是同意了，起碼自己在這方面有較深的功底，學起來會更輕鬆更得心應手些。這樣我就告別了那些剛剛熟識的數學系的同學朋友們。

孩子的爹娘們

中文系除了有六個是年齡與我相差近十餘歲的應屆畢業生外，其餘都是像我一樣的孩子爹孩子娘了。所以大家都有共同的語言，在學校住宿的大部分是從農村出來的農民子弟，我也自認是農民，但他們是不那麼認可的，總是用另一種眼光來看我。尤其發現我經常蹺課，一個人在操場或小樹林裡讀書寫作，就很不理解。把我視為與其不同的另類，以為我傲慢不可親近。但我一回到宿舍，就和他們隨意地聊天談笑，每天早上都是我搶先把尿桶提出去倒掉，宿舍的衛生我也主動打掃，並沒有一點大城市人的架子，就很快成了他們無話不說的朋友，也敢於在我面前說一些帶有性色意味的笑話俚語了。我打心裡尊重他們，像尊重每一個貧困而沉默的百姓一樣。他們都和我一樣是被「文革」，被不合理的社會拋棄耽誤了的優秀青年。我想從某種程度上講，他們所受的苦一定比我還多。對那些從長治市考進來的城裡人，不知為什麼反而顯得有一種陌生感，可能是沒有更多的接觸機會吧，見了面也不過是點頭示禮而已，而這些農民的子弟與他們也遠沒有像對我那樣親近親熱。

自由的校園生活

我的不去上課，是我自高中以來就養成的獨立自學的習慣的延續。插隊以來，大量的閱讀，也使我不耐於去聽課記筆記了。

那個時候，我除了仍堅持鍛煉外，每天就搬個小椅子在操場的小樹林下讀書。晚上則到教室裡整理以前寫的文章詩歌，同時也寫一些東西，還和武躍速等人互相討論切磋。那個時候人的思想是開放的，是沒有什麼禁忌的。一開口就是國家大事，就是歷史、現實、理想，真可謂是指點江山，激揚文字，以天下為己任。尤其對文革，大家憤慨痛斥，對文革給國家給個人帶來的無與倫比的災難恨恨不已。也慶倖那黑暗的野蠻的日子終於因毛的死而結束了。

悼林昭、張志新

那個時候就對越南的自衛反擊戰，對張志新等思想英烈在文革中受到的滅絕人性的摧殘迫害，甚至在臨行前居然被慘無人道地割斷了喉嚨，大家都給以了極大的關注和極度的憤慨。還有在一九五七年那場動搖毀滅國家之本的反右運動中被打成「右派」，最後又以「反革命分子」被殘忍地殺害的偉大的思想先驅，北大學子林昭，她的面對非人性殘酷的勇氣與決絕，她的為捍衛真理不屈不撓的精神，她的超越時代的思想，使我深深感動，更令我無名地內疚與自責。為此寫了兩首題為《你走了1、2》、《你還活著》的悼念詩，謹錄數小節以饗讀者：叫一聲：我的大姐／如今你在哪？／可還在苦苦地思索／頭上又添幾根白髮；／還是在橫眉怒斥／又和血咬碎了幾顆牙；／你是否還在憤筆疾書／控訴自由、民主慘遭鎮壓／你一定是在輕輕低吟呵／用歌聲喚醒被鐵窗禁錮的／自由之花！／你走了／卻沒有倒下……（節自《你走了》1）你走了／不要說／什麼也沒有留下／那不屈的帶血的足跡／是衡量人生價值的砝碼／那瘦弱挺直的脊樑／支撐著苦難深重的華夏／呵，你，／一介女子、三尺微軀／使多少人畏懼、汗顏、淚下！（節自《你走了2》）；你活著／他們膽寒／你死了／他們依舊不安／他們需要的／是奴隸和奴才——／獻出了血汗／還要賠一副笑臉／而你是人呵／怎會去討魔獸的喜歡！　面對你／我難掩自己的羞慚／你有著比我們／更健全的人

格／最懂得什麼是／人的尊嚴！（節自《你活著》）

我們不是理應為這些真正的民族英雄樹立豐碑嗎，然而……，那就把豐碑永遠地立在我、我們的心裡吧！

中文系的老師們

中文系的老師，不少是「野外遺賢」，是有抱負有才能而不得所用，在殘酷的鬥爭中倖存下來的文化教育精英。正如武躍速所說：「就人才而言，學校領導當時幾乎搜尋了散落在整個長治地區的知識份子，將那些「反右」「文革」等歷次運動中落難此地的各路精英劈裡啪啦地捲進校園。我們翹首企望他們的到來。」

這幾個老師給我印象最深的是李蹊（桃李無言下自成蹊也）和宋謀瑒。「宋謀瑒，湖南將門之後，高大魁梧，一表人才。從小私塾出身，經史子集爛熟於心，本任職中央軍委訓練總監部，（在一九五七年那場剪除有思想見地有個性敢為天下聲，然而又過於天真輕信的中華精英的，可以說是動了國本的運動中），成了全國有名的「右派分子」。他是在獄中和勞改中，苦讀苦研聊以度日的。後又戴過各種「反動」帽子，被一路下放、批鬥，被關「牛棚」時開始研究《紅樓夢》，在紅學界常有驚人之語。他的課，激情洋溢，唐詩、宋詞、紅樓夢中的詩詞如囊中之物，俯拾皆是隨口而出。不能不讓我汗顏，不能不讓我羞愧無地。此公為人處世大大咧咧，雖受盡苦難卻毫無憂怨之氣和憂懼之心，精力充沛，興趣廣泛，被同學譽為「大家風範」，嘻笑怒罵皆文章」（宋先生已去世，在此祝他在天之靈依然瀟脫風流）。

「李蹊，遼寧人，一九六六年畢業於北京師範大學中文系，因出身問題被發配到一個偏僻的鄉村學校教書十年，相比儲仲君、宋謀陽兩位屬於晚輩了。英俊剛毅的他，敬仰魯迅，功底扎實，講課充滿激情，滿腹經綸而又聲情並茂、雄辯滔滔，很貼合我的性格。被譽為「關東英豪」，面壁十年，縱橫開講驚四座」。

「另外還有北大、人大、河大等「文革」前後的老畢業生，由於這些老師的相繼調進，中文專業逐漸在省裡有了些名氣。當時許多理科生也常常跑到我們教室聽課，作深沉狀，然後在校園裡到處鼓吹宣揚……」

教外國文學的儲仲君溫文儒雅，柔聲細語，典型的江浙文人，這種風度是我的父親曾竭力要我學習的，然而天生魯鈍，實難達此化境。而有的老師也許滿腹經綸，但一上課，就是他念你抄，雖然是他精心準備的教案，但無趣令人發困，我就無心再聽下去了。我們的「班主任」兼現代文學課，是北大畢業的，他的課就更是味同嚼蠟。一些同學把我不上課的情況反映給他，他說，我怕說他不過。有一次隨便聊起，我對他說，上課不就是為了學好嗎，我保證每次考試成績都在九十分以上。可見當時的學習氣氛學習氛圍，是民主的自由活躍的。老師與學生是互相尊重而又平等的。這與無論是老師還是學生都共同經歷了那一場深重的苦難，都是在痛苦的深淵中掙扎，並頑強地迎來新生是息息相關的。

這幾個老師裡面，我和李蹊是走的最近的。他黑紅的臉龐，高高的個子，兩眼總是正視著對方，炯炯有神，聲音洪亮而又厚重。性格剛烈，一接觸就知是條堂堂的東北漢子。我們性格知趣相投，甚至因為家庭出身而遭遇的磨難也是相近的，所以兩人很快就建立了師生之誼、朋友之情、知己之信。我把他既看作是我思想學問上的恩師，又當做我的可以信賴的兄長。我常到他家裡小坐，海闊天空無所不談，此時可以驕傲地說是「談笑有鴻儒」了。我與他的愛人譚老師及兩個女兒黛黛、圓圓也相處甚洽，真是其樂融融啊！而對魯迅的熱愛和崇敬，使我們的談話有了更多的共同話語。他常常把有關魯迅研究的文章拿給我看，我會毫不猶豫地提出我的看法和意見，他也總是認真聽取，而且大部分都能接受。後來魏填平也加入期間，成了李老師家的座上客。他的性格更趨直率開放，但有過激之嫌。無論多麼親近，但在老師面前，在老師的家裡，我以為語言行動的分寸還是要把握的，這是起碼的禮節和對師長的尊重。我離開師專後，填平還專門到沁縣去看了我，並痛快地下了一天的象棋。他始終對我很好，是個可以結交的懂情誼講仗義的朋友。可惜欠缺一點涵養，凡事有過之之嫌。我想這恐怕也是他過早離世的原因吧。我就曾聽說因為職稱級別等問題，他就與李老師鬧翻了，李老師在給我的信中很表氣憤。當然我也聽到了其它的說法，具體情況如何就不得而知了。武躍速在她的《生活在別處》對魏填平有一段較詳細的描述如下：

魏填平其人

「……和魏填平走得很近是因為盧，而且是在大學生活最後一年。魏是走讀生，常常聽完課就回家，還在市文化宮開辦的各種成人講座上教課，開始和他並不熟，只是偶爾在課堂聽到他的高論。三年級時，魏可能覺得學生生活已有限，便常呆在學校，並和盧在一起，有時也叫上我瞎摻和。填平是長治中學生中的才子，入師專後是班裡的尖子，畢業留校是很棒的老師。除此之外，還是個十分愛才和仗義的人，甚至可以說有點「江湖義氣」。正是因為後者，他主動和盧走到一起，成為好友，並在盧恃才自傲口無遮攔惹風波時為他遮風擋雨。二年級末，他和盧都是中文系選中的留校苗子，可能要著意培養，我當時好像也是（我一直沒弄清楚）……填平對自己所敬仰的老師會到處鼓吹之、渲染之，並能表現在行動上。當時他和盧是李老師家的常客，與老師談天說地，談學問談人生，談品格談性情，興發時還會在年齡相近的老師家吃喝一通，攪得老師全家不得安寧。……

畢業留校後，他是拼命工作、拼命玩、拼命抽煙，眼看留校工作的同學升官的升官、上職稱的上職稱，他作何感想？留校後他是第一個走上講臺的，給七八級講古典文學，也是第一個擁有成果的，和人合作寫了一本小冊子《上黨史話》。剛留校時他還住在宿舍，每天早晨起來背日語……可在七七、七八級留校生第一次評副教授時卻沒有他。記得他和我談起此事，悵然的樣子，我無言以對。再後來他生病了，在北京做手術，堅持了一段日子，走了。據說最後是他自己拔掉身上的氧氣管子，似乎還咕噥了一句粗話。」

留校風波

武躍速的文章使我想起，那個時候，我也在長治市文化宮開過講座，講的是唐詩，我們的相識相近大概也在那個時候。填平的早逝，尤其是他的決絕的死法，亦不失為男子矣，而令我唏噓不已！武文中提到的「盧恃才自傲口無遮攔惹風波」是在畢業分配時，我發現不少人為了留校，到處奔波到處鑽營，我就毫不客氣地表示了我的輕蔑。為此有人到校長那裡告了我的禦狀，還挑撥說我傲慢，對校長直呼「老王」而不稱校長。沒想到校長王可仁回說，盧叔寧的政治品格是最好的。我對留校是很不在乎，這是我對名利的一貫立場。是李老師力勸我留下，而且說，以汝之才學，你只要努力三年就一定可以超過我，我也會盡全力輔助。其它老師包括校長也全都認可我的人品和能力。我們這一屆是歷史的特殊產物，是在一九八一年冬春之際畢業的。春節後我就靜等在家中，同時準備「文藝理論」的教案（我好像還記得是「寫作課」），一天同在沁縣插隊也同在師專讀書的袁吉平急匆匆趕來，氣憤地告訴我，你被人耍啦！

原來，是同班一個姓崔的學生通過其在市內任職的領導，來了個冒名頂替，「狸貓換太子」。我馬上到學校找到校長王可仁，他很委婉地講了大至的情況，並表示還會積極向上面爭取留校名額。見到李蹊老師後，他非常氣憤，但也無力亦無奈。怒道：我這一輩子隻教你這樣一個學生，也只推薦你，再也不會推薦任何人了。我知道這是氣話，但深深感受了他對我的愛護和信任。是我一生感激不盡受用不盡的。在我到了深圳以後，他在一封信中這樣感歎道：「叔寧如晤：「你好，很久未能通訊了。但關於你，我們卻時常地想到，時常議論到。因為在整個國家以及個人生活發生重大轉折之時，你是留給我們印象最深的第一批中最好的學生。也終於成為此生不能忘懷的朋友……」

「……前些日子，丁東突然造訪，帶來了你遠從南國捎來的掛曆及一封熱情洋溢的信。猶如吹來一股南國的暖風。我們的倆個小丫頭歡喜跳躍，逢人便說，盧叔叔從深圳捎來了掛曆。她們倆，然後是譚老師，然後是我，最後是全家人一起，朗讀品評你為三十多個「小鳥」寫的詩。那真是一種莫大的享受，並且又把我們帶回到十多年前在晉東南師專的年代；帶回到我們自己那十分遙遠而又十分切近的歲月……。我如今面對或想起你的那一班同學，便十分自然地把他們和你加以比較。在可以說的時候，我仍要說一句「還是當年的盧叔寧」。人能做到這一點真不容易。尤其是當今的時代，有幾個人還能真正地保有「自我」？更不消說那份與生俱來的純真、熱情與青春的活力了。……」

當時也有人鼓動我上告，因為這明顯是違反留校的正當程式的，是利用權力謀取非正當利益的。我拒絕了。我想，凡留校者都是當地人，我是唯一的外地知青，不替換我又能替換誰呢？何況我在校內的桀驁不馴和常常的口無遮攔，是無形中得罪了一些人的；如果我去告，就會把對我如此信任的王可仁校長置於一個很尷尬的地位，我是不忍於心的；還有我這個人是最怕麻煩的，一上告不知會有多少糾葛紛爭，我歷來把保持心情的平靜看得很重要的；而最重要的是對留校與到中學任教的利益權衡今後發展的計算，是看得很輕的，我的這一在利益名位上不與人爭的生活理念，既有好的一面，也反映了我的某種「惰性」，我曾在給李蹊老師的信中坦承過這一點。

王校長讓我耐心等待三個月，我便靜靜地等著，三個月後沒有任何消息，我就高興去沁縣一中報到了，自此開始了我幾十年如一日的快樂的中學教師生涯。

「無端五十弦」

沒想到的是，對我的沒有能留校，最痛苦的不是我這個當事人，而是已經順利留下來的武躍速。我知道她是那樣深深地愛著我，這種愛影響了她一生。這是在我離校後，她不知什麼時候塞給我的一封信中，我才知道的。

「你回去了，我的老師、同學、朋友，我不知道該怎樣稱呼你，因為我更渴望的稱呼從來也沒有，也終究不會有權利使用了。我不敢想像我終於徹底失去你了，而且永遠，一生一世……。這兩天我已經混亂了，幾次不由自主地跑到校門口，我不知道我要幹什麼，只是覺得你在那一邊，馬上就要走了，永遠地走了……，」、「我本來是不準備給你說這些了，我曾準備無言地分別，就像以往，當寫好幾首送你的詩，走到教室，看見你在學習，就悄悄退去一樣。我是不應該再攪擾你早已平靜了的心情了。可是，也正像你三年前，我是怎麼也控制不住自己的……」

「我還是不敢相信，你真的就是一束浪花，來得急急，去的匆匆，在我跟前一閃就消失了。天下真有這樣的事嗎，還是我的一個誤會?告訴我，告訴我……」

（此信沒有起頭也沒有信尾的署名，甚至連時間也沒有。大概是在1980年畢業後，我回到沁縣一中前，塞給我的。）」

她的信也深深地刺痛著我。

她是一個極要強而又極敏感的女孩子，雖然是從小小黎城出來的，而且是黎城名噪一時的女才子。她的文字她的表情，她的內心世界，處處充滿了詩意。這在我所引用的她的《生活在別處》裡可見一斑。

那個時候，她只有十七歲，是情竇初開的年齡。而我已經三十開外了，已在感情的路上歷經挫折，走得疲乏而困苦了。三年的接觸三年的詩歌的學問的甚至感情的交流，我的心不是沒有顫動過。但那個時候，我的第二個孩子，是男孩，一生下來就眉眼分明，大大的眼睛，寬寬的額頭，極酷似於我。卻生下來不久就高燒不止，而縣醫院的醫生一直讓觀察不予診斷，自然也談不上作對症的治療。最後只能轉到長治市醫院，但為時已晚，醫生說，這不是什麼疑難病症，縣醫院是應當可以症療的。就這樣在草菅人命的庸醫手中，一條人命在剛剛來到這個陌生的世界還沒幾天就很不情願地到上帝那裡去報到了。因此，很長一段時間內，我的心緒是痛苦而煩亂的。這一點武躍速在《生活在別處》一文中也提到了，不過是不明所以而已。她在文章的「我的大朋友們」一節中回憶了有才華有追求的李遠苗、魏填平的不幸早逝，而對我是這樣描述的：

她眼中的我

「盧叔寧，北京知青，原北師大附中的高才生。一九七七年恢復高考後，一心想考回北京，但因其家庭背景（父親和弟弟皆死於「文革」），最後進了師專。我在沒見其人時卻先聞其聲——是高談闊論之聲，循聲而去，一群人站在宿舍門口，其中一位風度翩翩、氣質不凡，在不斷地講著什麼，聲情並茂。我暗想，可能是新調來的老師吧。後來見此兄居然坐在教室裡，才知道是班裡的同學。

當時盧在寫詩，說是整理多年來的詩作，也是對自己人生的整理云云；而我也寫詩，故接觸多起來，他還為我改詩。於是我不知不覺成了他的准學生。記得他的詩大多有關政治，間或有愛情詩。他讀書多，哲學的、政治經濟學的、英語的、文學的，……他還訂閱了幾本當時很有影響的雜誌。其經歷想必豐富，家庭的、自身的，或悲哀或激憤，或自信或迷茫，時而像小舟，在風雨中沉浮飄搖，但絕不沉落，時而像波濤洶湧的大海，一望無際。在此錄下其一九六九年寫的詩句以存念：

草長鳶飛童時夢，楓紅雪白少年鄉。
卷破欲酬壯國志，腹空豈忘九州強。
忽如一夜狂飆起，宮傾玉碎泊清漳。
牛瘦土瘠曉民苦，陋室殘燈索療方。

應該說，這也是這一代插隊知青中許多人的寫照。盧說話跟演講似的，講得興奮時眼睛炯炯有神，表情會演繹成一團熱情與浪漫，如天邊的流火（當時印象）。記得最清楚的是一件小事，他在插隊時，和朋友一起懷揣30塊錢去周遊祖國大地的種種遭遇，包括後來沒錢了扒火車被抓進監獄、念報紙掙窩頭吃等，讓我大開眼界，感到有意思極了。他時常不聽課，讀自己喜歡的書。我也時有蹺課，聽他給我講政治經濟、哲學之類，但更喜歡聽那些憂國憂民的見解和身世故事，為此掉了很多淚，沉迷不已。同學們公認他是我班最優秀的學生，老師非常欣賞他。

……後來我留校，由於種種人事緣故（我至今不清楚），他留校失敗回到原來插隊的地方中學任教，而且是教數學（據他說，一是自己喜歡數學的嚴密確定，二是自己教語文的方式對學生高考不利）。他現在在深圳某中學，依然教數學，間或寫詩作文，依然是出名的好老師。記得我留校不久，讀過一個短篇，叫《在路上，希冀或流浪》，主人公似乎也是一群插隊學生，他們在貧瘠的土地上，在被人遺忘的某個角落，穿著破爛，卻不斷地心憂天下，眼睛或迷惘或深邃，在思考和談論中熠熠發光。我讀後喉嚨發哽，知道了什麼叫靈魂的高貴，懂得了什麼叫命運的不公。後來盧出了一本書，叫《劫灰殘編》，是其一九六〇年代和一九七〇年代的日記書信節選。這些文字當年如被告發，作者恐怕很難活到今天。我知道，在共和國的歷史上，有一代曾經年輕的思想者，他們覺醒得比較早，勤奮、廣思、敏銳，有才華，且富於使命感。他們本該是思想界的精英，本該在歷史上留下自己的聲音，但被渾濁的俗世無情地淹沒了。我謹在此，對他們表達我的敬意和對歷史的悲憫。」

25年後又相逢

二〇〇五年，她參加一個中外文學比較會議，是在蛇口的明華大酒店召開的。時隔二十五年，我們又見了面，感慨不已。原來苗條清瘦的她，如今已是體態豐盈，我一時幾乎難以相認了。而她說我沒有什麼太大的變化，還是那麼樂觀，還是那麼激情洋溢，侃侃而談。在飯桌上我主要聆聽了她這幾十年的人事坎坷、感情糾葛，和獨自奮發求存求發展的經歷。以往的詩人在飽經滄桑以後，如今已成熟成長為一個飽學的學者博士和教授了。我充滿欽佩，並為她能在生活的荊棘磨難中頑強拼搏，從而取得今日的成就而由衷的高興。雖然她在話語間也隱隱透出感情上的缺憾，但人生是永遠不可能完美的，不完美才有追求，所以我以為，不完美才是真正的美。

令人歎惋

她特別提到，晉東南師專升級為大學後不久，上文所倍加推崇讚譽的名師名教們都先後調到山西師範大學。在那裡他們依舊才華橫溢光彩奪目，但漸漸地社會上追名逐利之風開始侵染默化，他們也就難免名利甚至情色的誘惑，並為此展開或暗或明的角逐，厲害的甚至有斯文掃地之嫌。我完全能理解，他們的一生已失去了太多太多，尤其是年華漸逝韶華不在，於是總想在職稱、官位、甚至情色上有所補遺。這與其說是他們的不幸，不如說是歷史與現實「罪錯」的延伸。我不想也不忍在此提具體的人名、軼事。

倒是有一個人，卻不得不說一說。那是我初到沁縣一中不久，改革開放使許多一生厄運連連的「罪人」成了各部門各單位紛紛爭搶的對象，他們有了更多的機會和選擇的餘地，不少把關的優秀教師不無遺憾地離開了。比如教數學的某某右派，是沁中不可或缺的「臺柱子」。我未見過其人，但早已「如雷貫耳」，也已調到長治市教育學院（可能不確），幾十年沉下去的心，開始躁動膨脹，沸沸揚揚地展開一場院長職位的角鬥，可能是因為過於「你死我活」的激烈了，最後爭鬥雙方都被免了職。聞之，令人悲歎。

返回沁縣

三年後又回到沁縣，田來儒等非常高興，尤其是一中的校長桂雲峰更喜出望外。沁縣是一個國家級貧困縣，周圍的幾個縣如武鄉、襄垣、潞城、沁源等都有煤礦，唯獨沁縣處於鍋底，據說有煤礦也很深，要開發成本過大。除了小米沁州黃、瓜子聞名於外，幾無其它資源。（近些年來，縣委縣政府以「北方水城」為旨，注重保護開發水資源，不失為獨具慧眼之舉）所以沁縣在歷史上一直特別重視教育，人才輩出是沁縣人民的驕傲，在沁縣民間流傳的一句話「小米、瓜子、吳閣老」，那個吳閣老就是從沁縣出去的謀朝的宰相。而一中是省重點中學，教師都是根底深厚的名師，所以周圍幾縣的學生趨之若鶩，以考上沁縣一中為榮。一九四九年以後，縣委和一中領導一直把延攬人才作為首要之務。被打入另冊的「右派」，或因家庭出身而失意落魄的有才學的，這裡都敞開他們寬闊的胸懷接納了他們，這在那個年代是難能可貴的。

「十二月黨人的妻子」

一到沁中，便結識了教語文的肖雲老師，是個難得的少見的性格剛烈女子，她的丈夫李是「右派」，當時上峰是要求肖與之離婚以表示劃清界限的，但她毅然拒絕了，堅持苦守著自己這個老實以至顯得有些軟弱的男人。肖老師她告訴我，那日子真是難熬啊，降職、減薪，沒完沒了的批鬥，沒完沒了的寫檢討書，沒有人理睬，沒有人同情，為了在黑暗中熬下去，她學會了抽煙，而且是一天一包，非常便宜的劣質煙。在一個又一個的運動中，在三分天災七分人禍，餓死人無數的非人的年代，都是她擋在前面，像一堵用血肉之軀築成的牆，維護著自己的丈夫自己的孩子。她讓我想起了令人永遠尊敬的在俄羅斯反專制暴政的「十二月黨人」運動中的那些跟隨被流放的丈夫一起去受苦受難的妻子們。她告訴我為數不少的「右派」，就是因為夫妻離婚，失去了最後的一點感情支撐，自殺了、餓死了，倒下了，甚至死無葬身之地。而她與丈夫孩子終於苦撐到了今天，但是身體都不同程度地垮了，尤其是李老師得了嚴重的哮喘病。所以就要求去南方，在那裡對哮喘病的復發有一定緩解作用。不久他們這苦難而又堅強的一家去了東莞虎門。

我對她們所受的令人難以想像的苦難感到同情，更對造成這種災難的為禍者無比地憤恨，同時極其欽佩像肖雲老師這樣的在苦難面前不低頭不屈服的頑強求存的精神，我想正是這樣的人支撐著我們這個多災多難的民族。我有時還想，這麼多的人，就這樣無辜地被打被鬥被折磨被活活餓死，居然沒有人反抗，沒有人詰問，除了象林昭、張志新、李九蓮……，以及後來揭示出來的為數不多的英烈們和以顧准為代表的受盡磨難仍堅持思考的共產黨人以外，為什麼絕大多數人沒有發出哪怕是一點點的抗議呢？只有些微的呻吟，無邊的沉默和忍耐，這到底是因為什麼？難道我們的政治家我們的思想家我們的歷史學家不應當好好地研究這個現當代之謎嗎？不應當給我們的後代一個令人信服的交代嗎？最近在共識網上讀了楊奎松的《如何看待當年知識份子的軟弱？》才有些許釋然。

異類教學

因為被頂替，我一直到一九八一年五月才去沁縣一中報到，先給高二的文科班上了兩個月的語文。新學期開始，給高一118，119班代語文課。就開始實踐自己的獨立的實驗性的教學思想。什麼段落大意，主題思想，寫作特點，我一概不講，或一帶而過。課文不是一篇篇地學，而是一個單元一個單元地集束式地學習，除了介紹文章、作者的大致情況及其背景外，讓學生自己去讀，去比較。重點是讓學生自己去發現去討論不同的文章不同的作者之間的優劣區別，然後根據自己的感受和喜好去接受甚至模仿。比如，有的善描繪景物、有的善於敘事、有的善刻畫人物的心理、有的則工於用對話。文章中的點睛之筆，好的名言名句，歷史典故成語，就要求學生多讀反復體味，最好背記下來，而且在作文中在平時的講話中儘量加以運用。講難解難懂的字詞時，則從造字法（六書）及其產生發展演變的歷史淵源上，講清其來源與用法。使學生對中國的文字產生了極大的興趣，而興趣是一切學習的元動力。

作文，是學好語文的重中之重，學好語文的目的和標準其實很簡單，那就是會說會寫。也就是善於表達，一個不會表達的人是最痛苦的。據此，我要求學生寫作文，就是寫你所見所聞所思所想，像做人一樣要實在。這是做人的基礎也是作文的基礎，有了這個基礎才談得上提高。為此，批改作文我採取了面對面的批改法。這樣做費時費力，但效果好，而且可以更多地接觸學生和學生進行學習和感情上的交流。當然我是沒有可能每一篇都面批面改的，一般是取其三分之一，另外的三分之二則按三個層次，即錯別字、文句通否、表述清否，來自批互批。這個自批互批的過程可以充分調動學生的學習興趣和作文的積極性。下一次我在與學生面批面改時，再針對自批自改的加以評說。這種方法雖然作老師的是累了一些，卻受到學生的歡迎，而且取得了較好的效果。他們在作文中稍有提高，就馬上予以肯定和表揚，並在課堂上作為範文來講解。有一個叫李宏平的，是個從武鄉農村來的不善言辭的學生，正是在我為其代課的一年裡，作文有了極大的提高，更重要的是自此，他開始喜歡語文喜歡讀書喜歡思考。所以當我改教數學後，他痛苦萬分一夜就白了頭，這是真的，絕非虛言。他連夜寫了三千餘字的信向我敘說他的痛苦，我把幾年來訂閱的雜誌都送給了他，鼓勵他不要氣餒不要放棄，養成自勵自學的習慣。他給我的這封信，後來被師專來人作為典型材料拿走了。

婚外情

這期間，對我個人而言還發生了一件「驚天動地」的大事。那就是我愛上了一個人，她也毫無顧忌地對我一往情深。兩人的愛勇敢而熱烈，可以說是瘋狂的驚世駭俗的不顧一切的。幾乎沁縣的每一座山丘都留下了我們愛的足跡，每一片樹林都映現了我們愛的身影，每一條小河都漾起過我們愛的波紋。愛情、情愛、性愛，交融在一起，生死相依難舍難離。我在那個時候，第一次體驗了什麼叫失去理智，什麼叫不顧一切，什麼叫入骨徹心的瘋狂與快樂。那是只有在拋離利害得失蔑視世俗冷眼，靈與肉的完美結合，才可以達至的。這個時候，我只知道，我們是人，是兩個離世背俗的相親相依相愛的狂野之人。

真的，我從來沒有想到過我還會「變」成這樣，一個靦腆害羞的少年，一個感情容易衝動而又「非禮勿視」的白面書生，一個曾被許多女孩子喜歡但又在「政治出身」面前一一退卻，從而只會在精神上自享「柏拉圖」式的愛情的大男孩，竟然是如此勇猛，成了以往人們戲言的「風流才子」。我的精神我的愛我的身體第一次得到了徹底的解放。後來我想過，為什麼偏偏是她，而不是曾經愛過我的其它女孩呢？原來正是她是如此地像我小學時的那個活潑靈動開朗潑辣的劉星明，性格的反差，使我幾番番在夢中聽到她鈴聲般的聲音。而如今的她，一樣的天真一樣的純樸一樣的開朗一樣的執拗，於是夢在我的心中復活了。

可以問心無愧的是，我在第一時間就把我對她的愛告訴了法律層面上的妻子。我不需要也不會向任何人隱瞞。在感情的問題上，我永遠是真實的，從來沒有欺騙過任何一個人。也正因為此，我的那麼多的朋友知己甚至一般相識的人，沒有一個人為此而鄙視或疏遠我。就是這件轟動小小縣城的「風流」之事，我也絲毫不想隱瞞。幾乎全沁縣的人都是知道的，包括她的父母。事後，我感到莫名其妙，為什麼沒有一個人哪怕是含蓄地隱諱地向我提出警示，是認可？是笑看？還是靜觀？還是以為我這是開風氣之先呢？當我二〇〇九年重返沁縣時，許多朋友還又舊事重提，沒想到它早已成為沁縣人巷閭間的軼聞趣談，我則只能一笑以應之。就此事，我唯一心含愧疚的是她的父母。為了此事，她的在沁縣工作數十年並已有所成就的父母不得不全家遷至長治。而她告訴我，就是因為她的父母在她面前一再地誇耀我的才能和人品，才使她萌發了最初的愛意。為此她和我一樣從來沒有反悔過，而且至今我們還保持著朋友般的聯繫。

高考語文判卷的爭論

我心中的這場感情風暴雖然餘波未散，但已漸漸彌散冷卻。青春的活力、精神的勃發引領我全身心地投入到教育事業中。第二年我開始做專教數學的準備，不是我不喜歡語文教學，我在語文教學中更揮灑自如、得心應手。但我發現，我的教法是完全不能適應目前的高考制度和教育制度的。一九八一年，我參加了當年的語文高考評卷，從試題和評分標準上，我發現按這樣的考試方法，是無法培養出有獨立思考能力有獨立見解和創新能力的學生的。不管是對字詞的解釋還是對文章的理解，標準答案只有一個，也就是說，學生必須按照這個要求去死記死背，古人說「詩無達詁」，一篇文章在不同的時代對不同的人，其認識其理解完全是可以也允許產生歧義的，只要言之有理，邏輯上無誤即可。我的任務是批改「字詞解釋」部分，首先我是反對在高考試卷中搞什麼字詞解釋的，但無力左右，於是在評分時我沒有完全按照標準答案來評定，我判卷是出奇的快，只用預定時間的三分之一就完成了，複審員沒有說什麼，表示滿意。就讓我複查批改完畢的作文，結果讓我很吃驚，不少作文的評分都難以讓我認可，分差均在三分到五分之間，我想這是老師們太累了，故產生了「閱卷疲勞」，但當我發現有的作文評分竟然相差幾個等級時，就忍無可忍了。我把這篇文章拿給最高評審員看，他讓我去和批改老師商量，那個老師居然強詞奪理不認帳，沒有辦法，只能在整個約三四十人的評審室裡，念了這篇作文，我和那個老師分別談了各自的看法。我認為這是一篇優秀的文章，應當評為最高分，而現在卻是不及格（二十四分為及格）。最後公議的結果是三十五分（三十六分為優秀），我是仍然不滿意的，但想，這恐怕就是國人的「中庸」吧，總要給那個老師一點面子的。這是我查到的，那些沒有查到的呢？那些本是優秀的學生，就是這樣讓我們的老師，更重要的讓這樣不科學的考試制度教育制度「誤人子弟」而不知了。這是我萌生改教數學的原因之一。

不想「誤人子弟」

其二是，如果按照我的教學方法，即學會獨立思考，宣導創造求新精神，那麼是很難適應和應付面前的高考制度的，我的教學雖然會受到學生的歡迎，卻無法獲得社會、家長甚至學生本人的認可。其三，那時課文裡收入的文章仍然沒有脫離政治因素，比如楊朔的《茶花賦》，劉白羽的《長江三日》等，思想上是歌德派的極度虛偽，寫作方法上是令人作嘔的偽象徵。文章乃天下之大事也，用虛偽的文字反映虛假的現實，那就是助紂為虐，就是欺騙今人欺騙歷史。無論它如何妙筆生花，也無法粉飾和掩蓋那一堆「腐臭」的現實。我在講這兩篇文章時是毫不客氣地加以否定和批判。所以如果高考時恰恰遇上了這兩篇，學生不是要因我而失分嗎？再有，就是真正的無論在思想人格上還是在寫作手法上都經得起歷史考驗的古今中外的名篇名詩都選錄甚少，魯迅的文章雖然選錄了，但所選多不當，是從政治角度出發的。比如《紀念劉和珍君》、《論「費厄潑賴」應該緩行》，在經歷了史無前例的「文革」浩劫以後，這樣的文章不應當再讓還不曉世事的中學生來學。完全可以選錄魯迅的那些對專制對奴性更具批判力的，提倡「立人」，呼籲精神獨立的文章，還有魯迅的《野草》，那是魯迅思想魯迅精神的最深刻最完美的個性體現，是魯迅全部著作中的瑰寶。這樣的文章也許不那麼容易理解，但只要教法得當，對學生的理解對學生的想像能力的提高是有極大的發揮空間的。當然，我的決心改教數學的另一個重要原因，還是我對數學的情有獨鍾，數學在我眼裡是最完美的科學，是科學皇冠上的明珠。如果不是「文革」，我是以北大數學系為最終目標的。

「試教」數學

我把這種想法告訴桂雲峰校長後，他喜出望外。他是一直想讓我挑起數學這個擔子的，因為自那個「右派」教師走後，他最憂心的就是數學課缺乏承大樑者，但因為我畢竟是中文系畢業，也就不好意思再舊事重提。他馬上高興答應下來。我說要給我一年的準備，所以一九八二年我代高二文科班的數學，同時代高一一個班的語文。像這種跨文理兩科，恐怕也只有我敢也有能力去做，而全國所有的中學裡也恐怕只有桂雲峰這樣的校長敢於同意我這樣的要求。

當我站在一二〇班文科教室門前時，學生大喊「盧老師，你走錯班級了」，因為這個班裡的不少學生是在上一個學年我教過他們語文的，我笑著走進了課堂，開始我夢寐以求的平生第一次數學課。想不到的是，當天桂校長就找到我，說學生來告狀了，說是盧老師想教數學，卻拿我們來作實驗。我平靜地回答，再給我三天時間，如果三天後，他們還來你這裡告狀，那麼我這輩子就再也不教數學了。也同樣讓我沒想到的是，兩天後，學生就找校長說，你可千萬不要再換老師了。

「五縣班」招生

一九八三年，學校讓我負責去招生，因為沁縣一中是省重點學校，所招學生分兩部分，一部分是本縣學生，屬於普通班，一部分是從周圍五縣招考來的，屬於重點班。校長讓我一個人去長治招五縣生（五縣是：沁縣、武鄉、沁源、襄垣、屯留），並由我來代這兩個班的數學課。由我一個人決定錄取誰，嚴格講是不符合招考的有關規定的，因為這樣很容易引起走後門行賄等腐敗事件。但那時的風氣還比較純正，我又是個外地人，沒有那麼多的瓜葛聯繫，校長和其它領導是充分信任我的，桂雲峰曾像師專校長王可仁一樣公然對人講，盧的人品是最信得過的。我這一生，吃虧是吃在正且直也，得到人的信任也是在正且直也，而無論在什麼處境下都能堅守、快樂也完全得於正且直也。父親所給予我的這份精神遺產是我一生享用不盡的。在長治賓館裡，我翻閱著一摞摞的學生檔案和詳細的考分表格，因為沒有任何人的干擾，我可以完全做主，所以除了為數不算多的總分達標的外，其它的考生我以數學分數為主要考慮，而像政治考試的分數，則僅僅作為參考，甚至忽略不計。這樣勉強招夠了八十人。

回來後校長問我，三年後這一屆的高考錄取率大概是多少？我說，這次的錄取，總體不理想，經過努力達到百分之五十就不錯了。但三年後，錄取率竟然達到了百分之九十以上，而且我所代的班裡的一個叫王建斌的還考上了清華。我第一次代數學，就取得了如此好的成績，總算沒有辜負桂雲峰對我的信任和期望。

八十年代的青年

還記得開學這一天我在學校門口迎接他們，因為大部分都來自農村，衣著樸素無華，神情激動中含著羞澀與木然。給我印象最深的是一個武鄉的叫郝瑜雲的孩子，個子小小的，黝黑而清瘦，靦腆地似乎聯手也不知往哪裡放，只有那兩隻眼睛明亮而有神。因為家庭貧困，連糧票和為數不多的一點錢也掏不出來，那種無助與無奈，深深觸動著我，我毫不猶豫地資助了他。面對他們，我的心是顫抖而緊縮的，油然而生出一種如父母兄長般的憐愛。

和他們的朝夕相處，使我深深地愛上了他們，至今夢魂牽繞，一想起他們就歷歷如在眼前，難以自已。他們的生活條件是那麼困窘，大部分是從家裡帶來一周的口糧，那口糧不只少而且都是玉米麵、高粱米等粗糲的原糧，然後在食堂買一點可憐的青菜或清湯。卻沒有一個人怨天尤人、訴苦哀怨，覺得自己卑微低下而謀求同情，我在他們身上明白了什麼叫「窮而彌堅」。他們的學習是那麼刻苦，更讓人感動的是，他們總是那麼快樂，那麼青春，那麼純正。給我印象最深的是，從沁源來的兩個叫南淑媛、郭建琴的女孩子，因為營養不良而又極其刻苦，臉都成了菜青色，我一再委婉地要她們注意休息注意身體，她們卻總是笑笑的，沒事人一樣。記得幾年前媒體發佈過一組八十年代青年學生的照片，反映他們的樸實清純，我的感受是真切的：那就是我當年的學生！

一二九班

他（她）們分別從五縣而來，各具特色。沁縣的幾個，大部分家在縣城，好像為了顯示地主之誼，班裡的許多事，他們都主動承攬。尤其是班長王宏偉，副班長李瑞，成了我的得力助手。每年學校都要派我去一趟北京，到四中、師大附中、八中、西城區教育局等地去搞高考材料，這期間我沒有要求學校任命新的臨時班主任，王宏偉和李瑞把一二九班管理得井井有條，讓我放心而又感動。劉芳是學習委員，她刻苦而又喜助人，印象最深的是她的鼻炎，常讓我暗自揪心，〇六年再次見到她時，居然完全好了；王菊紅，則是一個快樂的天使，人未到笑先聞；還有一個叫任國強的，白皙而瘦小，總是那麼快樂，話多而有趣，常到廣播站和我一起打羽毛球；未料到的是，靦腆而溫柔秀氣的杜媛與聰明能幹陽剛氣十足的曹鵬華結成了連理。沁源來的學生，則比較開朗開放，這與沁源縣資源豐富，廠礦單位多，見識就相對廣有關。王建斌、牛崢嶸是班裡的團支部書記，其中王建斌是學習成績最好的，在我的動員下報考並被清華大學錄取；牛崢嶸是轉學而來的，漂亮而又沉靜，總是不聲不響默默地學習和幹好自己的工作；謝煜坤愛說愛笑活潑能幹，是文藝宣傳委員，有她在班裡就充滿了生氣充滿了快樂。和沁縣沁源的學生相比，武鄉、襄垣的學生就成了班裡面「沉默的大多數」。他們大部分是男孩子，默默地學習默默地做事。二〇〇九年我回沁縣見到他們的時候，還仍然顯得那麼低調而羞澀。比如襄垣的宋安紅，大大的個子，已經是一個公司的經理了，一說話還沒開口臉就先紅了，充分體現了農村孩子的純樸與可愛。屯留的學生是人數最少的，其中一個叫尹振保的，你幾乎感覺不到他的存在。但卻千萬不能小視與忽略這樣的學生，他們性格內向，寡言少語，卻不代表他們沒有想法沒有思想。畢業以後，我還沒來得及與我的這些學生作最後的交流與告別，就去了深圳。完全沒有想到，尹振保居然給了我一封很長的信。談了許多他的想法和內心的感受。甚至直言不諱地對我也提出了不少意見和看法，讀完後我感到震驚。更重要的是引起我許多以前不曾有的某種思考，我也給他回了一封長長的信。（可惜，這倆信已找不到了）。我為三年來幾乎沒有和他有任何思想感情上的交流表示道歉和悔恨。這對我今後的教學教育起到了非常重要的作用。後來我發現，在社會上許多領導者教育者，往往慢待了甚至完全忽視了這樣的一群弱勢中的弱勢者，幾乎忘卻了他們的存在，從而發生了許多不該發生的悲劇。其實他們之中是不乏有思想有能力的人的。他們把自己的想法感情內聚與心，因為缺乏交流缺乏疏泄，一旦爆發是難以預估的。

在我離開他們赴深圳以後，曾寫下這樣幾句：「謝謝你們——我的每一個學生！每一個孩子！我愛你們——我的殷殷之心、耿耿之情、拳拳之愛將伴隨你們崎嶇而坦蕩的一生！」這也表達了我對一生所教的所有學生的深切致意和期待。

救孩子於「罪」

我在這三年中，大部分精力都用在了教學上。因為畢竟是第一次代高中數學，又是重點班級，壓力是很大的。雖然在教語文的那兩年裡，我已經把高中的數學重新溫習梳理了一遍。但重點是什麼難點是什麼，如何化難為易、化繁為簡、化枯燥為生動，不僅使學生能較快地接受掌握，而且使他們能在學習中引發興趣、享受快樂。更重要的是在高考中取得好的成績，使這些農家的孩子因為我和他們的共同努力而改變他們的命運。我是下了一番苦功的，除了大量地做了許多難題外，還就每一門（分代數、立體幾何、三角、解析幾何）每一章，和綜合類，編寫了二十多套試題。班主任工作我是基本依靠學生來自我管理的，這樣既提高了學生的能力，也凝聚了學生間的向心力。但不能不說，我和他們之間的交流是遠遠不夠的。二〇〇九年，我和他們團聚時，在歡聲笑語中，在互訴衷腸中，我談了對生活、理想、社會、歷史，以及對人生坎坷、價值理念、人生追求等的思想和看法，他們就感慨而遺憾地表示，盧老師，你以前為什麼不和我們多談談這些呢？它對我們大學畢業以後的成長該有多大的幫助啊！這也許將成為我永遠的遺憾和內疚。

到了高三臨畢業，馬上就要高考的時候，發生了一件大事。一九八六年春，我帶著兩個重點班的十幾個數學特別好的學生，到長治參加全國數學競賽，賽後返回沁縣是坐的長太線的火車，我和這些學生一路上愉快地說笑著，順利地返回了學校。沒想到第二天一早，校長把我叫到辦公室，那裡已經有兩個公安人員在等著我，我有些吃驚，不知發生了什麼事情。他們詢問了昨天我帶學生乘車的情況，原來就是在我們乘坐的那趟列車上，一個旅客的行李被竊了。有人反映是兩個學生模樣的人把行李拿走的，經過短暫的調查，就查實是我這個班的兩個學生行的竊。這兩個人已經把行李打開，沒有什麼值錢的東西，就把包中之物扔棄了。我愕然而驚，而且非常憤怒難過。公安人員已經將兩人拘留，我也馬上到拘留所去問他們怎麼會發生這樣的事情，兩人說，他們看到一個乘客好像是下車了，卻沒有拿行李，於是起了取巧貪念之心。

怎麼處理這件事，如何處理這兩個學生？公安人員表示，在列車上行竊是比一般行竊要罪加一等的，所以一定要嚴肅處理，至少刑拘十五天。我一想，如果這樣處理，那麼這兩個學生一輩子就毀掉了。他們可能從此一蹶不振，從此在社會上抬不起頭，甚至自此走上犯罪的道路。一思至此，我心顫慄不已。於是我反復去找鐵路刑警，反復強調，他們還是孩子，又是初犯，不能就此斷了他們一輩子的前途。我還強調，學生的罪錯，第一個要負責任的應當是我，是我沒有教育好他們。如果這次因為寬大了他們兩個，而致使以後他們不接受教訓，並在今後又故罪重犯，那麼可以追究我的責任。所以我堅決反對十五天的刑拘，因為一刑拘，他們就不再可能參加今年的高考了。我還向公安人員說，其中的一個孩子，他的父親剛剛因為尚不明的事件而自殺，如果此事處理不好，會給這個學生和他的母親造成極不良的影響和打擊。我主張學生由學校處理，而且對這兩個人要本著教育要嚴處理要輕的原則。後來公安人員終於同意了，他們對校長說，我們是被盧老師對學生的愛對學生一生的前途發展負責的精神感動了，才最後作出了可以說是違反其條例的特殊決定。

我和校長桂雲峰商議，給這兩個人以留校查看的處分，張榜而不在全校大會上宣佈，另外在高考前撤銷其處分，也不記錄入他們的檔案。我在班上就此事向所有的學生表示，做人一定要正直坦蕩，任何時候任何情況下，不可耍小聰明，小聰明往往會誤大事，不可利令智昏，要誠實地無愧於心地做人做事。我相信他們兩個只是鬼迷心竅的一時之誤，我們大家仍然要相信他們，相信他們兩個可以通過這次的教訓，為自己的一生明辨是非走向正途。

後來這兩個學生都考上了理想的大學，一個是西安科技大學，一個是瀋陽工業大學。其中的一個還兩次從西安到深圳來看過我，和我談他的學習他的生活，甚至找對象也要聽取我的意見。

我為什麼在他們犯了如此大的錯誤，甚至已到了犯罪的邊緣的時候，還在那麼盡力呵護他們呢？因為在「文革」中，我見到了聽到了無數的人，就因為一句話，因為一點點的現在看來是不足道的小事，就被無情地批鬥關押，從而影響了他的一生，連累了他的父母兄弟甚至親友。自一九四九年以來的三十年裡，在以階級鬥爭為綱的毛澤東時代，是不要人好而要人壞的、是不要人善而要人惡的、是與人為敵而不是與人為善的、是無限上綱而不是實事求是的、是殘酷鬥爭而不是教育為上的，搞得九百六十萬平方公里上的幾億人，爭鬥不息、雞飛狗跳，人人都處在莫名的恐怖之中。如果我也像那個瘋狂的年代所做的那樣，使這兩個學生受到應有的「懲處」，以顯示自己的「革命性」，我的良心將一輩子不得安寧。我始終認為，一個人活在這個世界上，不管什麼主義什麼思想，首先要有良心，所謂良心，就是對人的善良之心，就是要設身處地地為他人去想，尤其是面對弱勢群體的時候。

「違法」助人

還有一件事情，在這個事情上我是有「違法」之嫌的。

在我們數學組裡，有一個叫閆培森的老師，是個山東人。他是組裡最貧困的，因為全家只靠他一個人的工資維持。我和他比較談得來，他曾對我說，調他來校時，教育局、學校曾答應解決他愛人的工作問題。已經幾年了卻遲遲得不到解決，只在一個幼稚園裡作臨時工，他氣憤而又無奈。我曾陪他去過教育局詢問，自然是無果而返，當時我丟下一句話說，既然你們食言不解決，，那就只有我來幫助他了。不久，縣裡通過考試，給一部分民辦教師轉正，他的愛人也參加了這次會考，因為數學不行，看來是沒有什麼把握和希望的。

考試那一天，第二門是數學，我直走進一個考室，向監考員要了一份試卷。巡視員、監考員不知我是什麼身份，可能以為我是縣裡的幹部來巡查的吧，所以沒有一個人詢問我，更談不上盤查了。迅速作好答案後，我又進入閆老師愛人的考室，悄悄地，又可以說是明目張膽地把一張紙條交給了她。

事情比我預料的還要順利還要成功。很快結果出來了，閆老師的愛人被錄取轉正為正式老師，一些領導還向閆老師玩笑說，沒想到你愛人的數學這麼好，是不是讓她教中學數學啊。他苦笑一聲，答道，那是蒙的，能轉正我就心滿意足了。

我一直以為這件事是無人知曉的。直到我要離開沁縣去深圳，到教育局辦理有關手續時，原來的一中生物教師，現在的教育局付局長陳海容開玩笑地對我說，來辦事連顆煙也不掏，我同樣開玩笑似地回道，這裡既然是辦事機關，就是辦事的，為什麼要掏煙？你是我以往的朋友，現在的領導，工資一定是比我高的，要掏煙也應當是你掏啊。他顯出一種無名的尷尬，突然口風一轉，上次民辦教師轉正考試的事，別以為我們不知道，是有人向我們反映告過狀的，你知道不，那是違紀甚至是違法的。我也毫不客氣地回擊，那是你們言而無信在先，我不得不出手相助在後。然後兩人相視一笑，互相拍拍肩膀，並答應以後有機會一定到深圳去看我。他沒有食言，果然在幾年後，帶了全家一起到深圳見了我。這個陳海容也是那個時代的受害者，他是北大的高材生，而且是華僑，卻在畢業後分配到沁縣的一個小小鐵工廠當打鐵工人。毛澤東死後，才得以回到學校作教師，然後又被提拔為縣教育局付局長。二〇〇九年回沁縣時，聽說已做到省僑辦的付主席了。雖如是，已是用非其才、用非其力、用非其時了，不過是安慰式的補償而已。幾十年的青春、一肚子的學問，就這樣無端地殘酷地被荒廢了，好在他也是個樂天派。但這豈止是他個人的傷害，是整個國家的難以彌補的損失啊！

師友桂雲峰與入黨

到一中不久桂雲峰就讓我寫入黨申請書，我拒絕了。我除了在高中時寫過入黨申請書外，經過文革的十年磨難，我只沉浸在自己的思想與讀書中，其它都已漠然。到了高二，桂校長又向我提出，想讓我作教導處主任或校長辦公室主任，兩者任選其一，我又回絕了。我說，還是讓我好好地把這一屆學生教好再說吧。這之後，桂雲峰校長又多次和我談入黨與做主任的問題。他的看法是，你是我最能夠信任的人，因為你的人品是最好的是最值得信任的。我一次次婉言謝絕了。因為只有我最瞭解自己，以我的這種執拗不訓的性格，是不宜當官的。我厭煩於各種複雜的社會關係的周旋，厭倦於各種明明暗暗的交錯纏糾的紛爭，如果參入期間我一定是個失敗者，尤其重要的是將徹底打破我心靈的寧靜。到高三學生即將畢業參加高考的時候，校長——我的師長、我的可信賴的朋友桂雲峰又鄭重其事地向我舊事重提，並以不容商量的口氣要求我馬上寫入黨申請書，他直白地告訴我，他退下後是要我接校長這個職位的，而且已取得了縣委的認可。從私人的關係上，我和桂雲峰與其說是上下級關係，不如說是忘年交的知己朋友。他和我一樣是個耿直之人，資格老經驗豐富，門生弟子遍於天下。現在我才明白，他曾帶著我跑過長治、太原、北京等地的各個部門，他的歷屆學生都在這些部門擔任要職。原來是讓我也熟悉一下「門路」，我記得那一次就獲得了一批撥款，現在還在的教學主樓就是靠這批款蓋起來的。在個人愛好方面，我們也有共同的興趣，那就是釣魚。我們常常相約到離學校幾步之遠的「西湖」水庫垂釣，而且我曾釣到過一條24斤重的青魚，冠絕全縣，令我興奮不已。也因此有人非議「彈劾」他，說他不務正業。那個時候就已經有不止一人覬覦著他的位子。還記得剛到一中報到的時候，我就開玩笑地對他說，我這個人疏懶自由慣了，最怕的就是開會，如果開會我沒有到，你就算我是事前請假了。他沒有點頭也沒有否認，算是默然應承了吧。

正因為他是以朋友的關係一再勸說我，我就不好意思再回絕了。於是在一九八六年的六月底，寫了一份入黨申請書。在這份申請書中，關於父親的政治身份歷史「問題」以及在「文革」中的不幸遭遇，我如實敘述。在如何對待父親問題的態度上，父親是要求我們堅決與他劃清界限的，而當父親和社會都要求我與「反動的」父親劃清界限時，我是斷然拒絕的。我寧可放棄自己的所謂的前途，無非是不能入黨不能上學，甚至不能被招工，也決不違背自己的良心。決不違心地為了劃清界限以顯示自己的「革命的」、「正確的」政治態度，而把父親當做敵人來對待。可以無愧於心地告慰父親的是，我從來沒有寫過一個字來批判父親。相反我始終認為父親是個好人，是個正直的坦坦蕩蕩的君子，是個有擔當的知識份子。

我這樣寫，一方面是堅持我始終不渝的說真話的理念和原則，在任何時候任何情況下，都不說違心之言，做違心之事。另一方面，我私下裡想，我這樣的申請書是一定難以過關的，是一定還要繼續考察考考察的。但沒想到的是，還不到一個禮拜，在七月五日支部就開會討論我的入黨問題，而且居然很快就通過了。這是不符合入黨的一般程式的，更何況那時我父親還沒有被平反，還是個地主兼歷史反革命，還是個在「文革」運動中「畏罪自殺」的階級異己分子。看來一中的這個黨支部真是按照「重在表現」的政策來辦事的，而且那麼雷厲風行。

會下，一個支委私下對我說，你這樣的申請書是我第一次見到的，是你的真話感動了我們，在看你的申請書的過程中，甚至流了淚。於是我更堅信，只有真話是最有力量的，只有真話是可以使人感動的，只有真話可以撩撥人的心靈的。也就是說，人的本性原都有追求真實的一面，不過是自一九四九年以來的專制統治下的殘酷運動扭曲了人的靈魂，踐踏了人的本性。正是改革開放，正是毛死後的撥亂反正，使社會使人回復了正常。否則，我這樣的入黨「奇跡」是完全不能想像的。黨支部通過後，還未及填表宣誓，就托一個朋友的夢去了剛剛起步的特區深圳。

重萍的夢

事情是這樣的：八十年代初，我的知己朋友們一個個都先後離我而去。我又一次感到了無可名狀的孤寂，雖然我並不怕孤獨：十數年苦伴陋室殘燈，一卷書、一杆筆陪我思索、書寫；寂寞時與朋友攜手登山抒懷、指點江山、憤世嫉邪、或歌或吟，其喜洋洋者矣；每有暢意詩作，便聚會而誦，嘻笑怒罵，壯我文章，那是何等的快哉！然而他們都走了，剩下孤零零我一個人；還有母親兄弟一封封來信的詢問和一雙女兒的祈望。

可是不闇社交，更不會請客送禮磕頭逢迎的我，空有才華而卻不知何以自處。好在朋友們沒有忘記我。其時丁東在太原省府，他一再說，大家聚會時都惦念著你，並想方設法為你謀劃。一直到1984年，在北京見到丁東，他告我，文重萍已去深圳蛇口，並在第一個晚上就夢到了你，想把你調過去。但又不知你現在何處。文重萍是我在沁縣結識的朋友之一，他罕言寡語，但他的善良、他的內在的熱情、他對朋友的無私真摯的幫助，像是與生俱來的本性，至今未有稍逾。丁東的意見是應當首選去蛇口，雖然那裡是剛剛開發的特區，還是艱苦創業之時，如若不行，他可以設法把我弄到太原去作勝任有餘的編輯。而蹊蹺的是，我那時從一個高中時的同學得知，北京師大準備在燕山建一個附中，負責人是原來我們師大一附中的校長陶衛，現在任師大的普教科處長。我去見他後，陶校長立時滿口應承，因為他知道我是師大一附中的文理兼長的高材生，故而連考試、試講都可以免了，明年來報到就是。這樣我就推辭了文重萍的好意。不料，第二年我再回北京，卻風雲突變，陶衛無奈地告訴我，因為應聘者如雲（可以想像，三十年來被勞改、下放的師大和師大附中的那麼多教授老師誰不想借此返京呢？）所以條件嚴苛，像我這樣一家四個戶口進京的，已完全沒有可能。我自然無怨而退。又安心回到沁縣，繼續教我那可愛的孩子們。

悲哉！夢飛

一九八六年7月，我的學生剛剛高考完畢，我已準備去太原參加數學科的閱卷，卻意外地收到了一封信，是一個叫張夢飛的寄來的，這個一見如故的夢飛可是個人物，極有才華和社會活動力。他從東北通化輾轉奮鬥，時在育才中學任校長辦公室主任，後到當時頗有名氣的《蛇口通訊》任主編，他讚賞我的才華和品格，幾次動員我離校，我都婉言謝絕了。那時在袁庚領導下的蛇口工業區，正在進行一場領全國風氣之先的深刻的民主制度改革，幾乎每一個蛇口人都積極地參與進來，我也在夢飛的動員下發表了「羊人」、「嚼過的饃」等文。一份小小的地方報紙《蛇口通訊》便聲聞四海名動天下了，攪起一池春水的「蛇口風波」也是在其時發生的，夢飛在期間起了重要的作用，人民日報也為此發了影響很大的文章。可惜不久這一池春水就成了一潭污水、死水。六四風波以後他被開除黨籍開除公職，當由「門庭若市」而突幻化為「門前冷落車馬稀」之時，我便去陪他下棋消悶，其兄說，你沒有白交這個朋友。但不久就聽說，他在被審查期間為減輕「罪責」亂供亂咬他人而為眾人不齒，我便再不登其門了。後來他經商發了財，不久驚聞噩耗，不知是被賊還是仇人殘殺於新婚的新家中，而妻女無恙，成懸疑之案。實可悲也哉，可歎也哉！此為插敘，還是回到本題：

他在信中說是應文重萍之薦，要我去西安面試，以定是否聘為蛇口育才中學的教師。我此時才想起，大約是在寒假的時候，我從北京回沁，在太原車站換車時，又巧遇丁東，又力勸我考慮去蛇口。我卻因為第一次的推辭而心存內疚，沒好意思再提此事。沒想到，他們仍然把一個夢當了真。我此時不能不感慨，在苦難磨礪中建立的朋友之情甚至要重於血緣兄弟的，我這一生又何其幸也！

就這樣，在不到一個月的時間內，我告別了沁縣，告別了我那些還沒有拿到錄取通知書的學生，來到了初創的充滿生氣的特區蛇口，開始了我新的生活。

別了，我的沁縣；別了，我的李家溝

「文革」暴起，動亂板蕩。祖國山河破碎、妖風肆虐、前途無望；個人家破人亡、理想破滅、命運迷茫。我懷著深深的憂愁與思慮，在一片撼人心扉的有如生離死別的哭叫聲中，格外清醒甚至帶著某種欣喜登上了西去的列車，來到了山西的貧困縣沁縣，來到了一個有如隔世的小山村——李家溝。

一住就是十八年！

有痛苦但沒有哭泣；有饑餓但沒有消沉；有勞累但沒有氣餒；有憂心但沒有恐懼。

正是在這裡我瞭解了真實的中國、正是在這裡我瞭解了多災多難而無怨的默默忍受的農民、正是在這裡我領悟了什麼叫善良什麼叫純樸、正是在這裡我重拾了生活的希望、正是在這裡我這個地主兼歷史反革命的兒子，已入了另冊之另冊的黑五類的狗崽子重獲了做人的尊嚴、正是在這裡我體嘗到了鄉親的分量，正是在這裡我充分享受了朋友的信任與關愛、正是在這裡我的思想有了依著、正是在這裡我的感情得以淨化和激發、正是在這裡我首嘗了青春愛情的妙美和婚姻的挫折痛苦、也正是在這裡我得到了我的學生給與的難以言述的快樂。

這是怎樣的十八年啊，自此我一生的夢就時時為它所縈繞。

可是我還是要走了。

是的，我要走了，離開了我的沁縣，離開了我的李家溝，但我的愛我的思念我的夢卻永遠留在了那裡。

我的父親母親與二哥

輾轉倆江避淪陷

父親一九〇八年生於江蘇省金壇縣南墅村，是個遺腹子。早已病逝的我的伯父也是大學畢業，生前是金壇縣國民黨黨部委員，分管路橋建設，他的三個兒子也因此在一九四九年以後成為專政對象。父親的加入國民黨則是在大學期間集體履行的手續。父親畢業於上海政法大學，聽母親講我的爸爸是個極孝順的人，之所以讀政法是因為早就寡居的祖母，經常受到欺凌，所以父親想作律師以至法官，從而可以保護像其母親一樣的孤弱者。但現實卻遠非他的想像，尤其以父親正直耿介，同情窮人而又不媚甚至蔑視權貴，自然難以升達。於是就重新學習、研讀並掌握了棉花檢驗這門專業專長。當時棉紡業在江南一帶是很發達的，很容易找到工作。因為內亂尤其是日寇的侵略，居無定所，要不斷地逃難。起先是在江蘇的上海、無錫等地的紗廠以棉花檢驗的高級工程師做棉花檢驗。上海淪陷後，經人介紹來到九江，仍做棉花檢驗，並在此認識了我的母親。九江失守，便一直輾轉於江西的尋烏、贛州、泰安、泰和，在難民墾荒處，以及萍鄉的一個機場為謀食而奔波。一九四七年又失業了，一個在泰和認識的叫吳義方的人，介紹父親到尋烏縣政府任秘書（吳是縣長），吳義方調到贛州，父親也隨之前往，並提升為行署專員。

拒飛臺灣

蔣政權崩潰時，父親拒飛臺灣，躲起來等共產黨的解放。象幾乎所有的老知識份子一樣，父親當時認為與國民黨比共產黨是廉潔的為民的黨。在共產黨剛剛接管贛州時，還來不及處理蔣政府留下來的黨政官員，但時常有人來找父親。父親不耐其煩，便於一九四九年底回到老家金壇。可以說父親的這一無意識趁亂出走，是逃過了一場大難的，如果仍然留在贛州，我想被鎮壓的命運是躲不過的。到了金壇後不久，經原來同做棉花檢驗的同事介紹，一九五一年到北京中央紡織工業部，部裡對其歷史問題進行了嚴格的審查，因為父親的手上沒有共產黨的血債，所以最後由國民黨抗日名將，紡織工業部部長蔣光鼐親自定性其為歷史反革命，按人民內部矛盾處理。

我的父親生性剛直不阿、性格過於耿直，嫉惡憫弱。聽母親講，一次在火車上，一個逃難窮困的孩子因為偷了東西，乘警要把他扔下火車，父親便替他賠了錢，才救下了他。他還和華羅庚、梅毓仙等同村的幾個在外知識份子捐款幫村修路建洋龍（江南的一種老式抽水車）。——

給周總理寫信

父親是在一九六二年因大規模饑荒餓殍遍地而不得不採取的城裡幹部大下放措施時，從紡織工業部下放到老家金壇縣的。到了金壇，很長時間沒有給他安置工作，一直住在招待所等待分配。大約半年以後才讓他到縣水產養殖場報到。按當時的對下放幹部的政策，三年內工資發放、人事管理的權力仍屬紡織工業部，三年後才歸地方政府。父親回到金壇以後，發現地方幹部的貪腐和對百姓的欺詐心生不滿，於是不自量力地給周總理寫信反映情況，自然引發當地官員的不滿，用現在的話講是「自取其咎」的。

「戴帽」勞改

沒想到剛剛過了三年，在極左的「四清運動」中，便給父親戴上了地主的帽子，開除公職回到老家南墅村接受勞動改造。父親居然沒有任何怨言，其實怨有何益，只會斥以不老實，而加重懲戒而已。父親他便只能「自覺自願」地接受改造。他在一九六五年二月二十九日給母親的一封信中是這樣寫的：「靜嫣：通過這次社會主義教育運動，根據中共中央的二十三條規定，我已於昨天到老家南墅村進行勞動改造。在勞動中徹底剷除剝削階級分子和過去反革命工作中深深潛伏的剝削反動思想，樹立堅定的無產階級思想，重新做人，成為勞動人民隊伍中的忠於黨、忠於無產階級，努力為國家社會主義建設的一員，成為一個光榮的勞動人民。（他的這些話是否由衷之言，就只有天曉得了，而我們是完全相信的。但無產階級專政卻不相信，非欲置之死地而後快。）

我回到鄉村進行勞動改造，不僅情緒沒有波動，而且真正感到有必要，是愉快的。你知道我是想進步的。但在舊社會受到反動剝削思想的影響，不經過艱苦的勞動改造，是不能徹底背叛自己的反動階級，特別是在思想上是不能經得起風浪的考驗，從而樹立社會主義、共產主義的人生觀。所以這次我是抱萬分的決心和信心，以樂觀的態度來到農村勞動的。這一點必須和你說明白，你必須用工人階級、勞動人民的立場來分析對待這個問題。否則，如果從所謂苦不苦，和家庭生活來考慮，那就會犯政治上的錯誤，就落後了，就會犯大大的錯誤。這一點你是一定會做到的，因為你是工人出身，思想覺悟一向是很高的。

昨天，已托朋友提前匯出三月份接濟家裡的三十元錢。承組織的照顧發給半個月的工資，給我安家，要買鋤耙等農具，還要買半年草（燒飯用），無力再多寄了。另外我也寫了一封信給仲和，告訴他一個大概……」

至囑！

「唯一的問題是家裡的生活、孩子讀書的費用問題。所以我已叫二兒仲和，讓他用微薄的工資來接濟維持家庭的日常開支。當然生活要艱苦一些，我想你和幾個孩子都是能吃苦的，現在又要你像一九五一年到一九五五年那樣把這副擔子挑起來了，我相信你一定能把這副擔子挑起來的，你是能耐勞吃苦又有勇氣決心的人。對於伯萍、美萍上學的伙食費，因為情況的變化，可以請學校組織給以接濟。因為黨和學校組織不會因父親接濟中斷，而使他們停學。能得到人民助學金最好，也可以向組織借，等伯萍畢業後再償還。（註：我大哥此時在清華大學上學，應在六十五年畢業，因文革延至六十八年才得以分配；二哥師範剛畢業當中學教師；姐姐在農機學院，大一；我在師大附中高二；弟弟在二九中初中）

至於我，上半年還分不到糧，是買供應米，一個月大約五元就夠了。從四月份起要仲和再節約下五元來維持我。到下半年秋收後，我估計吃就基本不成問題，這一點你不用焦慮。因為家裡收入少，無力維持最小的孩子升高中，現在決定要他報考半工半讀或半農半讀，你要好好說明情況，把季放的思想搞通。因為我已是敵對階級分子，以後寫我的成分是地主而不是偽官吏。孩子們不要來信至少不要多來信，有什麼話由你告訴我。一定要嚴肅教育他們劃清階級界限，即使父子父女也一樣。我已經給他們在政治前途上以很不利影響，更不能因為這次而使他們犯政治錯誤，這是原則性的問題。要他們認真學習社會主義教育，進一步提高思想政治覺悟，能正確對待這個問題，不能有絲毫差錯……至囑！

今天早晨我試勞動了半天，是挑土填低窪，路也不遠。料想經過不太長的時間鍛煉，我會勞動得更好更習慣。

你和伯萍的信前後收到。今年我不可能回家。……扣才的錢可推遲還，海濤的也等有錢時再還，只上海大姐的錢今年十一月要設法還上。以後來信寫到金壇西門外郵堂廟小學轉南墅村。祝照樣愉快健康！」

「無辜加之」後

從父親的信中可以看出，當災難「猝然臨之」的時候，他沒有愕然沒有驚悚，當罪名「無故加之」時也沒有呼天搶地地憤然哭訴。因為他是完全有理由辨白的，雖然祖母有六〇畝薄田（土改時定性為地主）。在祖母於一九四五年逝世以後，都是父親哥哥的遺孀及三個兒子對這六〇畝地進行管理以及地租的收取和使用。父親從上海政法大學畢業以後，就一直奔波於上海、江蘇、江西一帶，全憑他的工資維持全家的生活，所以在他離開金壇到北京工作時，村裡沒有把他看做地主分子，否則父親以及我們全家也不可能遷入北京。紡織工業部對父親進行嚴格的審查後，也只說他出身地主而本人不算是地主分子。現在突然把「地主分子」的帽子扣在父親的頭上，是沒有任何道理的。如果是因為他在所謂的「反動政府」裡工作，紡織工業部也是按人民內部矛盾來處理的，更何況父親在一九四九年，蔣政府撤離大陸逃往臺灣時，他完全可以隨之赴台，但因為相信共產黨，而留了下來，應當算是有功人員。但父親卻甘願接受這樣無理的不公正的處理，這是現在的人無法理解的。當時卻不止父親一人如是，不知有多少像父親這樣的所謂「遺留」下來的知識份子都接受了，而且是不得不「高興地」、「自覺自願地」接受改造接受無盡的凌辱與折磨，正如他在信中所說的那樣。這是需要我們後人認真地加以思考和研究的，絕不能就這樣過去了。既然歷史是無情的，那麼我們就有責任和義務，對這無情的歷史給予無情的清算、審視和評判。

憂心忡忡

從信中還可以看出父親的用心之苦，他更擔心和害怕我們子女因不理解不接受而影響將來的命運前途。所以他再三告誡「一定要嚴肅教育他們劃清階級界限」、「正確對待不能有絲毫差錯……至囑！」。添犢之心，護犢之情，令人唏噓令人悲泣。

而尤令人感慨不已的是，父親對全家今後的生活是憂心忡忡的，尤其是我們子女的學習，是他一輩子念念在茲念念不忘的。但他已經無能為力了，而且一想起因為他給我們帶來的負累，尤其是政治上的牽累的時候，一定是心急如焚痛徹肝腹的。所以無奈地給我們的將來做著無奈的「安排」，而對自己的淒然貧苦的日子卻一言不提。

就是在這樣的時候，在這樣的精神轟擊生活苦難面前，父親他仍然一筆筆地記下了欠人之資，和還欠的安排。這正反映了父親以及他們那一輩知識份子的情懷、良心和品格。

屍骨無存

父親的這封信是我在文革初期，全北京毆打成風炒家成風的時候，母親與大哥為防不測，也開始悄悄地撕毀焚燒父親的舊物、舊照以及信件，我就偷偷地把這些悄悄地收藏起來。包括父親給我和弟弟的三封信、部分一九四九年前的照片，這封信也是在母親的抽屜裡找到的，否則早就付之一炬了。至於父親在文革初期即不堪凌辱而絕望自殺之前所寫的遺書，則至今沒有看到，最大的可能是被燒毀了，我也沒有再就此問詢母親與大哥，深怕引起他們的陳傷舊痛。

父親冤死後，在當時紅色恐怖的殘無人道的年代裡，被逼難孝的我沒有也不可能去點一燭香燒一簇紙。甚至不知他的屍骨何存墳墓何在啊！二〇〇六年，曆50年重返故鄉，鄉親們在得知我是「毛姑」（童年的小名）時，一邊說著「作孽啊作孽啊」，一邊向我絮說父親死前死後的淒慘之狀。原來，文革開始後不久，首當其衝的鬥爭對象就是「地、富、反、壞、右」，父親作為地主兼歷史反革命自然成了全縣的「大老虎」。除了村、社、縣輪番批鬥外，還要他交代藏匿的財寶，但哪裡還有什麼財寶呢？不多的一些金飾也在從贛州到金壇無職無入的幾年裡典賣家用了。現在家裡一貧如洗，勉強存活而已。交代不出就打。尤其是他的侄子大、二、三鵬為了「大義滅親」，表現出超常的兇惡。他們原本也是受害者，正是專制集權在一次次運動中有意識地製造、培育、激發了這種仇恨與罪惡。剛烈的父親豈能忍受這非人的凌辱折磨，便在那間茅屋裡棄世而去了。尤讓我震驚的是，父親在他那破陋不堪的茅草屋裡棄世後，竟然是讓同被劃為地主分子的侄子大鵬背屍到近百餘裡的常州去火化，更叫人驚詫莫名的是，大鵬居然不知把父親的屍首丟棄在了哪裡，事後也無人追詢問津。在那個時代真正是人命不如蟻啊！而我也只能用我的冒死書寫的《劫灰殘編》，來作為對父親的最好的祭奠了！到了湖南以後，我讓愛人，農民的女兒的信佛的姐姐在一座信眾甚夥的廟裡為父親二哥立了兩塊牌位，並勞方丈為之念經三年，以超度他們不死的魂靈。

尊嚴之重

自一九四九年以後，尤其在「文革」中，自殺者不知幾許，官方至今沒有給出一個哪怕是大致的資料與數據，恐怕又是冠絕全球的吧！我在平時記錄自己思想的《枕邊瑣記》中是這樣表述我對父親和其他絕望而自棄於世的看法的：「他們的行為從表面看，是忍受不了非人的毆打、折磨、凌辱，但深層的意義是：他們再不願意在一個早已失去人的尊嚴；失去人的獨立；失去人的自由，既失去自我的全部價值以後的世界裡活下去了。

他們選擇了死亡，就是拋棄了毫無價值的生命之輕，而用死來證明尊嚴之重。這是需要勇氣的！

也正是這樣，他們的死證明了他們生命的價值——人的價值！尊嚴的價值！

所以，我們要向他們沉重的靈魂致敬！並用他們死亡的生命之重來衡量一下我們活著的生命的分量。」

最苦是母親

父親的被開除公職被勞改，有如晴天霹靂大樑傾塌，家裡的重擔一下子壓在了母親纖弱的肩上。母親卻沒有哭天喊地，也沒有孤自淒然哀傷，甚至在我們孩子面前不動聲色，因為她知道她的情緒將影響我們的情緒，影響我們的學習。為了孩子們，她毅然承受起了這一沉重的打擊，背負起了這突如其來的重負。她先是去做保姆，但不久就離開了那個給她以冷眼的人家，人可以忍受貧困但不能忍受喪失尊嚴，這是做人的最起碼的底線。因為母親的厚道善良，歷來同情街道裡的孤寡貧弱者，能吃苦又積極肯幹，街道主任周仙芝一直是很尊重母親的。在父親出事前，還讓母親擔任街道辦事處的委員。六五年父親回村勞改後，就讓母親去了街道工廠，我清楚地記得媽媽每天送我和姐姐弟弟上學後，就急匆匆地去上班。中午又趕回來給我們做飯。晚上還把活計（糊火柴盒）帶回家，可以另外掙一份錢，一直做到很晚很晚。那個時候為了減輕家裡的負擔，我也學會了節儉，在學校的食堂裡，我常常只吃飯，而少吃或不吃菜。當看到媽媽實在困窘的時候就把從口中省下的幾元錢交給她老人家。還記得我的那一篇在《北京日報》刊出的稿件，所得五塊錢的稿費也馬上給了媽媽。母親心疼而又無奈。就這樣母親苦苦地支撐著這個家，讓我們無憂無慮地學習，而我們在苦難中所學到的比課本上學到的要更多，它影響著我的一生的成長，尤其是在精神上思想上。

拒遷——「為了孩子！」

母親的苦難還只是開頭，父親下放以後，紡織工業部就來人動員母親隨遷，讓她帶著孩子也到金壇和父親「團聚」。那個時候紡織工業部還是講政策和人情的。母親清楚，如果她一走，這個家，尤其是我們幾個在北京念書的孩子就豈止是前途未卜，而是徹底地完了。所以不管來人如何死磨硬泡，母親都堅決地回絕了，理由就是一個：「為了孩子！」。一九六五年四清中父親成為「階級敵人」，母親成了「地主婆」，工作的權利被剝奪了，還要挨批鬥。同時加大了動員回遷的強度力度，還讓街道辦、派出所出面，幸好派出所分管壽長街的員警小劉是有同情心的，他基本上採取袖手不理的消極態度，暗中還寬慰母親。街道辦的周仙芝、徐淑英也不配合。一聽說上面來人就告訴母親，讓她躲起來。大哥就陪著母親揣著戶口本到外面東躲西藏。一直到一九六六年文革開始，父親「自絕於人民」後，紡織工業部就再也沒有來人了，也許是他們也自顧不暇了吧。

躲過「炒家」、「驅逐」之厄

但接踵而至的「炒家」和更可怕的強行驅趕回老家的危險時刻籠罩在母親和全家人的頭上。也許是蒼天有眼，每當有紅衛兵要來炒家時，都被街道辦的周仙芝、徐淑英攔擋了，她對紅衛兵講，凌靜嫣自小當童工是工人出身，是個好人。在此我還要感謝師大附中的我的同學，我在學校是桀驁不馴的，甚至在運動中還「得罪」或者說是惹惱過他們，但他們沒有用「抄家」來報復我，以此來抄家毆打驅趕「黑五類」，在那個無法無天的年代這種以私報怨的事是司空見慣的。

我們院子裡就有一個趙家的大嬸，住在北房，其丈夫是個汽車修理廠的工人，在父親沒有出事前，她與母親還是相處不錯的，經常向母親借錢。後來就變了臉，兇相畢露，總是惡狠狠的。讓母親一大早就去掃街，每次五類分子（地、富、反、壞、右，後來這個隊伍就日益擴大，又添加了叛徒、特務、走資派，最後連所有的知識份子也以資產階級知識份子覥列末位）批判大會，她都要兇神惡煞地大喊「凌靜嫣來了沒有，站到前面來！」，為了防止在批鬥會上發生意外，周仙芝甚至提前以交代問題為由把母親叫到街道辦公室或派出所暗中加以保護，母親才免除了被毆打的厄運。一個惡人小人奸人總是想方設法，以折磨人為樂趣的。她後來又提出，我們家不能再享受紡織工業部的住房優惠，要提高每月的房價，紡織工業部沒有同意，她就命令母親再開一個銀行戶頭，把追加的錢存在那裡，由她保管存摺。不久他的丈夫也被單位以「流氓罪」押送回家裡「停職反省」，她的邪氣才稍有收斂。因為此時的她也成了「壞分子」的家屬。

母親的一次次逃過劫難，使我們這個破碎的家不至於被「劫灰」徹底湮滅，被處處飛揚的「邪火」徹底焚毀，既不是蒼天有眼也不是神靈保佑，而是母親的善良、母親的悲天憫人的同情心，使她有著良好的人緣，在危難之際拯救了自己。但更重要的是，在這個世界上，畢竟是好人多的，而善良的人如果需要這種帶有偶然性的機遇一次次躲避災難，則說明社會制度是存在嚴重的問題的。只有在專制極權的國度裡，才會發生好人正直的的人填於溝壑，奸人小人雞犬升天，這種極不正常的現象。…反右、反胡風、大躍進、反右傾機會主義，尤其是文化大革命，就是封建法西斯、個人獨裁的專制極權的最集中極致的體現。

外祖父、外祖母

母親是窮苦工人出身，家在上海浦東高橋，住在一個簡陋的公租房裡。外祖父起初在紗廠做修理工，在一次事故中，手被切餘七指，被廠方辭退。只能走街串巷靠修理洋鐵壺、鐵鍋等小件器具維持生活。外祖母心靈手巧會縫紉、善接生還會算命看相，甚至「弄神」、「捉鬼」以驅魔。她就曾給我的父親看相說，「你是石頭上熬膏，一輩子也熬不出來的」，沒想到這一卦竟然一語成讖。外祖父母一共生了九個孩子，因為生活貧困，大部分都夭折了，只活下來大姨、母親和一個舅舅。外祖父因為生活的壓力和傷指的餘痛開始酗酒，不幾年就去世了。舅舅被送了人，母親也在八歲就去紗廠做童工，每月掙一塊大洋。這一經歷使母親從小就能吃苦，而且性格堅毅。從江西回到金壇，她一個人既要帶著五個孩子（分別是一歲、三歲、五歲、十歲和十二歲）還要下田勞作而無怨的重要原因，也是在父親被戴上「地主分子」的帽子到村裡勞改以後，一面承受著巨大的政治壓力，一面要強忍內心的痛苦而支撐起這個破碎的家的根基所在。

與父親的姻緣

外祖父死了以後，大姨嫁給了一個在上海紗廠的技術工人。一次九江紗廠到上海招工，大姨夫被錄用，就把外祖母和母親一起帶到了九江。其時父親也在這個廠裡當棉花檢驗主任。廠裡的老闆娘看到父親一直孤身一人，就想把正在廠裡做童工的母親介紹給他。父親在金壇是有妻子的，但因為前妻脾氣暴躁感情不和，早就處於實際的分離狀態（母親後來跟我講，父親的前妻早就在金壇和他人結婚了），所以父親就同意了，在廠門口等著看下工的母親。母親是非常漂亮的，不止漂亮而且沉穩靈秀。父親喜出望外，馬上到姨媽家求婚。媽媽跟我說，那時的父親高高的個子，戴個眼鏡，一表人才，精神而又帥氣。媽媽那時還只有17歲，靦腆含羞，已經在心裡應承了。於是很快就舉行了婚禮，父親不再讓母親做工，並開始教母親寫字讀書學文化。母親是一天學也沒有上過的，讀書寫信都是父親教會的。父親從贛州返回家鄉，本可以在丹陽縣中學當校長，既可以夫妻團聚，又可以照顧家裡，但母親卻讓父親去了北京，當時村裡人都不理解。但母親認為，北京是個大地方是首都，政策與見識會比地方上要好，也更有發展前途，由此可見母親的眼光。如果父親留在了金壇，恐怕不要等到一九六五年，就已在「三反」、「反右」等運動中被勞改被鎮壓了。我們孩子的命運可想而知。一九六二年，從紡織工業部下放的時候，母親也不同意回老家金壇，他勸父親最好去東北，但父親卻沒有同意。當然如果父親沒有回老家，是不是命運就會好一點也就不得而知了。

因為有堅強的母親在，我們在北京讀書的兄弟姊妹幾個也得以在風風雨雨中堅強地活著；一個頂著嚴寒在北大荒承受磨難，一個到了山西沁縣忍受饑餓，一個在江西的鯉魚洲水庫強領孤獨，但一想到北京有一個一貧如洗但充滿溫暖的家，家裡有個在等待著惦念著我們的母親，就什麼苦也能夠忍受了。

二哥的剛烈

在我們五個兄弟姐妹中，二哥的性格是最剛烈的。小時候我們對因犯錯誤而挨打的策略是默然忍受或逃跑。聽媽媽說，唯有他躺到地下任你打，還一邊嚷道：打死算了。在學校裡他的成績絕不亞於大哥，就由於性格過於耿直得罪了班主任，為此在1961年的高考中因為出身因為政治評語被劃定為第三類錄取者，被鎮江師專錄取，他當時是拒絕去上的，是父親的苦苦勸導才去報到。一九六四年畢業後當了最受學生喜愛擁戴的數學教師。第一次發工資就寄給家裡，他還把數學習題寄給我，尤其一本《趣味數學》對我數學的興趣產生很大的影響。

手足情深

一九六五年父親被開除公職回鄉勞改，二哥便無怨無悔第以他40多元的工資支撐著全家。那時大哥還在清華大學讀書，是六年制的電機系，一直到六八年才畢業。為了補貼家用，每逢假期他就到野外去割草換一點可憐錢。我也利用暑假蹬著三輪車去賣菜，記得一個假期掙得了十三塊錢，我把十塊錢交給了媽媽，剩下的三塊買了一些肉和魚款待我的親愛的又黑又瘦的二哥。每次回京，二哥總是那麼樂觀那麼開朗那麼愛整潔，那麼體貼入微地關懷著我們，自己卻省而又省。已經二十五歲了，卻連戀愛也顧不上談。我心痛而又無能為力，那幾年裡，我就把年節裡或平時偶爾能得到的水果糖，全部珍藏起來，一顆也捨不得吃，等二哥回來時給了他，讓他感受到作為弟弟的一點點愛與溫情。

《祭南魂》

文革開始初，父親的冤案成了金壇縣第一案，二哥的日子就更難過了。那些因二哥耿直而怨，因教學優異而嫉的人，便把鬥爭的矛頭對準了我的二哥。先是在學校裡批鬥，校長李先生（我童年上學的老師）是很器重二哥的，但此時自身難保也欲助無力了。一九六六年我在第二次串聯中特意去金壇見他，沒想到竟是永訣。一九六八年在東北，在那個嚴寒徹骨的夜晚，在弟弟被打成現行反革命的批鬥會上，我才得知二哥已死的噩耗，幾近崩潰的我用一路淚水疏泄極度的悲傷與痛苦。一九六九年三月十九日我又在日記中寫下追悼二哥的《祭南魂》五言詩：欲泣泣不成／欲淚淚無聲／遙祭南星墜／空夢爾冤魂／猶記小城日／愁酒悲與憤／家事如絮落／山河亦咽嗚／南北獨輾轉／滿眼淒苦情／吾身一沙鷗／任爾西與東／唯志不可奪／翹首冠發沖／在天為雷雨／在地草間風／牛瘦不堪負／人黃腰似弓／林深狼與狽／彈冠正相慶／眼冷血尚熱／誓除此人蟲／待到揚眉日／先報冥冥中。（第五一頁）

倔強地赴死

到底二哥是怎麼死的，死於何時何地？直到二〇〇六年回家鄉，鄉親們說到二哥的死時，都異口同聲地表示，是他太剛烈而教學又太優秀太受學生歡迎了呀！一九六七年十一月前後「清理階級隊伍」運動開始以後，學校的所謂「造反派」對我二哥的批鬥升級，他們把桀驁不馴不肯低頭的二哥和另一個蘇州籍的老師押解到南墅村父親懸樑自盡的茅屋前批鬥毆打，當晚就關在這間草棚裡。村裡的鄉親出於憐憫之心，晚上沒有鎖門，想讓兩人趁黑逃走。那個蘇州人就趁黑逃了，二哥卻自認無罪倔強地留下，第二天便被活活地毆打致死，剛烈而可憐的我的二哥呀，就與同樣剛烈而可憐的父親去作伴了。一九六八年九月的某一天便成了母親和我們兄弟姐妹永遠的傷痛日！我知道我永遠愛著的二哥是以他訣然的死來表達對暴徒暴政的抗爭與蔑視。二哥去後，他的學生只要有機會來京，都會來看望母親。我印象最深的是，一個姓蔣的孩子在涿縣當兵，已經是中尉連長了，每年都到家裡，並向母親表示，就把我當成您的兒子吧！

一九七九年金壇縣教育系統為我二哥盧仲和平反並召開了追悼會，我和大哥參加了會議，向我親愛的兄長做正式的最後訣別。但我仍然時時夢到父親與二哥，而且是那麼真切那麼令我興奮，夢中，我不相信這是真的，父親和二哥卻說，是真的，我們回來了！我不想醒來，就這樣陪伴著我的敬愛的爸爸，我的親愛的二哥。淚又盈滿了我的眼眶，我不忍再寫，卻要永遠詛咒那非人的時代！

追問

對於父親與二哥的死，該不該追問：追問那些殘酷地折磨、毆打以至孽殺者的罪行呢?!追問這些大規模的滔天罪行該由誰來來承擔罪責呢?!這是一個怎樣的世界?!這是一個「沒有敵人也要製造出敵人」（《擺脫克格勃——克格勃最後一任主席回憶錄》）的年代。這些殘酷的行徑，這一黑暗如漆的年代是經不起人們的正視，經不起歷史的反思，甚至經不起後人回顧的，為什麼！就是因為那將表明「——正在治理這個國家的不是一個合法政府，而是一群歹徒」（同上）就是因為這不是個人的罪責，文革是在最高「領袖」的發動領導指揮下的國家行為，罪在制度、「罪在朕躬」，如果制度不變，元兇不問，甚至還高高在上地供奉著，哪裡還談得上天理公道。所以在我大哥最近告訴我，他為父親的平反整整折騰了八年時，我的回答是：不管是對死者還是生者，平反還有意義嗎！天不變，道何存，死者即已矣，生者常戚戚。而已，而已！奈何！奈何！

《刦灰殘編》出版前後

丁東的引薦

《刦灰殘編》是我一九六七年八月八日至一九七六年九月十三日，文革十年的日記與部分書信錄。除一九六五至一九六七年的日記被家人燒掉外，還在一九七一年林彪葬身溫都爾汗後被母親兄長所逼，燒毀了一部分，其名就由其而來。毛死活捉四人幫後，文革被否，改革開放啟程，我慶倖國家得救，也暗自為日記中的預言得證，同時自己也為終於擺脫了「狗崽子」的異類身份並如願以償地上了大學，做了一個快樂的數學教師而高興。至於那幾本殘缺不全的日記也就完成了她的歷史使命，束之高閣了。一九九六年從深圳回京，一如既往地去看丁東，他提議要我把日記列印出來，其時他已開始「對當代民間思想產生興趣並進行了研究，對被歷史遺忘的思想史事件、人物進行了較為系統的挖掘……如果沒有他的這些工作，中國當代民間思想的研究就無法深入進行……」（謝泳，摘自丁東《精神的流浪》第二頁）。我把約兩萬字的列印稿寄給他後，他又讓我投給在《天涯》雜誌作主編的蔣子丹，不久子丹女士回信，讚揚日記的「難能可貴」，但是又因為眾所周知的原因而……，我是不以為意的，完全理解她的苦衷。沒想到不久就接到一個電話，要我儘快把日記全部列印並編輯成書。來電者是社科院文學研究所的靳大成先生，他是去丁東家找在北京出版社做編輯的丁東的妹妹丁寧，順便問丁東有沒有有價值的「真傢伙」，丁東便把那兩萬字給了他。他立時答應在正準備由文聯出版社出版的《思想學術生活》中加進此書。據說第一個全體編輯通過的就是我這個後來者。此叢書的主編是奚耀華先生，曾數次見到過他，遺憾的是靳大成先生卻至今未曾謀面。此書從意向到面世是很費了一番周折的，匪夷所思的是，關於文革的題材居然都是敏感的，是要嚴格審批的，編輯們就不得不費勁心思，繞過正式的送審管道另闢蹊徑，才得以歷經近四年的努力於二〇〇〇年二月難產問世，而且刪除了我原稿的近一半的內容。

錢理群的評論

我對《劫灰殘編》問世後的反響是不抱什麼期望的，文革好像已成了史前的魔咒，還有多少人來關心它？還有誰允許你來揭示它清算它研究它呢？雖然它像一個魔影時時跟著我們的身前身後。沒想到的是，二〇〇一年《讀書》雜誌第十二期上發表了錢理群先生的評論文章，我的一個朋友劉迅告訴我後，便馬上買了幾本，讀後欣慰之餘又覺得評價是否太高了。我向丁東表達了這一想法，丁東說，在那個嚴酷的時代，你有如此深刻的思想，評價是不為過的。

不久前，我又在《共識》網上讀到了錢先生一篇《毛澤東新論》的關於文革後期民間思潮的主要成果的文章：「…有一種觀點，認為在一九六八年知識青年上山下鄉運動以後，或者到一九六九年中國共產黨第九次代表大會的召開，文化大革命已經結束。我們的歷史敘述還是想延續到一九七六年的天安門群眾抗議運動和隨後毛澤東的去世、江青集團的覆滅，而把一九六八至一九七六年視為文革後期。文革後期的特點，一是上層逐漸陷入了權力鬥爭，一是底層以「民間思想村落」為中心的民間思潮的空前活躍。我以為，文革後期民間思潮的主要成果有三方面：一、對中國現行社會主義體制的政治和經濟批判；二、社會主義民主與法制，思想啟蒙的呼籲與思考；三、發展社會生產力，改革農村體制的呼籲與思考。

鄧小平吸收了七十年代民間思想

我們可以對七十年代以來，文革後期的民間思想作兩點小桔。

首先，當時以林彪外逃為標誌，形成了文革巨大的社會與精神危機，所有人都覺得，文革難以為繼，中國需要一個轉機。於是，「中國向何處去」就成為這個時代的重大課題，一個思考的中心。民間思想者對此作出了不同回答，大體上提出了未來中國改革和社會發展的三種不同的路向。一是以陳爾晉、徐水良為代表，要求推進以「防止官僚特權，保障勞動者權利」為核心的國家政治體制的根本改革；二是以李一哲、盧叔寧為代表，以推進民主、法治和啟蒙作為中國的出路；三是以顧準、張木生、陳一諮、王中西為代表，主張以發展生產力為第一要務，提出以經濟建設為中心，從農村體制改革入手的改革路線。

三十多年後的今天，我們回過頭來看當年民間思想的設想，可以很清楚看到，他們所提出的民生、法治、啟蒙要求，以經濟建設為中心、從農村體制改革入手的改革路線，不同程度上為後來鄧小平等領導所接受，事實上構成了八十年代以來的中國改革的基本內容與方向，在這個意義上，我們可以說，七十年代的民間思想，確實為文革結束以後中國改革開放，作了思想和理論的準備，他們是真正的中國改革開放的先驅者。但作進一步考察，也不難發現，民間思想者許多重要的，甚至是根本的思想和要求，如李一哲、盧叔寧所提出的「人民民主憲法」，盧叔寧所強調的「使人民成為自覺的社會成員，勞動者掌握自己的命運」為中心的啟蒙理想，在八十年代以來的民主，啟蒙運動中事實上都是被忽略了。當然，更為嚴重的是，民間思想中最為重要的部份，即陳爾晉等所提出的國家政治體制的改革，事實上被擱置了，民間思想者在這方面提供的寶貴的批判資源，也完全被強迫遺忘，這些思想先驅成了「思想史上的失蹤者」，令人歎息。而這樣的擱置與遺忘的結果，就是經過三十年的改革，當年早已經提出的特權階級和勞動者的權利問題，都更加突出且嚴重，成為今天中國社會發展的瓶頸。這裡所包含的深刻的歷史教訓，是足以使我們警醒與深思的。

毛澤東真的成為孤家寡人

其二，我們可以看到，文革後期所有民間思考，都涉及毛澤東，都不同程度上形成了對毛澤東的思想和體制的質疑與背離。我們剛才說過，這實際上反映了文革後期的民心、人心、黨心的變動。幾乎所有社會階層，無論是文化大革命的對象，那些幹部、知識份子，還是文革的依靠對象，那些青年學生、工人、農民，以至支持毛澤東主義者，都對毛澤東的革命產生懷疑，對他所建立的革命秩序表示不滿，充滿了變革的要求。回顧建國以來的歷次運動，毛澤東始終把黨的幹部、知識份子、青年、農民玩弄於股掌之間，但現在，所有被他玩弄、制服，因而絕對服從他的社會各階層的人，都在不同程度上，成為他的對立面，成為懷疑他、抵制他，以至反抗他的力量，他最後真正成了孤家寡人。

於是，就有了最後的幾句：一九七六年四月五日，由周恩來去世而引發的天安門群眾抗議運動，提出的口號是：「我們要民主，不要法西斯：要繁榮富強，不要吹牛皮」，「中國人民是中國歷史的主人」，「秦始皇的封建社會一去不復返了」——儘管當時群眾的主要矛頭還是指向四人幫，而且也有像我和我周圍的朋友這樣的人，還在堅持毛澤東主義，因而對「四五運動」背後的鄧小平，即黨官僚的影響，仍然心懷警惕，但對毛澤東親自發動的文化大革命，確實是在四五運動的群眾呼聲中結束。」

印紅標先生和《晶報》的採訪

二〇〇六年的一天，我接到一個電話，是北大的博導印紅標先生的採訪，詢問我的《劫灰殘編》思想的形成過程，原來他打算系統全面地寫一本關於文革十年的民間思想史作為博士論文，以《失蹤者的足跡》為書名，於二〇〇九年由香港中文大學出版，其中就有對拙書的較長的論述。

大約是在2004年，深圳《晶報》的記者覃忠武來家採訪了我，以《煉獄中飛出的鳳凰》為題，用整整一個版面刊出。其文章是不盡人意的，只有我的日記殘本的影印件較遂我意。

意外的欣喜

2008年10月我意外地收到一個郵件，打開一看是《劫灰殘編》，是常州一個叫汪一方的先生寄來要我簽字的。

尤使我感動的是他的信：盧先生：您好！時下出版物數不勝數，標牌各異，花槍種種。但滿坑滿谷多為生猛海鮮之類，既貴又怕吃壞肚子。而實實在在如您著作般的五穀雜糧，反倒成了難得一見的稀罕物，叫人無話可說。

拜讀《劫灰殘編》就如「從山陰道上行，山川自相映發，使人應接不暇」。沏一杯淡茶，書卷在手，時有聞道解惑，豁然開朗的好心情。常見皇皇巨著，正襟危坐，高山仰止，總感有些惶惶然。讀您的著作，則頓覺心清神爽受益匪淺。

品味之餘，遙想您舉重若輕的風采，雖不能至，心想往之。不禁妄生冒昧之念，託付鴻雁，奉上尊著，恭請題辭。以感謝您所賜那一份可貴的清心天地。

請原諒給您添了麻煩。祝——著安　汪一方 2008.10.24

兩人間就此書信來往，謹將我的兩封信粘貼於此：

汪一方先生：您好！

意外地收到了一份感動和欣喜。我的《殘編》在紛擾的大千書市裡，雖自珍而從未奢望能有什麼轟動與反響。有人曾給與超乎我想像的過高評價（錢理群：《二十九年前的一封信》）但那是從思想、歷史的角度而言的。您的短短的一箋，卻在感情的真實上使我領受著格外的親近。雖未曾謀面，我已經把您當作我的朋友了，何況我們還是老鄉。初看郵址我還以為是我的姐姐寄的什麼書，因為她也在常州。而我的故鄉是常令我幽思縈繞又噩夢連連的金壇縣南墅村。二〇〇六年曾回去過一次，但那已不是我少年時的故鄉了。看了您的信，故鄉於我似乎又貼近親切了一些。

關於書市，那只是社會體制、政治、思想、價值觀的一種映射，您的看法吾心戚戚焉。更讓人憂心以至憤然的是，於今的書市已拋棄了孩子們，尤其是那些窮苦無奈而又無言的孩子們。……

《殘編》一書是我所寫的一小部分，今夏得餘暇後，正著手整理文革十年及以後寫的詩、文。其中的詩是我更珍視與看重的。但現在誰還有心思來讀詩呢？好在獨吟也不失為一種自趣自樂。有了網絡，孤獨也就有了暢瀉之地，所以我已逐步把他們貼在博客上。你不妨一讀。

盧叔寧2008・11・25

附詩一首：

有感 寫予汪一方先生

一束感動、一份欣喜，
未曾謀面，千里之外，卻早已相識，
相識在淡淡的書香裡。
有朋，何必自遠方來，
一頁心語、幾聲慨歎
能消得多少枯寂。放眼世間——
人海茫茫，匆匆步履

何往？何趨？
縱共事一窗，同宴歌樓
也如陌路——高山流水難覓。
守寂寞、安淡泊——與歸誰矣！
薄酒一樽、清茗一盞——萬千且存杯底！
當今明月，古人情懷，
愧無地，難自己！
慎終追遠
何時期！

08．11．22．夜

不可遺忘的遺忘

下面的一信寫於二〇〇九年二月二日，信中概括了我文革期間的思想緣起和時下對社會及政治改革的看法與期待：

一方：你好！順祝新春快樂！雖已晚，聊補矣。兩函皆悉，未複，遲複為歉！

思想是因痛苦而生，但又給人帶來快樂。思想的快樂是任何物質的享受所不能比擬和替代的。自一九五七年從金壇來到北京，我曾以為我、我的家是最幸福的。恐怕這絕不是我一人的感受，而幾乎是我們那一代（豈止我們這一代）人所共有的。因為我們不知道社會的真實，我們是被「革命」的說教像喝水一樣地灌輸，我們的「理想」是像虔誠的教徒一樣地被誘導與欺騙。對中國對世界我們其實什麼都不知道，但卻自以為是精神與思想的最富有者。所以我們「忠誠」，忠誠到完全失去了自己。然而還陶然沉醉著，沉醉在虛幻的幸福中。

是，「文革」這亙古未有的人類大劫難，把人生，絕不止是個人的人生，而是全民族的人生的痛苦一下子赤裸裸地展現在我的面前。這時我才開始思想——痛苦而「快樂」地思想。也只有在此時，我的青春的熱情，我的年輕的生命才找到了一個真實而又殘酷的支撐點。同時，思想——難以述諸於社會的思想，就又不可避免地伴隨著極度的孤獨，「吟罷低眉無寫處，月光如水照緇衣」。其實就這一點而論，魯迅是比我們要幸運得多的。他是不憚於以最壞的惡意來看中國人的，但我想，他生前雖有所預料也至死不會想到，「革命」成功後的中國竟至會是這樣慘不忍睹、慘不忍聽、慘不忍思、慘不忍受。這是怎樣的一個非人的世界啊！

而這便慢慢形成了我既是熱情奔放又孤獨自守的矛盾性格。也愈加理解了我唯一敬愛與「崇拜」的魯迅《野草》般的心性和對《墳》的獨到深思。雖然我是不承認不認可任何形式的對任何個人的崇拜的。每一個人都是特有的、都是獨立的、都是唯一的不可替代的，從這個意義上講，每一個人都是東方的「上天」或西方的「上帝」的偉大產物，因而都是生來平等的。我們又何必去跪倒在另一個所謂的「偉大」者面前呢？如果這個「偉大者」也同我們一樣是個人，也具有人的天良本性，即正直、善良、憐憫，是以他人的疾苦而痛，以他人的快樂而樂的人，並因此而承付更多，那麼我們給他以更多的尊重與敬愛就可以了。如果恰恰相反，每一個人都必須以他之言而是從，以他之喜怒而癲悚，完全徹底地為他擺弄、「設置」（王小波語）。那麼這個他，必是以帝王、奴隸主之淫威暴虐著我們，而我們也就從此把「人」這個上天賦予我們每一個人的權利、尊嚴、自由，一文不值地典押給了「他」，成為奴隸、賤民、牲畜。還要一邊高呼「萬歲」一邊任其凌辱、折磨與孽殺！做奴而無怨，為隸而自喜，這就是幾千年中國「人」的生命史。一直到毛澤東時代攀升到了「頂峰」，而且是創造性地繼承、捍衛和發展了封建專制的「頂峰」！至今還有人，尤其還有那麼一些知識份子仍深切懷戀著那為奴的時代，還祈望著在他老人家的足下討得沾滿血污的「公平」。

可悲也夫，可悲也夫！

我們是不善也不會做夢的民族，因為連做夢這樣一種純生理、心靈的權利，也全部付讓給了帝王。只有帝王「應天命」而生，因「神交」而誕。如果說我們還有與夢相連的一點奢想的話，那就是當帝王一朝為夢所狂，要把他的子民飛升入烏托邦的天堂時，我們就可以而且必須與之狂舞，大發療症。這就是一九五七年剛剛用「陽謀」痛打了知識份子一悶棍後繼而展開的人民公社、大躍進、大煉鋼鐵。在「偉大」的魔棒指揮下，全民如瘋如狂。其結果是餓殍遍野、屍骨積山，「萬戶蕭疏鬼唱歌」了，其慘烈遠甚於一場戰爭。這就是前朝聖上為人民服務而吟咒的多麼動聽的一曲「夢之歌」，和隨之伴唱的哀樂曲啊！罪惡如此，還不許任何人「討個說法」（「討」字不也是奴才詞典裡的語言嗎！），同時一面狠念緊箍咒一面掀起「個人迷信」的狂潮。死者未已，苟存的又要遭天殃了！在這些罪惡還沒有徹底清算時，卻又有人隨靈狂舞狂吠了，猶如荒墳野塋間以食肉為業的犬犲。

可歎也夫！可歎也夫！

自「偉人」死而眾人生以後，在鄧小平、胡耀邦、趙紫陽、江澤民、朱鎔基、胡錦濤、溫家寶相繼領導的改革開放中，中國的歷史翻開了新的一頁。民智始開、漸開，改革的路始闖、漸進。拋離舊軌朽道，逐步走上歷史與世界的必由之路。我一面欣喜，一面也躊躇失落。一、民智還未大開。尤其是為數不算太少的知識份子還仍未擺脫封建專制的深層次影響，也就談不上人格的獨立和思想的自由，他們還需要有一個偶像作為精神支撐；廣大民眾包括知識份子的公民意識還停留在很淺的層次。二、改革在政治層面尤其是輿論的開放、法院執法的獨立上是遠遠落後於經濟發展的需要的，面對金融危機正好是一個難得的契機，就看能不能抓住，抓住了就能一舉多得。

也許是我太心急了點，對已走之路和前望之路太理想化了。我知道，歷史是應當漸進式地向前，才更穩妥。「一萬年太久，只爭朝夕」的激進是再也行不得了也哥哥。而最使我憂心如灼的，就是必須盡可能快地把歷史的真相尤其是自一九四九年到一九七八年的真相告訴全體人民，告訴我們後一代，向歷史向世界展示中國的執政黨、中國的政府「雖千萬人吾往矣」的勇氣與對歷史對人民負責任的坦誠、坦蕩。猶如一個人的童年無論有多醜，少年時的行為有多劣，也不應當隱晦而且也隱晦不了一樣。做不到這一點，前述的民智之啟迪、改革之深入都一定是有限的。而且拖得愈久背負就愈重，要償還的利息就愈大。現狀已經顯示了出來，擁毛的極左勢力不是已開始肆意地攻擊改革開放、攻擊鄧小平甚至攻擊與辱罵胡溫了嗎？他們不是已公然叫囂要為「文革」正名要為「四人幫」平反，要繼續高舉階級鬥爭的充滿血污的黑播了嗎？這是極其危險的傾向，是事關改革開放的大業能否繼續的大事。萬萬不可等閒視之。還要等什麼呢?!等太空人飛臨而來的「ＵＦＯ」嗎?!

好了，暫時就寫到這兒吧。

再一次謝謝你！並再一次向你致歉，未及時與信你，更未及時給你和家人拜年，失禮了！你談到「印章」，這是一門學問，是我國悠久文明的一部分。可惜我是門外漢，待見面時向你討教吧。

匆匆問安。

盧叔寧　二〇〇九年二月二日

附錄

1、錢理群：《二十九年前的一封信》

這又是一篇被埋沒、被遺忘了的文字，在人們將「魯迅」陳屍街衢爭論不休時，它突然出現在我的面前——這是當年一位知青留下的《劫灰殘編》，如今卻如魯迅《蠟葉》裡那「烏黑」的「蛀孔」，「明眸似的」凝視著我，讓我悚然而思。

我又回到了那個時代。

我曾經說過，我自己，我們那一代人，或者還包括知青那一代中相當一部分人，是在「文革」後期走近魯迅的。這裡有兩個機緣：首先是我們——中國的知識份子和眾多的年輕人被毛澤東趕到了中國的農村，在自然是一種反智主義的強迫改造，不能將其美化或理想化；但當人們離開城市與書齋，來到了中國的社會底層，與生長於斯的中國農民有了實際的接觸以後，在思想感情上所發生的變化，也同樣是真實而不可否認與抹殺的。在這本《劫灰殘編》的作者說得很實在：「到了山西沁縣一個叫李家溝的小村，我才知道了什麼叫中國，才知道了我們的老百姓是多麼的苦又是多麼的好」。這兩個「才知道」，其實是非同小可的；儘管有些人後來又忘記了或故作「不知道」，但「知道」了並永遠牢記在心、念念不忘者，就此生再也擺脫不了所謂「底層情結」了。而這正是走向魯迅的通道。人們只有在現實生活中（而不只是在書本上）發現了魯鎮、未莊，發現了阿Q、潤土、祥林嫂，更發現自己就是阿Q與孔乙己時，才真正懂得了魯迅。魯迅的靈魂，他的思想藝術的生命之根是深紮在中國這塊土地上的，他和中國的底層人民有著血肉般的聯繫；不瞭解中國的底層，特別是中國的農村，永遠也不可能理解中國和他的最忠實的兒子魯迅。

更重要的是「文革」後期，特別是林彪事件發生以後，我們終於從迷狂中清醒過來，用懷疑的眼光重新審視人們告訴我們的一切時，我們經歷了一次最深刻的絕望，按一位知青在一封通信裡的說法，這是一種「走向地獄」般的刻骨銘心的生命體驗：「用最冷酷的眼睛來觀察這個社會，拋掉了那種行屍走肉還不能捨棄的裝飾，我得到的就是最真實的結論：凡是死亡的事物，都帶上了死亡的色彩，而這色彩，是用什麼顏色也掩蓋不住的」〔民間書信（一九六六——一九七七），安徽文藝出版社二〇〇〇年版，三八八頁〕。有了這樣的絕望體驗，人們就從根本上接近了魯迅。《劫灰殘編》的作者，正是在自己感悟到「前面是墳！墳後面是什麼，我不知道」這一瞬間，讀懂了《過客》與魯迅的。這是一次歷史的遇合：正當中國社會孕育著巨大的變革（這就是後來的「改革開放」），敏感的民間思想者意識到自己的歷史使命，自覺地為此尋找與磨煉思想武器的時候，他們重新發現了魯迅。魯迅終於擺脫了意識形態的曲解與利用，以其獨立、自由、批判與創造的本來面目，參與到「文革」後期民間獨立思考中，成為新的探索的重要思想資源。《劫灰殘編》的作者十分生動地回憶了他當年「在只有三條腿的歪斜的桌子上，伴著一豆油燈」深夜讀「倖免於灰燼的魯迅的書」的情景與感受：「讀他的小說、散文、雜文、詩歌，就彷彿他所痛陳的一切、他所憤怒的一切、他所藐視的一切、他所悲憐的一切、他所熱切的一切，都直指著我們都直斥著當世的非人的一切。我常常邊讀邊感到心靈的震顫。」這發生在魯迅和經歷了「文革」的中國知識份子與年青一代之間的生命深處的共振，影響將是深遠的。

於是，順理成章地出現了這篇我們所說的「被埋沒、被遺忘」的文字」——這是《劫灰殘編》的作者盧叔寧於一九七二年十一月十一日寫給他的知青朋友志栓的一封信，是那個年代民間交流中的「魯迅論」。

這封信是作者對收信人一個多月前的來信的回應。來信所討論的中心問題是：如何為新的「啟蒙運動」作準備，這正是「文革」後期的民間思考與討論中的一個重要內容。這是可以理解的：「文革」中發展到極端的專制集權，使越來越多的人們認識到「中國封建專制的根深蒂固，它像一棵千年古樹雖因枯死而被伐，但它的根基，遠比枝幹更深更長更廣的根基，卻還牢牢地密佈於它所依附的大地上」〔《劫灰殘編》第二八〇頁〕。如作者在信中所說，「如果說中國未曾有過資產階級啟蒙運動是一個遺憾的話，那麼能夠進行更深刻廣泛得多的無產階級啟蒙運動就不僅可以補前者之不足，而且可以是一次社會思想的飛躍……」：這幾乎是當時很多人的共識，而事實上成為八十年代的思想解放運動和啟蒙運動的先聲。我們感到興趣的是，魯迅正是被這樣一個已經呼之欲出的歷史運動召喚出來的：他從一開始就被認定為幾乎是「唯一的一個」、「真正的啟蒙者」。這個認識決定了魯迅對八十年代的啟蒙運動的決定性影響：這一事實無疑是有思想史的意義的。

因此，「文革」後期人們在思考魯迅的意義時，是與對中國歷史的反省聯繫在一起的。於是，就有了這封通信中的如下討論：「你提到啟蒙運動，細究起來中國何曾有過啟蒙運動呢？相反有的是蒙昧時代。自然啟蒙也是有過的，但一旦啟蒙者也坐上了以往自己所攻擊的王位寶座時，啟蒙者就變成了蒙昧者，啟蒙運動也就為蒙昧的教育所替代了。往日的市野上的革新者一變而成了王族、幸臣、侍從。」這裡所說的「啟蒙者就變成了蒙昧者，革新者變成新的統治者」的歷史循環，正是魯迅所揭露的「彼可取而代之」的「阿Q式的造反（改革）」的本質。他早就預言：「此後倘有改革，我相信還會有阿Q似的革命黨出現。我也很願意如人們所說，我只寫出了現在以前的或一時期，但我還恐怕我所見的並非現代的前身，而是其後，或者竟是二三十年之後。」魯迅在離世前三個月還在一封通信裡，特地談到後人不能理解他的這一「本意」的擔憂。而魯迅這一預言，卻在「文革」中又一次得到證實。那個時代有一句相當「響亮」的口號，叫做「權力與財產的再分配」，講的就是「彼可取而代之」；因此，「文革」的所謂「造反」，不過就是以連起碼的遊戲規則都不講的「新貴」

（以四人幫為代表）取代多少還講點規矩的老官僚。因此，可以想見，一九七二年的這些民間的思想者在面對這樣一個「走不出的蒙昧與奴役時代」的歷史與現實，他們的心情是相當沉重的。而要走出這樣的怪圈的第一步，就是要如魯迅那樣，敢於正視與揭露：不僅是「現代的前身」，就是「其後」也會產生新的蒙昧與新的奴役這一歷史的循環現象。——正是在對任何形態的蒙昧與奴役的再產生保持高度警惕這一點上，魯迅顯示出了他的「真正的啟蒙者」的意義。

不過，通信的作者盧叔寧和他的朋友們首先要做到的，卻是要抹去「文革」的蒙昧主義強加於魯迅身上的歷史的灰塵。於是又有了同樣沉重的文字：「魯迅的境迂，在生時受到的是無窮的攻擊和暗箭，而死後在一些人則慶喜地將他忘卻掩滅，其心理是和唯一知道自己秘密的人死去後所感覺的一樣。更有一些人則以尊崇他的姿態將其擺在他們宗祠的祭壇上加以頂禮。其目的不過用一個新的神象來裝飾自己的門面或驅斥自己的政敵。他們何敢回復其本來的面貌——無情地揭露入木的批判，不妥協的鬥爭的呢？魯迅的向著自己、他人、社會刺去的解剖刀變成了專向不祈禱不跪拜的異教徒的威嚴的法劍。魯迅在生時所無限同情又無情地批判憎惡的阿Q們，還有那魯迅用厭惡與蔑視之筆劃下的聰明人們（奴才、假洋鬼子等）在魯迅死後，倒反過來將他「聰明地」、「阿Q」化了，這是怎樣的一種諷刺和怎樣的一種痛心的悲哀啊！」沒有比將蒙昧主義的死敵變成蒙昧主義的工具，更令人憎惡與痛心的了；這是中國的「聰明人」貫用的伎倆，而善良的人們總是對之缺乏警惕。盧叔寧們由此意識到自己的歷史責任：「揭示這些該是新的啟蒙者們的任務之一吧。「還我魯迅」該是魯迅精神真正繼承者的口號。「還我真貌」則是魯迅幽靈哀痛而深沉的呼號了。」——今天我們可以看得很清楚：八十年代學術界所提出的：「回到魯迅那裡去」的主張，正是對這一歷史呼喚的回應。這本身就構成了八十年代思想解放與啟蒙運動的重要內容。寫作於「文革」後期的這封通信也因此獲得了某種文獻的價值。

當然，這封信最值得重視的，還是作者對魯迅的價值的正面闡述：「魯迅對中國是太寶貴了。他是中國昏昏沉沉幾千年產生的第一個最無情最徹底深刻地對中國社會的揭露、批判者。中國在昏睡狀態中度過了幾千年，卻沒有一個人像他那樣瞭解他們所生活的社會，或者說沒有一個人能夠和敢於將中國的真面目揭示出來。總是欺騙著別人也矇騙著自己，騙著也被騙著。在無數的禮節和假面中活著。統治者高興在假面後面將自己扮成人民的救星，上帝的使臣，人們則甘於在假面具後面求得苟活。而一旦人民試圖揭露那假面，看穿那統治者的猙獰貪婪的真貌時，則遭到最殘酷的鎮壓。於是在被血裝飾的假面後又恢復了雙方的平靜，雖然是像在森嚴的大殿裡一樣可怕的平靜。」這裡，又是一個永遠也走不出「瞞和騙的大澤」（魯迅語）的歷史循環，這幾乎是從傳統中國到現代中國的一個擺脫不掉的夢魘：從一個「假面」再到另一個名目的「假面」，中國人任何時候都生活在不斷「創新」的「假面具」中，而且是由趙太爺與阿Q們共同製造的。當作者說到「被血裝飾的假面」下的「平靜」時，心中是絕對不平靜的：那正是一九七二年的中國的現實，「於無聲處聽驚雷」，歷史已經到了一個必須改革的臨界點。魯迅是在這樣的背景下，向盧叔寧和他的朋友，向所有的民間思想者顯示出他的力量與價值的：作為「中國昏昏沉沉幾千年產生的第一個最無情最徹底深刻地對中國社會的揭露、批判者。」，在現代中國，他幾乎是能夠幫助我們走出「瞞和騙」的大澤的第一人。

通信的作者對魯迅的「揭露」與「批判」的力量有著十分深刻的體認：「是魯迅第一個不僅揭露了統治者的醜惡真貌而且第一個更深刻地將自己所深摯熱愛同情的人們的被愚弄被歪曲被壓抑而畸型化的精神心理揭示出來。前者的揭示不是由魯迅始的，而且那種揭露是自有了階級以來就一直存在的，這是被剝削壓迫者的本能。而後者的揭示卻是魯迅獨得的偉大。歷來統治者不僅想隱瞞自己的真相，更惡毒比隱瞞自己更壞千百倍的是，不讓人民認識自己，自己的缺陷自己的力量自己的信心自己的前途。這是最可怕的愚昧和奴化。」這裡涉及到了知識份子與人民的關係問題，這是一個現代思想上始終糾纏不清的問題，也是知識份子最容易「失足」之處。如作者在信中所說，曾有過對勞動者「崇以虛名」的做法，這是「文革」（及「文革」以前）的一個占主流地位的思潮：將知識份子與人民（勞動者）對立起來，美化後者而貶抑前者，當然也就從根本上否認啟蒙的意義與價值。作者看得很清楚：這樣的「自發論的推崇者十有八九是可鄙的騙子」，鼓吹「人民至上」是假，不過是要以「人民代言人」的身份與名義，實行反知識、反文明的蒙昧主義與思想統治，所以作者說在是「最可怕的愚昧和奴化」。但同樣值得警惕的另一個傾向，即是知識份子的自我神化，自認為是代表「先進」的先知先覺的「救世主」，而視普通勞動者為「阿斗」甚至是必須排斥的消極、發動力量，這樣，也從根本上否認啟蒙，或者把啟蒙變成強行灌輸與改造的新蒙昧主義。魯迅正是在這裡顯示了他的榜樣的力量：一方面，他敢於正視並無情揭露人民「被愚弄被歪曲被壓抑而畸形化的精神心理」——如作者所說，「魯迅在揭露阿Q的瘡疤的時候似乎比那些說阿Q的瘡疤有獨特之美的人要遭到他人（甚至阿Q本人）的責罵。但真正愛阿Q的不是後者恰恰是揭露者的魯迅」另一方面，他十分明確，揭露的目的是讓人民認識自己（包括自己的缺陷與力量），以便更自覺地掌握自己的命運。

可以看出，通信作者的這些論述，是對「哀其不幸，怒其不爭」的魯迅自述的一種理解與闡釋，又顯然包含了作者及其他那一代人的「文革」經驗（包括上山下鄉身處底層社會以後的體驗）的一個歷史的總結，因而具有鮮明的時代特色。

作為「文革」歷史經驗的總結，作者由以上對魯迅的啟蒙主義的理解，引發出的兩個結論也許是特別值得注意的。

從這裡我們可以找到一個識別一切統治者的標準。竭力掩住人民的耳目、混淆他們的視聽，卻將自己裝扮成人民的代表者的統治者是騙子強盜。不僅相信人民的力量而且竭力使人民認識自己的力量、缺陷，使人民成為自己的自覺的主人者是人民的真正代表者。

不可小看這一「標準」。魯迅曾經說過，他的一些文章「是見了我的同輩和比我年幼的青年們的血而寫的」（《寫在〔墳〕後面》）；那麼，這裡的總結卻是「文革」的被欺騙、被鎮壓的歷史的血的經驗結晶。

「啟蒙運動的意義目的，我看就在於讓人民認識自己，使人民成為一個自覺的社會成員，而不是一個盲目的人類生存者。」、「勞動者一天不覺悟，一天不能認識自己的地位，一天不能掌握自己的命運，一天不能直接參加社會生產的管理，那麼他們也就一天不能結束自己過去那種被人愚弄擺佈的可悲地位。新的「資產階級」就一天不會放棄他們的特殊權力，勞動者一天不會成為自己的實際的主人（而不是主義上的）。」

這是那一代民間思想者經歷了「文革」的磨難，經過艱苦的獨立思考與探索（在那個時代做這樣的探索是要冒生命危險是），重新確立的理想與價值理念；是他們對即將到來的中國思想啟蒙與解放運動和社會變革的一個理論的設計與期待。經歷了「以後的一切」的我們，今天再面對當年我們自己也曾參與的這一切，自會有無限的感慨，引發出更為深廣的思索與反省。

令人遺憾的是，由於「文革」期間達於極至的思想與輿論控制，使得這裡所進行的思考與理論成果，只能以私人通信的方式在極少數人中流傳，而不能及時地轉化為社會思想財富。以致在「文革」結束以後，我們根本不知道曾經有過這樣的思考，無法在前人已經達到了的高度繼續前行，而不能不「一切從頭開始」，這就是有些學者已經提出過的「思想史的斷裂現象」，這是應該引起注意與反思的。正是這種「斷裂」，使人們產生一種錯覺：似乎「文革」時期的中國思想界只是罪惡與謬誤的堆砌或僅是一片精神廢墟。這是不符合事實與思想發展的邏輯的：凡有人的存在，就會有人的思索；思想是任何力量也禁止不了的。即使是最黑暗的年代，也會有思想的創造，也總有這樣那樣的理論成果作為歷史的倖存物通過不同的管道保留下來。即使是「殘篇」也掩飾不了其思想的鋒芒與價值。後來者沒有權力因為「忽視」而將其再度淹沒。正因為如此，我願意向學術界的朋友介紹這本《劫灰殘編》，這封二十九年前的通信，希望人們在魯迅誕辰一百二十周年的慶典中，注意一下這當年民間的默默紀念。——這將是魯迅接受史、「文革」思想史上的重要文獻，它標誌著，穿越「文革」的民族與個人的苦難，中國的民間思想者對自己的精神同道魯迅的體認，所達到的時代與歷史的高度和深度。

二〇〇一年八月十七日寫畢

此文刊載於《讀書》二〇〇一年，第十二期

2、印紅標：文化大革命期間的青年思潮《失蹤者的足跡》（第三一七至三三九頁）

質疑林彪、反思左傾、期待民主和啟蒙

盧叔寧是從北京到山西沁縣插隊落戶的知識青年。在艱辛的勞作之餘，他潛心讀書，思考國家命運，質疑林彪極左表像背後的政治圖謀，反思黨內左傾路線，期待民主和思想啟蒙。他未曾公開自己的觀點，只是將思想心得寫在日記裡，審慎地與可靠的朋友進行探討，有幸避開了被查獲被迫害的命運。[1]雖然在親人壓力下，他焚毀了部分日記，但是仍有殘篇保留至今，成為思想史的資料文本。

（一）讀書、思索、日記

盧叔寧在文化大革命開始時就讀於北京師範大學第一附屬中學高三年級。他的父親是一位在國民黨政府作過官的知識份子，其官職達到了劃定「歷史反革命」的標準，文革初期不

1 盧叔寧保存的幾本日記和通信底稿，經過節選，在2000年以《劫灰殘編》為題出版。入選的日記和書信成文時間從1967年8月至1976年9月，絕大部分寫於1973年底之前，共約19萬字。

堪凌辱而自盡身亡。這樣的家庭背景使盧叔寧不能參加造反派。他曾經在中學紅衛兵代表大會主辦的小報《教育革命風暴》作過一段時間的主編，之後便淡出了政治運動。[2]此間，他萌生了對林彪和運動中一些作法的懷疑。

一九六八年底，盧叔寧到山西省沁縣農村插隊落戶，同時繼續學習和思考社會和政治問題。他回憶說：「在這個小小的不足百人的山村裡，我一面有意識地用超強度的勞動磨煉自己，一面抓緊點滴時間讀書。那時讀書真是很苦很苦的，一天繁重的勞動，一日缺油少鹽的三餐，使人疲憊困乏不堪，但我仍在只有三條腿的歪斜的桌子上，伴著一豆油燈讀至深夜。」

至於所讀之書，盧叔寧說道：「當時只號召讀毛著，我偏偏要讀馬列、讀能搜尋到的一切有關政治、經濟、哲學、文學、外語方面的書，還有得以倖免於灰燼的魯迅的書，一本偶得的古文觀止，其中韓、柳、蘇等對歷史事件人物的駁議臧論，也引起我極大的興趣。」、「尤其是魯迅，他是我生平唯一敬重的人。」

他讀馬列主義的著作最初是讀文章單行本，後來買了四卷本馬恩選集、四卷本列寧選集。在哲學方面，讀艾思奇寫的通俗哲學讀物。在閱讀文史典籍的過程中，他感到中共黨內鬥爭簡直就是歷史的翻版。錫蘭（現在改名為：斯里蘭卡）作家特加．古納瓦達納的著作

2 關於盧叔寧的經歷，依據盧叔寧：《〈劫灰殘編〉自序》，盧叔寧：《劫灰殘編》，第1—10頁。

《赫魯雪夫主義》對盧叔寧批判林彪產生過影響。

盧叔寧說：「我的讀書，目的性是很強的。就是為了對當世進行研判和剖析，並且把這一剖析記載下來，這便成了我日記的主旨。」盧叔寧的日記則幾乎全記的是所思所想，所以他認為稱其為「日思」更為妥當。

盧叔寧的日記中記下了他對林彪的懷疑和批評，對中共黨內鬥爭及其他社會政治問題的分析和評論。一九七一年冬季，他的母親和兄長偶然見到他寫給朋友的大膽放言議政的信件，恐慌至極，於是哭訴、乞求，使得盧叔寧不得不將帶回的部分日記燒毀。

盧叔寧的思想探索基本是單槍匹馬地進行的，但是也十分審慎地與在北京和山西的一些可以信賴的好友通過聚會、通信等方式進行交流。當時在沁縣插隊的有一批來自北京師大一附中和北京外國語學院附中等重點學校的思想活躍的知青，在一個不大的範圍內保持了讀書、探討、爭論問題的氛圍，並且沒有被公安部門知曉。

（二）對林彪的懷疑和批判

林彪替代劉少奇成為毛澤東的接班人、中共中央唯一的副主席，是文化大革命的重大政治安排。然而，林彪對毛澤東和毛澤東思想不遺餘力、違背常理的吹捧，以及他的政治作為，先後引起一些青年產生了警惕和懷疑。盧叔寧比較早地對林彪懷疑並且進行了理性的分析和批判。

盧叔寧對林彪的懷疑和批評，是從反感林彪對毛澤東和毛澤東思想的態度開始的。一九六七年十二月二十二日盧叔寧在日記中寫道：對毛主席的熱愛和對毛澤東的思想的學習，「應當表現在積極的學習工作上，化為力量和物質，而不是表面的形式主義，更不是空浮的喊叫與稱頌。」「一切教條主義都是我所反對的！一切形式主義都是我所反對的！一切阿諛奉承、吹吹捧捧的資產階級政客作風都是我所反對的！」。幾天以後，十二月二十五日，盧叔寧日記中記下了對這種極端吹捧的政治動機的懷疑，並提到了林彪的名字。

當時在青年中流傳錫蘭作家特加．古納瓦達納的著作《赫魯雪夫主義》，書中揭示赫魯雪夫在蘇共黨內從吹捧史達林到反對史達林的政治權謀。盧叔寧閱讀過這本書，並且受其影響。一九六八年春，[3]盧叔寧對林彪的反感已深，與同班同學牛德龍寫了批判林彪的文章，大意是說：宣傳毛澤東思想不應只重老三篇，更重要的是《實踐論》和《矛盾論》，否則就是愚民政策；其次，對這麼多功勳卓著的老幹部被打倒感到無法理解和認同；最後，提出了對中央文革小組和林彪的言論和作為的懷疑。他們避開熟人，到陶然亭、天壇公園去複寫並準備散發。不久，盧叔寧隻身去東北，待他從東北返回時，得知牛德龍因擔心招致迫害已經將文章原件和複寫件銷毀掉。[4]

---

3 盧叔寧在《〈劫灰殘編〉自序》中提到此事發生於1967年春，但是根據筆者2003年12月與盧叔寧本人和牛德龍核對，此事發生的時間應當是1968年春。

4 據盧叔寧：《〈劫灰殘編〉自序》，盧叔寧：《劫灰殘編》，第1—3頁。

一九六九年四月，中共第九次全國代表大會確認了林彪的接班人地位、林彪政治地位得到強化，盧叔寧對此憂慮重重。四月一日九大召開的當天，盧叔寧在日記中寫道：「文化大革命是一次血的沒血的從宮廷內到全國各重要機關的大規模政變，是一次政權的徹底清洗和更換，是一場複雜交錯的政治大運動。其所以複雜就因為不僅包括了野心家的禍心所至有目的有計劃有組織有步驟的活動，而且其中又有毛主席的無產階級的鬥爭在內。」四月六日日記寫道：「個人崇拜窒息人的思想，麻木人的靈魂，壓制人民的創造性。」九大「是一個吹捧肉麻的大會，一個虛偽的大會」。

盧叔寧反感日甚一日的個人崇拜，他在九大閉幕不久的日記中寫道：「毛主席之所以偉大就在於他把自己溶於民眾之中，他瞭解人民，人民也瞭解他。」、「如果把任何一個偉人或領袖抬到一種程度：凌駕於一切之上只可仰視膜拜頌揚，這實際上是把他與人民分開，抬離於人民，舉之以「神」的高位尊供於天，從而達到疏離領袖與人民之間的關係的目的。這是一種對領袖似仰實抑的最好方法，也是最巧妙最惡毒的方法。」（一九六九年四月二十三日）

關於九大以後中共高層的權力關係，盧叔寧認為林彪假作擁護毛澤東，對文革小組派玩弄權術，以實現其政治野心；盧叔寧對中央文革小組成員多有貶斥；他愛戴周恩來，但也對周恩來在運動中表現的妥協感到失望和痛心。九大閉幕後不久，四月十六日盧叔寧寫道：「現在中央實際是兩個派系：一個是以毛主席為首的文革派，一個是以林為首的軍人集團。現在這兩派還都在擁護毛主席的口號旗幟下合作著，但這是不能長久的，這只是這場運動的一個暫時的歷史產物，是個混合物。因為有毛在，因為對劉鄧（包括一切被打倒的上層人物）的共同利益使他們暫時能坐在一個主席臺上。可以預料，這是不能長久的，這不是這場運動的最終目的和結果。不少人還會在今後成為一個個犧牲品替罪羊。而可能性大的，幾乎可以肯定的結果是以文革派的失敗而告終。現在是有毛在支撐著他們，一旦毛百年，中國政界必將又發生一次震動，那就是對運動與歷史的重新估價。」（一九六九年四月十六日）盧叔寧曾經向知青朋友講過關於文革派與軍人集團不會長久合作的論斷。一年多以後，九屆二中全會上林彪集團與江青集團的衝突，應驗了這個預測。但是由於毛澤東的支持，倒臺的不是文革派而是林彪軍人集團。盧叔寧所預料的毛澤東百年之後文革派以失敗告終、中國政界發生大震動以及對運動與歷史的重新評價，最終在八年之後的一九七六年成為事實。

盧叔寧日記裡的記述說明，他不再以報刊或中央文件為思想的依據，而是獨立地對政治形勢做出自己的判斷。他身處偏遠的山西山村，在資訊十分缺乏的情況下，憑自己的觀察，以自己的頭腦，作出了有相當深度的分析，他對黨內主要政治勢力的分析和評價、林彪與文革派之間矛盾和鬥爭的洞察和他們「不能長久」合作的判斷、以及毛澤東百年之後中國政界大震動和將對歷史重新評價的預見，均為後來的事實證明是令人驚歎的真知灼見。

（三）探究黨內鬥爭根源，著重批評左傾錯誤

一九七一年十月，盧叔寧得知林彪出逃墜機身亡的消息，興奮不已。他寫信給曾經與他一道批判林彪的老友牛德龍，訴說心中的喜悅：「中國得救了，毛主席得救了，這是我聽到這個驚人的消息後的第一個念頭。好像一下子在無邊的黑暗中看到了光明，在無邊的深淵中得到了拯救。」讓盧叔寧激動的，首先是中國得以驅散林彪集團這一政治陰雲，同時也是自己的觀察和預言得到了證實。他寫道：「我們都以極大的喜悅和憤恨之情聽到這個資訊，我們同時以更欣喜和焦急的心情期待著我們的黨、國家進入一個嶄新階段，我們國家的各級領導我們的政策（工農業、文化、教育……）以及各項工作、人民的精神面貌都會起巨大的變化……」[5]

林彪事件之後，他繼續以「清醒的而不是麻木的觀眾」的立場，進行觀察和思考。在一九七一年十月至一九七二年七月的日記及與朋友的通訊中，盧叔寧寫下了對許多政治問題的思考，如林彪的政治得勢和失敗的戲劇化過程、中共黨內鬥爭、政策得失、林彪勢力的社會根源以及防止類似問題的再次發生等問題。盧叔寧解釋說，他這樣做「一方面是為自己的思想作一個總結，更主要的是以此為看第二幕作好準備。」顯然，他認為鬥爭沒有結束；

[5] 1971年10月致德龍信，盧叔寧：《劫灰殘編》，第257—261頁。

同時他不認為自己能夠對政治發生什麼影響，不打算直接介入政治鬥爭，他的重點是梳理思想。

盧叔寧從歷史唯物主義的原理出發，認為僅僅從政治的因素分析林彪產生的原因，是不夠的，應當探究政治鬥爭背後的經濟原因，並由此提出：中共黨內鬥爭的中心問題是如何在經濟落後的中國建設社會主義。

他在日記中寫道：取得新民主主義革命勝利以後，中共黨內鬥爭的中心問題是在經濟和文化落後的中國「如何建設社會主義的問題」，其根源是中共八大政治報告中提出的「先進的生產關係和落後的生產力的矛盾」。

盧叔寧認為中共黨內因為在建設社會主義問題上的分歧而形成「穩健派」和「激進派」。

他歸納了穩健派的建國方略：「中國是一個落後的農業國，有這樣眾多的仍和落後的生產力相聯繫的農民。因此，中國經濟的發展不應當也不能是急進的。工業的步調應當是穩健而相協調的。工業發展的速度決不能離開農業的步速過多。……」盧叔寧進一步分析道：穩健派當中的左翼「是在正確地掌握社會主義原則，堅持社會主義的根本前提下，針對中國的現實而認為應當穩步地前進。」而「穩健派」的右翼是主張：「中國的發展應當取資本主義自由發展的道路，在社會生產力創造了堅實的物質基礎後再搞社會主義革命。」

他接著歸納了激進派的主張：「生產力應當而且是可能在更快的速度上得到發展的。無論是中國的需要還是世界發展形勢的要求，都需要我們以巨人的步伐前進。所以他們強調突出工業尤其是重工業的發展。在徵稅、征糧、勞動力的安排上都認為農業應當無條件地服從工業，一切為重工業的發展服務。……在農業上則應當儘量快地集體化以至全民化。」他認為「激進派」的左翼「主觀上是要革命的，他們面對中國的現實心急如火、憂心如焚，急於在很短時間內趕上世界先進國家的水準，急於在中國早日建成社會主義並向共產主義過渡。但他們是主觀主義者，……把應當幹但只能在今後才能動手幹的事，今天就動起手來。」而「激進派」的另一翼是「帶引號的左即極左派。或者說穿了是兩面派、反革命派。」

盧書寧既不贊同他所謂「資本主義自由主義發展」道路的極端穩健派，也反對極端激進的極左派，並著重批評極左派。他提出了出建國以來二十餘年，「尤其是後十年」黨內鬥爭的重要教訓：

「（一）過分強調了上層建築領域的鬥爭，從而相對忽視了產生這些鬥爭的基礎原因。

（二）過分強調了政治與思想的作用，從而相對忽視了政治、思想不過是經濟、生產力的一種反映。

（三）過分急於用先進的思想一下子使中國來一個巨大的改變和革命。使中國得到快速的發展，使人的精神面貌出現一個根本的轉變，從而相對忽視了中國落後的生產力的影響，忽視了落後生產力以及封建勢力根深蒂固的影響，也就是說，過分強調了阿Q要革命的積極的一面，而相對忽視了落後勢力以及封建奴役在他的身上打下的深刻的烙印。」

對於當時爭論的批判林彪路線是批「左」，還是批右的問題，盧叔寧明確地認為林彪的路線是「左傾」、「左傾機會主義」，而不是一般意義上的右傾。他指出：「『左傾』者的理想之路是虛偽的，是騙人的招牌。」

一九七三年四月，他在給朋友的信中說：「一方面我同意林的路線實質是右的提法，但更主張應將其特殊的表現形式揭示出來加以分析」，而這個特殊的形式就是「左傾」。[6]他在日記中以很長的篇幅，以林彪為靶子，對文化大革命以來猖獗的種種極左作法，包括在思想、政治、文藝、教育等方面，做了相當全面的揭示。

在這封信裡，盧叔寧對林彪倒臺以後主要應當批「左」還是批右的爭論，發表了自己的看法。他不同意一位朋友W對黨內鬥爭的分析和應當反對右傾「逆流」的看法，他分析道：「群眾的反左並不是要倒退，這裡的左是林彪路線的表現形式的「左」而不是社會主義的左。」文化革命原是要打破保守開創新的道路，「但結果呢？新路並沒有開創出來，由於林（指林彪——引者注）的干擾，在一些方面反不如舊的東西，這勢必造成人們對舊事物的留戀、勢必相反地鞏固了舊的保守思想，群眾覺得舊的東西似乎比不定型的「新的」東西更好一些。」群眾「認為那虛無的蜃樓還不如那可以安住的瓦舍」，「不能怪群眾的落後和無知」，「相反證明了群眾的清醒、唯物的偉大。」盧叔寧不同意W對保守「逆流派」的批

[6] 1973年4月1日給丁東的信，盧叔寧：《劫灰殘編》，第283頁。

評，而為主張恢復文革前政策的「逆流派」辯護。他說：「文革前的一切並不是可以一概取締的（它們正確與否又當別論），實行了以前的東西並不等於是復舊。」、「老幹部不一定都是保守的，逆流派他們在許多地方是正確的。他們代表了老一輩中堅定的一派。他們不是要把中國拉向倒退，而是看到一些人把千百萬人用鮮血生命換來的革命果實當作自己的賭金而痛心並起來反抗。」

林彪事件之後，青年中出現了思潮紛紜的現象，社會主義到底有沒有優越性，有多大優越性的問題一再被提出。一九七三年2月，盧叔寧在日記中寫下了自己的看法。他堅持社會主義具有優越性，但是反對通過「思想改造」、「破私（割尾巴）」、「時隔幾年一次的大整風、大運動，年年講、月月講、天天講的階級鬥爭」等強制性的方式使勞動者保持「積極性」。他認為：「現在勞動者的積極性不高（公認的事實）其原因也只能歸結於現在的分配方式是不先進的，是不利生產力發展的。」他的這些思考偏重於政策批判，而不是制度批判。

盧叔寧把建設中國社會主義的道路作為中共黨內鬥爭的中心問題的觀點是非常有見地的，也是實事求是的。他著重批判「左」的政策，對林彪極「左」派的揭露具體而生動。與之相比，他對應當採取怎樣的正確政策則講得籠統。例如對當時知識青年中普遍議論的農村自留地、自由市場政策等具體問題，至少在他已經發表的日記裡沒有做清晰的分析。盧叔寧應當知道劉少奇中共八大政治報告所提出的「先進的生產關係與落後的生產力」的觀點在文化大革命中受到了批判，但是仍然運用它來解釋黨內政治鬥爭，表明他正在擺脫文化大革命的理論，轉而到五〇年代中國共產黨的建設社會主義的理論中尋找思想武器，回歸以中共八大為代表的務實的思想傳統。

（四）人民民主和憲法

林彪倒臺之前，盧叔寧主要從反對政治野心家篡奪黨的最高權力的角度思考林彪的問題，林彪葬身荒漠之後，盧叔寧提出了這樣的問題：「中國怎樣才能儘量避免或杜絕像林一樣的禍害呢？」並由此談到人民民主的主張。[7]他從毛澤東思想當中尋找理論武器，從堅持中國共產黨的「三大作風」[8]，即理論聯繫實際、密切聯繫群眾、批評和自我批評，引申出健全人民民主的要求。

盧叔寧認為：「現在，我們的國家是無產階級專政的社會主義國家，是一個人民民主的國家」。國家的任務，一方面是「加強專政機構即國家機器」，另一方面是「加強國家的民主機構、健全國家的民主制度」，「二者缺一不可，不可稍有偏廢。」他特別指出：在專政和民主之間，專政很少會被忽視，而民主則往往遭忽視，因為當權者不會忘記強化自己的權力，而會害怕民主會動搖政權。因此，盧叔寧強調民主，並提出了保證民主制度健全的必要措施。

7　1972年7月日記。盧叔寧：《劫灰殘編》，第175—205頁。

8　盧叔寧日記中寫作「三大法寶」，當是筆誤。同上書，第196頁。

「首先，要有一個人民民主的憲法。這個憲法應當是由下而上制訂[定]出來的。它應當反映人民的利益和要求，同時又根據中國自身的特點以及需要，再借鑒外國的經驗加以制訂[定]。」盧叔寧強調：「即成的憲法應當成為全中國每個公民的「約法」，應當具有完全的法力和約束力，而不能使其成為一紙娓娓動聽的空諾。」

他認為：憲法應當包括的重要方面，「第一便是普選權。人民應當有選舉符合自己利益、能代表人民而又為人民擁戴、熟悉的代表的權力[利]，同時又有罷免那些不稱職的代表的權力[利]。這種普選應當得到切實的實行，防止幕後政治、宮廷政變。更要防止將普選變為一種表面的形式，當成一個純粹的投票機關」。文化大革命期間，沒有舉行過人民代表的投票選舉，盧叔寧的這些話，是既寄希望於普選，又要防止文革前實行的選舉方式的弊病。

盧叔寧接著談道：「其次，憲法應當保證人民有批評政府、監督政府的權力。」、「這主要靠報紙、電臺、書籍、……即輿論界來完成。報紙應當反映人民的聲音。」盧叔寧一九七二年七月的日記寫到這裡，標上了「（待續）」二字，但是沒有見到後續的探討。究竟是盧叔寧當時就沒有進一步展開，還是相關資料遺失，連作者本人也記不清楚了。這是令研究者十分遺憾的事情。[9]

---

[9] 對於這個沒有下文的「待續」，盧叔寧在2003年回答筆者詢問時說，他自己也記不清楚當時沒有再寫下去，還是寫過但被毀掉了。

從上述論說看來，盧叔寧關於人民民主的思想來源於文革前，尤其是中共八大中共關於社會主義的理論，其前提是堅持階級的民主觀，即認為民主有其「歷史性」和「階級性」。他關於憲法的議論也大致不出中共八大路線的思想範圍。

一九七三年四月，盧叔寧在一封談論政治思想的信件中，針對一位朋友W加強專政的主張，再次強調民主的意義。那位朋友認為：應當依靠革命專政去限制社會差距肆意發展，限制掌握權力的人把權力變成謀私利的工具，同時限制群眾中的自發傾向和無政府主義，並號召學習，實現思想革命化。盧叔寧對此提出異議：「現在要『強化』的正是其（指專政——引者注）相反的一面：人民民主。只有充分發揮人民民主，特權就無以生存，人民的主動性積極性就能充分調動起來。」盧叔寧就W提出的反對特權的問題，談了自己的看法：「如果林（林彪——引者注）之類的人得逞，我們的社會就不再是人民民主制度，而是一小撮特權分子借人民的名義對人民民主的專政」。在他看來，劉少奇和林彪「雖各自扮著黑臉和紅臉，但有一點是共同的，就是都為了達到維護和保障其特權統治。」他指出：「揭露消滅特權惡症的主力軍不是別人，正是被特權所唾棄所剝奪的最廣大的勞動者」。

盧叔寧所要求的人民批評監督政府的權利，是蘇聯模式社會主義國家普遍存在的問題，也是民間思潮和民眾運動中一再提出的要求。文化大革命曾經以政治運動，而非法治化的「大民主」激發了群眾政治參與的狂熱，按照最高領袖的意志批判黨政領導機關和領導人的行為受到鼓勵，但是很快造成了全面的動亂。三年後，這種作為政治工具使用的「大民主」、似是而非的對領導的批評監督也化為烏有，代之而起的是新貴實行的嚴酷思想控制。盧叔寧關於民主的思考（片段），沒有重申大字報等「大民主」方式，而轉向憲法尋求對人民民主權利的保護，這是一個進步。相對於文革的混亂和思想恐怖統治，文革前的人民民主觀念重新具有了啟發意義，然而中共八大的人民民主觀念是人民民主專政（或曰無產階級民主專政）[10]的一個側面，其理念和實踐是歐亞蘇聯模式社會主義社會的基石，如何在其框架下切實保障人民對政府的監督權利，避免蘇聯模式社會主義的通病，盧叔寧似乎沒有對此作進一步的探討。

盧叔寧有過造反派的經歷並且其社會地位始終處於「體制外」，但是他反感黨內極左的林彪集團，批評文革派的政策主張，在中國發展的路線政策問題上轉向同情黨內務實派的老幹部，在思想上靠攏中共八大路線，逐漸靠近文革前務實的路線。與此同時，保持著對「特權」的批評態度和對民主的嚮往。這是文革中一批青年的思想軌跡，在現有可供引用的文字資料中，盧叔寧的日記和書信是較早出現的文本，其後類似的還有廣州李一哲和四川萬縣馬

---

10 按照當時中國共產黨對馬列主義基本原理的解釋，人民民主社會實行人民民主專政，原意是指無產階級（通過共產黨）領導的工人、農民、小資產階級和民族資產階級的政權，其與無產階級專政的重要區別之一允許民族資本主義的存在，民族資產階級是人民的一部分。１９５６年完成生產資料的社會主義改造以後，私有制不再存在，進入社會會主義社會，實行無產階級專政。由於中國小資產階和民族資產階級接受社會主義改造，繼續是人民的一部分，不是敵對階級，所以中國的無產階級專政也可以繼續稱為人民民主專政。

列主義研究會等青年思想者的論說。

盧叔寧一九七二—一九七三年在山西偏僻山村裡思考林彪事件的歷史教訓、林彪路線的左的錯誤、人民民主和憲法問題的時候，遠在千里之外的廣州「李一哲」小組的青年也在思考著相似的問題。盧叔寧完全不知道李一哲的觀點，甚至在《關於社會主義的民主與法制》轟動羊城，驚動京城高層的時候，盧叔寧仍然對它一無所知。他沒有足夠的資訊管道。而廣州的李一哲們，也不可能知道晉東南鄉村一位知青寫在日記裡的觀點。專制主義造成思想的封閉和隔絕，然而在同一時代，在相似的社會政治和思想的環境下，互不相知的人們會自發地產生類似的思考，呈現出規律性的思想發展進程。這是文革青年思潮展現出來的一個引人注目的現象。

（五）期待思想啟蒙運動

盧叔寧不僅從政治和經濟上，而且從思想上分析林彪思想體系的基礎，指出封建專制文化傳統對中國人民的思想影響，思考了思想啟蒙——這一個在文革後為中國知識份子廣泛討論的問題。這是盧叔寧思考的一個獨特視角，受到魯迅思想的深刻影響。

盧叔寧指出：「林的思想體系在中國的根基是很深的。落後生產力造成的國民文明素質不高，以及愚化教育等為這些極左的東西能夠肆無忌憚地橫行造成了有利的客觀條件。」、

「如果說蘇聯等現代修正主義帶有較濃厚的資本主義色彩的話，那麼中國機會主義者們的臀部都蓋有老深的封建大印。」

一九七二年十一月十一日，盧叔寧寫長信回應朋友關於啟蒙運動的議論，他在信中寫道：「你提到啟蒙運動，細究起來中國何曾有過啟蒙運動呢？相反有的是蒙昧時代。自然啟蒙也是有過的，但一旦啟蒙者也坐上了以往自己所攻擊的王位寶座時，啟蒙者就變成了蒙昧者，啟蒙運動也就為蒙昧的教育所替代了。往日的市野上的革新者一變而成為了王族、幸臣、侍從。」在這裡，盧揭示了中國自五四思想啟蒙運動直到70年代初思想領域的一個重要現象，其針對性很清楚是向著那些曾經有過思想啟蒙者的形象而當權後實行愚民政策扼殺思想探索的意識形態管控者。[11]

盧叔寧特別推崇魯迅對中國人國民性，尤其是對人民自己的弱點所進行的剖析。他寫道：「中國也不是沒有真正的啟蒙者，魯迅便是唯一的一個。」、「魯迅第一個不僅揭露了統治者的醜惡真貌而且第一個更深刻地將自己所深摯熱愛同情的人們的被愚弄被歪曲被壓抑而畸形化的精神心理揭示出來。前者的揭示不是由魯迅開始的，……而後者的揭示卻是魯迅獨得的偉大。」

11 1972年11月11日致志栓的信，盧叔寧：《劫灰殘編》，第274—282頁。

他在信中說：「我認為，認識統治者的罪惡甚至不是最重要的，因為這是較明白的事。而讓人民認識自己，則更重要得多。啟蒙運動的意義目的，我看就在於讓人民認識自己，使人民成為一個自覺的社會成員，而不是一個盲目的人類生存者。從這裡我們可以找到一個識別一切統治者的標準。竭力掩住人民的耳目、混淆他們的視聽、卻將自己裝扮成人民的代表者的統治者是騙子強盜。不僅相信人民的力量而且竭力使人民認識自己的力量、缺陷，使人民成為自己的自覺的主人者是人民真正的代表者。魯迅在揭露阿Q的瘡疤的時候似乎比那些說阿Q的瘡疤有獨特之美的人要遭到他人的（甚至阿Q本人）的責罵。但是真正愛阿Q的不是後者恰恰是揭露者的魯迅。」當時主流宣傳盛行把工農兵群眾當作政治工具，按照政治的需要把人民、工農兵抽象化、政治化、神化，同時予以愚弄。盧叔寧的這些議論揭露了這種作法的虛偽實質，對於今天的人們仍是富有啟發意義的。

由正視人民思想的局限和愚昧，盧叔寧引出了啟蒙運動的迫切需要，期待著思想的解放運動。他感歎道：「中國人王權思想太重。就是受不了王權壓迫的農民奮起暴動，也仍逃不脫王權的束縛。」、「同時，王權思想的另一面，則是奴化思想。這是中國人最突出的兩個方面。」（一九七三年十一月十一日記）

由此，他提出了思想啟蒙的任務：「中國因為文明的落後、教育的不普及（更遑論教育的實質）尤其需要廣泛深入的啟蒙，而且決定了這種啟蒙的長期性、艱巨性。如果說中國未曾有過資產階級啟蒙運動是一個遺憾的話，那麼能夠進行更深刻廣泛得多的無產階級啟蒙運動就不僅是可以補前者之不足，而且可以是一次社會思想的飛躍……」

他所思考的思想啟蒙問題在文化大革命結束以後的思想解放運動中，形成中國思想界的強大呼聲，但是幾乎沒有人知曉，在黑暗依然濃重的時候，有這樣一個青年做過這樣超前的探索。二〇〇一年，在魯迅研究領域享有盛譽的錢理群教授在讀到了《劫灰餘編》之後，為這「被埋沒、被遺忘的文字」寫了激情洋溢的評論《二十九年前的一封信》。錢理群稱盧叔寧們的思考是「那一代民間思想者經歷了「文革」的磨難，經過艱苦的獨立思考與探索（在那個時代做這樣的探索是要冒生命危險的），重新確立的思想與價值理念；是他們對即將到來的中國思想啟蒙與解放運動和社會變革的一個理論的設計與期待。」、「令人遺憾的是，由於「文革」期間達於極致的思想與輿論控制，使得這裡所進行的思考與理論成果，只能以私人通信的方式在極少數人中流傳，而不能及時地轉化為社會思想財富，以致在「文革」結束以後，我們根本不知道曾經有過這樣的思考，無法在前人已經達到的高度繼續前行，而不能不「一切從頭開始」。」錢理群從魯迅研究的角度給予盧叔寧高度的評價：「這將是魯迅接受史、「文革」思想史上的重要文獻，它標誌著，穿越「文革」的民族與個人的苦難，中國的民間思想者對自己的精神同道魯迅的體認，所達到的時代與歷史的高度和深度。」從社會與政治思潮的角度看，盧叔寧的思考同樣是那個時代青年思想者有代表性的先鋒。（此書於二〇〇九年由香港中文大學出版）

釀時代03　PC0389

一個黑五類的文革自述

——苦難、不屈與求索

作　　者　盧叔寧
責任編輯　林千惠
圖文排版　詹凱倫
封面設計　秦禎翊

出版策劃　釀出版
製作發行　秀威資訊科技股份有限公司
114 台北市內湖區瑞光路76巷65號1樓
電話：+886-2-2796-3638　傳真：+886-2-2796-1377
服務信箱：service@showwe.com.tw
http://www.showwe.com.tw
郵政劃撥　19563868　戶名：秀威資訊科技股份有限公司
展售門市　國家書店【松江門市】
104 台北市中山區松江路209號1樓
電話：+886-2-2518-0207　傳真：+886-2-2518-0778
網路訂購　秀威網路書店：http://www.bodbooks.com.tw
國家網路書店：http://www.govbooks.com.tw
法律顧問　毛國樑　律師
總 經 銷　聯合發行股份有限公司
231新北市新店區寶橋路235巷6弄6號4F
電話：+886-2-2917-8022　傳真：+886-2-2915-6275

出版日期　2014年6月　BOD一版
定　　價　470元

國家圖書館出版品預行編目

一個黑五類的文革自述：苦難、不屈與求索 / 盧叔寧著. -- 一版. -- 臺北市：釀出版, 2014.06
面； 公分
BOD版
ISBN 978-986-5696-11-5 (平裝)

1. 盧叔寧 2. 回憶錄 3. 文化大革命

782.887 103005968

讀者回函卡

感謝您購買本書，為提升服務品質，請填妥以下資料，將讀者回函卡直接寄回或傳真本公司，收到您的寶貴意見後，我們會收藏記錄及檢討，謝謝！如您需要了解本公司最新出版書目、購書優惠或企劃活動，歡迎您上網查詢或下載相關資料：http:// www.showwe.com.tw

您購買的書名：______________________________

出生日期：________年________月________日

學歷：□高中（含）以下　□大專　□研究所（含）以上

職業：□製造業　□金融業　□資訊業　□軍警　□傳播業　□自由業
□服務業　□公務員　□教職　□學生　□家管　□其它_____

購書地點：□網路書店　□實體書店　□書展　□郵購　□贈閱　□其他

您從何得知本書的消息？

□網路書店　□實體書店　□網路搜尋　□電子報　□書訊　□雜誌
□傳播媒體　□親友推薦　□網站推薦　□部落格　□其他________

您對本書的評價：（請填代號　1.非常滿意　2.滿意　3.尚可　4.再改進）

封面設計____　版面編排____　內容____　文／譯筆____　價格____

讀完書後您覺得：

□很有收穫　□有收穫　□收穫不多　□沒收穫

對我們的建議：______________________________

____

____

____

請貼
郵票

11466
台北市內湖區瑞光路 76 巷 65 號 1 樓
秀威資訊科技股份有限公司 收
BOD 數位出版事業部

....
（請沿線對折寄回，謝謝！）

姓　　名：＿＿＿＿＿＿＿＿＿＿　年齡：＿＿＿＿　性別：□女　□男

郵遞區號：□□□□□

地　　址：＿＿＿＿＿＿＿＿＿＿＿＿＿＿＿＿＿＿＿＿＿＿＿＿

聯絡電話：(日)＿＿＿＿＿＿＿＿＿＿＿＿(夜)＿＿＿＿＿＿＿＿＿＿

E-mail：＿＿＿＿＿＿＿＿＿＿＿＿＿＿＿＿＿＿＿＿＿＿＿＿＿＿